これからの「共生社会」を考える

多様性を受容する
インクルーシブな社会づくり

小山 望
勅使河原隆行
内城喜貴 [監修]
一般社団法人 日本共生社会推進協会 [編]

福村出版

はじめに

　共生社会とは，老若男女問わず，障害のある人ない人，外国籍の人，経済的に困窮している人など，どんな人でも相互に人格や個性を尊重して支え合い，人の多様な存在を認め合う社会のあり方である。そしてそれは誰をも排斥しない社会である。

　世界経済フォーラムの2019年調査結果によると，ジェンダー・ギャップ指数（男女格差指数）において，日本は前年の110位（149か国中）から順位を下げて153か国中121位となった。とりわけ，女性の政治参加度の低さが目立ち，政治分野では日本は144位とワースト10に入っている。政治決定の場に女性の声が反映できにくいことはわが国の深刻な問題の一つである。

　2019年の参議院選挙で，2名の重度障害者が当選して話題になった。舩後靖彦議員と木村英子議員である。舩後さんは難病のALS患者であり，木村さんは重度の障害がある。2人とも移動手段は車いすで，介護者が常時付き添っていないと生活ができない。重度障害のある議員が政治決定の場で発言する機会を得たのは，日本の国会では初めてのことであり，その意味は大きい。木村議員は国会での初質問で，障害をもつ当事者の立場から公共施設の多機能トイレを取り上げ，デパートの1階から7階までの多機能トイレは，すべて狭すぎて入れなかったという体験を報告し，多機能トイレのスペースを重度障害者でも安心して利用できる広さに改善してほしいと訴えている。また2人とも常時介護が必要であり，議員活動中は介助を受けないと活動できない状態である。しかし，現在の福祉制度では，重度の障害者は就労の際は介護を受けられないことになっている。これでは，重度の障害者は働くことができない。重度の障害があっても働く意欲のある人は，介護を受けながら働いて社会参加ができるような福祉制度に改善すべきだと考える。2名の議員は議員活動中の介護を受けられるように，厚生労働省に対して制度の改善を求めている。

　本書第3章9の猪瀬智美さんは，重度の障害がありながら，在宅で就労して

いる。猪瀬さんが住んでいるさいたま市が，全国に先駆けて，重度障害者の勤務中の重度訪問介護サービスを国の代わりに行うようにしたので，猪瀬さんは就労できるようになった。この介護サービスが他の自治体にも広がることを期待したい。

　さて本書は，2018 年創立された学会組織の「一般社団法人　日本共生社会推進協会」が編集・発行するものである。本書のタイトルは，共生社会に関する研究や実践活動が盛んになることを願って命名された。本書は共生社会学の礎の一つを担うことを目的としている。

　本書の内容を説明する。

　第 1 章のテーマは「多様性の受容」である。この章が扱うのは，異文化での実践，異文化理解，外国人との共生，ソーシャル・インクルージョン，ジェンダー問題などで，今後の共生社会の理念や理解をベースに執筆されている。

　第 2 章は「少子・高齢化社会」についてである。少子化・高齢化の現状，地域包括的ケア，地域共生社会について概説している。

　第 3 章のテーマは，「障害児・者の理解と支援」である。発達障害（ASD，ADHD，学習障害，知的障害，身体障害，障害者就労，障害者権利条約，障害者差別解消法，インクルーシブ保育・教育，ソーシャル・インクルージョン，障害児・者の保護者支援，障害当事者の声などについて，理解と支援の立場から解説を加えている。

　第 4 章のテーマは「対人関係の心理」である。いわゆる人間関係の心理に関する基礎的な内容として，対人認知，自己理解，他者受容，人を好きになる・嫌いになることなどを概説している。対人関係における一般的な知識について理解することがこの章の目的である。

　第 5 章は，「対人関係の援助技法」として，精神分析理論，来談者中心理論，認知行動療法の理論，ロールプレイングの理論などのカウンセリング理論と技法について，概説している。

　第 6 章のテーマは「組織のなかの人間関係」である。メンタルヘルス，キャリアコンサルティング，キャリアカウンセリング，ハラスメントのある職

場の問題について解説している。

　第7章のテーマは「SNS時代のコミュニケーション」である。インターネット時代のコミュニケーション，ツールとしてのSNS，情報リテラシー，SNS時代の出会いなどについて概説している。

　第8章は共生社会にむけて，「地域住民との共生」「地域社会と大学の連携」，「地域の活性化と被災地支援」，「地域の人とのかかわり」について，大学で実践された共生教育の視点から解説している。

　第9章のテーマは「心と体の健康支援」である。「子育て支援」，「高齢者の健康支援」「自殺未遂者への心のケア」，「がん患者への心のケア」について解説している。

　第10章のテーマは「共生社会にむけた実践活動」である。この章では，地域社会での住民交流，児童虐待，インクルーシブ保育から地域での共生社会づくり，障害児の放課後等デイサービス，被災地での復興活動，引きこもり支援活動，共生社会にむけた議員活動，生活困窮者への支援などに関する貴重な実践が報告されている。

　共生社会を実現するには，さまざまな当事者の声を受け止め，それを実行に移していく社会のシステムがないとむずかしい。当事者の意見を尊重する社会のシステムの構築にはまだ年月を要する。まずは当事者の支援にかかわる方々が，当事者の声をていねいに聴き，受けとめていくことが大切ではないか。

　本書の内容は網羅的とはいえない。また体系的な内容構成というにもほど遠い。私たちの協会は，共生社会の実現をめざす端緒についたばかりの組織でもあり，本書について読者からのストレートなご指導，ご鞭撻を賜りたいと考えている。その上で，本書が共生社会を推進する一助となれば編者としては望外の幸せである。誰も排除されることのない社会が到来することを願ってやまない。

　初校の作業に入ったのは新型コロナウイルス感染症の拡大期のさなか，緊急事態宣言が出されていた時期であった。国内の社会的問題では，感染者へのバッシングや差別に始まり，生活困窮者への差別，障害者雇用の喪失，外国籍

労働者の失業など，社会的弱者に対して差別がある事態についての報道が目に止まった。コロナ禍によって人々は分断され，社会の姿が大きく変化した。テレワークという就業形態が定着すれば，障害者も自宅で仕事ができるようになるという期待がある一方，障害者就労そのものが減ってしまう事態が現実になっている。共生社会に向けての課題は少なくないが，支援に携わる方々が互いに連携しながら，共生社会の実現への一歩を着実に歩んでいくために，本書がその道標のひとつとなれば幸いである。

編者を代表して

一般社団法人　日本共生社会推進協会　代表理事　小山　望

各章の編集者を示す：

第1章　川村幸夫・堀　智晴

第2章　和田義人

第3章　河合高鋭

第4章　小山　望

第5章　富田悠生

第6章　内城喜貴

第7章　内城喜貴

第8章　勅使河原隆行

第9章　角森輝美・西内俊朗

第10章　小山　望

第**1**章

多様性の受容

川村幸夫・堀　智晴●編

　21世紀の最初の二十年が過ぎようとしているいま，世界は共生社会への歩みを着実に進めている。しかし，その一方で，残念ながら多くの地域で共生社会に背を向ける傾向が見受けられる。さまざまな要因による分断の背後には，異種に対して不寛容なエスノセントリズムがある。ミクロな世界，つまり身のまわりの地域社会でも，他を認めない風潮が根強く存在している。COVID-19はさらにそれに追い打ちをかけた。共生社会への第一歩は，他者を認めることであり，その寛容さは，本章のテーマである「多様性の受容」が肝心である。異文化理解，外国人との共生，障害者やマイノリティーとの共生などを通して，多様性の受容について考えていく。

（川村幸夫）

1

異文化理解（アメリカ合衆国）

川村幸夫

　異文化理解のために，多民族多文化社会のアメリカを知ることは重要である。アメリカ合衆国が歩んできた道を見ていくことは，これからの日本社会を考えるときに，とくに理想的共生社会をめざすために，大いに参考になるとともに，とても有意義なことである。現在のアメリカは，社会の分断という危険性を孕んでいるとはいえ，国内での異文化理解が進み，共生社会がある程度実現している一例としてとらえることができる。アメリカの異文化理解の象徴的なできごとをいくつか取り上げてみる。

1　最初の感謝祭

　アメリカ合衆国の祝祭日の一つに 11 月第 4 木曜日の感謝祭がある。感謝祭は，いまでは宗教的色彩は薄れ，親族や友人が集まる食事会という重要な家族行事として位置づけられているが，その起源は，初期植民者ピルグリム・ファーザーズにさかのぼることができる。

　植民者が乗ったメイフラワー号は苦難の航海の末，1620 年 11 月に現在のマサチューセッツ州プリマスにたどり着いたが，その年の冬はとくに厳しく，多くの死者が出た。翌年は，近隣の先住民 [1] からトウモロコシなどの作物の栽培法を教わり，植民者はどうにか生き延びることができた。この年の秋は豊作となったので，神に感謝しつつ，助けてくれたお礼として先住民を招いて宴会を開いたのが感謝祭の始まりとされている。

　しかし，先住民との関係は決して良好ではなく，当初から白人による食料な

どの略奪が横行し，虐殺も行われていた。さらに，白人植民地の拡大とともに，先住民はそもそもの土地を追われていく。北米大陸に500万人から1,000万人いたとされる先住民は，19世紀末までに，その95％が死滅したと推定されている。

　先住民は白人からは野蛮人と見なされ，長く迫害される時代が続いた。また先住民を同化する政策も行われた。しかし，高貴な精神文化を持つ先住民に対して，畏敬の念を持って接してきた人たちももちろん多くいた。20世紀後半以降は，先住民の文化を見直す動きが高まってきている。

　先住民を扱った映画は，かつては「先住民は白人の敵」という固定観念のもとに製作されていたが，その後は先住民を尊敬し，先住民に寄り添う立場の作品が多くなっている。1990年に公開された『ダンス・ウィズ・ウルブズ』などはそのよい例のひとつである。

2　キング牧師の夢

　先住民と同じように黒人たちも[2]長年差別を受けてきた。アメリカ合衆国は，民主主義の理想国家として誕生した。1776年の独立宣言には「すべての人間は生まれながらにして平等であり，その創造主によって，生命，自由，および幸福の追求を含む不可侵の権利を与えられている」とある。しかし，真の平等が法律的に保証されるまでには長い時間がかかった。植民地時代から綿々と続いてきた奴隷制は，独立後も相変わらず存在し続けた。奴隷としてアメリカ国内に連れてこられた黒人たちは，独立宣言の「人間」には含まれていなかったということになる。

　1852年に出版されたハリエット・ビーチャー・ストウの『アンクル・トムの小屋』は，黒人奴隷の悲惨な状況を描いて，アメリカ国民，とくに北部の人たちに強い衝撃を与えた。1863年のリンカーン大統領の「奴隷解放宣言」につながったといわれている。アメリカ史上最大の悲劇である南北戦争は，この宣言により一気に収束に向かった。1865年に「アメリカ合衆国憲法修正第13

条」が定められたが[3]，すぐに黒人が白人と同等に扱われるようになったわけではない。とりわけ南部諸州では，黒人差別が相変わらず続いた。その典型が，黒人の一般公共施設の利用を制限した「ジム・クロウ法」である。

　1955年，アラバマ州モンゴメリーで，市営バスの白人優先席に座っていたローザ・パークスが警察に逮捕されたことを契機に，この地に着任したてのキング牧師が中心になり，黒人に市営バスの乗車拒否運動を呼びかけた。モンゴメリー・バス・ボイコット事件は大きな社会問題となり，翌年，連邦最高裁判所はこの人種隔離政策に対して違憲判決を出した。

　黒人の公民権獲得に向けた運動は高まりを見せ，1963年の「ワシントン大行進」でそのピークを迎える。多くの白人を含む20万人が集まった人種差別撤廃を求めるデモで，キング牧師はあの有名な「私には夢がある」の演説を行った。いわゆる「公民権法」は，1964年に成立した。

　リンカーンの「奴隷解放宣言」から約100年，「独立宣言」からおよそ200年経って，ようやく黒人は法律上白人と同等に扱われるようになった。その象徴が，非白人でアフリカ系の出自を持つオバマ大統領である。

　しかし，黒人に対する偏見は消えず，差別や迫害が綿々と続いている。そして，黒人が命を落とす例は跡を絶たない。2020年5月ミネソタ州で起きた白人警官による黒人男性殺害事件でふたたび脚光を浴びた「ブラック・ライブズ・マター（黒人の命は大切だ）」が，民族・人種・国籍を超えて世界的な広がりを見せている。キング牧師の夢が真に実現する日は近い。

3　米国作家の異文化体験

　19世紀のアメリカは，啓蒙活動が盛んになった時代である。多くの作家が異文化を体験し，それを旅行記や小説のかたちで国民に知らせていた。

　マーク・トウェインは，『トム・ソーヤの冒険』や『ハックルベリー・フィンの冒険』のほかに，数多くの旅行記を書いている。『緋文字』のホーソーンにも，英国滞在やイタリア滞在に関する著作がある。私たちに馴染みが深い作

家の小泉八雲（ラフカディオ・ハーン）は，アメリカのみならず，世界に日本を紹介した特記すべき作家である。

　この時代の作家の代表格はなんといってもハーマン・メルヴィルである。彼はみずからの体験をもとにして数々の作品を発表した。その代表作は1851年に出版された『白鯨』で，作品中の捕鯨船にはさまざまな出身の乗組員が乗り組んでいる。ここに登場する捕鯨船はいわばアメリカ社会の縮図と見なすことができる。数回の映画化のうちでは1956年に公開されたジョン・ヒューストン監督による『白鯨』が原作にもっとも近いといわれている。

　20世紀に入ると，交通の利便性向上とともに，異文化交流が盛んになり，異文化体験に関する情報は爆発的に増えていく。正しい情報が伝達されることによって，過去の誤解が徐々に解けはじめていくこととなる。

4　ライアンの奇跡

　偏見による差別や迫害は20世紀後半になっても消えることはなかった。その典型例として，エイズ患者の苦難を挙げることができる。13歳でエイズを発症したライアン・ホワイトは，正しい知識不足から生じる偏見から迫害を受け，通っていた学校を追われてしまう。エイズ教育が進んでいた別の高校へと移り，そこで生徒からも教師からも暖かく迎えられる。その後，彼はエイズに対する偏見をなくす広報活動に貢献する。

　「エイズ・ボーイ」としてマスコミに数多く取り上げられたが，「普通の子どもとして生きたかった」という彼の言葉は胸に強く響く。彼の葬儀には多くの人が参列した。「あたかも神様が，エイズの犠牲者に対する人びとの偏見を取り除くために，彼を選んだかのようだった」と述べたエルトン・ジョンの弔辞はまことに感動的である。まさに「ライアン・ホワイトは奇跡」だった。

　エイズや同性愛に対する偏見に立ち向かった人たちは少なくない。この事情について，わかりやすい映画として1993年公開の『フィラデルフィア』などがある。

5 虹色の社会へ

1986年にリリースされたシンディ・ローパーの「トゥルー・カラーズ」は,歌詞の内容から,LGBTの人たちの人権運動のテーマ曲となった。歌詞中の「虹」は,さまざまな色によって構成されることから,多様性共存のシンボルとなっている（LGBTについては5節を参照）。

1969年のストーンウォール事件をきっかけに,翌年から「LGBTプライドパレード」が行われている。この動きは世界各国に広がり,少数派の人たちや社会的弱者の人たちへの偏見をなくす動きが推進されている。

ワスプ（WASP＝ホワイト・アングロサクソン・プロテスタント）こそがアメリカ社会のエリートであり,アメリカ社会の中心である,という一部白人の根強い意識が,ワスプ以外の人たちへの蔑視を生み出し,偏見を助長し,協調・共生を阻んできたのも事実である。この意識はかなり薄らいだとはいえ,「保守系白人層」の影響はアメリカ社会にはまだまだ根強い。

「虹」が象徴する多文化共存,社会的少数者や弱者をも含めた共生が,完成形を見るまでにはまだまだ長い道のりがあるだろう。

【注】

(1) かつては「インディアン」や「アメリカインディアン」といわれていたが,近年では「先住アメリカ人（ネイティブ・アメリカン）」という表記が一般的である。本稿では「先住民」と表現する。

(2) かつて奴隷を経験した祖先を持つ黒人を,現在は「アフリカ系アメリカ人」と表現している。本稿では,その呼称が定着する以前の事例が中心なので「黒人」を使用する。

(3) 当時のアメリカ合衆国36州の4分の3にあたる27州が批准した時点で成立した。残り9州のうち5州がその後約1か月後までに批准し,2州が1870年と1901年に批准した。驚くべきことに,最後の2州が批准したのは,1976年（ケンタッキー州）および1995年（ミシシッピー州）だった。このことからも,アメリカ南部の特色を垣間見ることができる。

【参考ウェブサイト】

在日アメリカ合衆国大使館　https://jp.usembassy.gov/ja/
日本アメリカンセンター　https://americancenterjapan.com

2

異文化理解（韓国・ドイツ）

今村　武

　「異文化理解」を目的とする授業や，「異文化理解」を掲げた学部・学科の教育目標を見かけることが多くなっている。外国との交流が現在ほど盛んではなかった一昔前には，「外国人」はかなり「異なる」ように見えたものだ。しかし彼らと自分とで何が「異なる」のか。たとえば食べるものが多少違っていれば「異文化」というカテゴリーに属するのだろうか。

　最近の技術革新，インターネットの発達に伴い，人々は世界中と手のひらのスマホを介してつながるようになり，むしろ世界中の人が「同じ」あるいは「似ている」ととらえられるようになってきた。この「似ているようで異なる」「異なるようで似ている」というパラドキシカルで曖昧なところに「異文化理解」の興味深さがある。異なる何かを理解するという作業は，結局はあなた自身のなかで行われるものである。本稿は異なるものを「より深く」理解するための手助けを提示するために執筆されている。

1　遥かなるブレーメン

　私たちのなかに溶け込んでいる「異文化」の代表として，ここでは「グリム童話」を取り上げる。『グリム童話集』に収められている「ブレーメンの音楽隊」を題材に「異文化理解」を進めていく。

　働きもののロバがいました。しかし年をとり仕事ができなくなると，飼い主から不要とされてしまいます。ロバはブレーメンに行って音楽隊に入ることを

決意し，家を出ます。ブレーメンに向かう道中，同じような境遇に悩んでいる犬，猫，鶏に出会い，ロバは一緒にブレーメンの音楽隊に入るよう誘います。4匹は一緒にブレーメンをめざしますが，ブレーメンには1日ではたどり着けません。日が暮れたので休もうとしたところ，森のなかに灯りのついた家を見つけました。なかをのぞいてみると，泥棒たちがごちそうを食べています。彼らは一計を案じ，ロバの背に犬，犬の上には猫，猫の上には鶏が乗っかり，窓の外から一斉に大きな声で鳴きはじめました。泥棒たちはお化けが出たと勘違いして，家から飛び出していきました。ロバたちはごちそうにありつくことができました。その後，お化けが出るなんてやっぱりおかしい，と思った泥棒たちは，もう一度家のなかを確かめに来ます。真っ暗な家に忍び込むと，ロバは蹴り，犬は噛みつき，猫は引っ掻き，鶏はくちばしで突っつきました。暗闇のなかで襲われた泥棒は，やっぱりお化けがいるのだと信じこみ，家に戻ることをあきらめました。4匹はその家が気に入り，そこで幸せに暮らしたということです。

　大人になって読みかえしてみると，新たな発見があるものだ。現代の感覚からすると真っ先に指摘されるのは動物の虐待だ。仕事のできなくなったロバに対して，ロバの主人はこれ以上餌をやらないことにする。獲物を追うことのできなくなった猟犬は殺されそうに，ネズミを追いかけなくなった猫は溺死させられることに，ニワトリは今度の休日にお客さまにスープとして供せられることになっていた。

　このお話には，私たちの心に訴えかけるものがある。その一つは，ロバ，犬，猫，鶏の4匹があきらめずに協力し，自力で泥棒たちを追い出して，新しい住処を獲得するというストーリーである。彼らはブレーメンにたどり着くことはない。しかしその途中の森のなかで居心地のよい住処を見つけるのである。それは彼らがあきらめずに一致団結して泥棒たちに立ち向かった成果といえる。

2　「役立たず」のストーリー

　もう一つ，このメルヘンには大切なポイントがある。それはロバも犬も猫も鶏も，みな年をとって「役に立たない」存在になっていることである。「昔話」であることを考えれば，年をとって潰されてしまう動物たちの運命も，当時のあり方としては仕方のないようにも映る。登場するのが動物たちなので，この「老い」の問題はあまり意識されないようだ。しかしこの4匹が直面する問題は，彼らだけの問題ではない。4匹は，ただの動物といいきれない。このメルヘンには，私たち人間になぞらえて語られているのだ。

　このような観点，老いて役に立たなくなった人間のあり方に気がつくことができれば，さらにもう一歩，日本でよく聞く「姥捨山」「親捨て山」の民話を思い起こすことができる。年をとって動けなくなってしまった老人，老親を山に捨てる習慣がもとにあると考えられる民話には，二つのタイプが現在まで伝えられている。

　昔，殿様が「老いて働けなくなった老人は山に捨てよ」というお触れを出します。ある孝行者の息子は泣く泣く老親を山に捨てようとするけれども，結局捨てられず，家の床下に匿って世話をします。しばらく後，殿様が隣の国から難題を出されますが，孝行者は匿っていた老人の知恵で難題を解いてみせる。隣の国は驚いて，このような知恵者がいる国は危険だと考えて，攻めるのをやめました。老人のすばらしい知恵で救われたことを知った殿様は，考えをあらためて，孝行者の息子に褒美を与えて，その後は老人を大切にするようになりました。

　二つ目の話。年老いた親を捨てるために背負って山を登っていくと，親は道中で木の小枝を折っている。それを見た息子がなぜかと尋ねると，お前が帰るときに迷わないようにするためだと答える。自分が捨てられるのをわかってい

ながら，子を思う親の心に打たれた息子は，老親をふたたび連れて帰るというストーリーが伝えられている。

日本の多くの地域で，姥捨てに由来する地名や民間伝承が伝えられ，また残されている。ここでその信憑性を云々することには意味はない。着目すべきは，多くの地域で同じような話が語り継がれてきたこと，そして，このような事実が私たちに「ブレーメンの音楽隊」の「より深い」理解を可能とさせることである。

なるほど老いた動物たちが自分たちの主人を「改心」させることはない。それは彼ら「家畜」の立場からは無理な話なのかもしれない。しかし，役立たずの動物たちがあえなく殺されるのではなく，新たに幸せな暮らしを見いだすというストーリーには，老いたものに対する哀れみの心，これまでの労苦に感謝する心が表現されていると理解できる。

老人たちが力を合わせて新しい生活基盤を築くストーリーと，老人がその知恵と優しさで生きる意義を教える話，どちらも興味深い話である。

3　共生への示唆

いま一度「ブレーメンの音楽隊」を読み直してみると，年老いたロバ，犬，ネコ，雄鶏が，かれらの持っている知恵と勇気で自分たちのために新しい住処を首尾よく見つけていることに気がつく。ロバは重たい荷物を運ぶことができなくなってしまい，犬は猟犬として獲物を捕ってくることができなくなった。猫はネズミを捕まえられなくなり，雄鶏はスープの具になることでしか役に立たなくなった。しかしそれでもかれらは新たな新天地をめざして旅立つことができた。これがすべての発端だ。4匹は揃ってブレーメン行きに賛同し，見知らぬ地へと出発した。

この『童話』の出発点は，日本がいま現在直面している超高齢化社会での問題と，そのなかでの私たちの生き方に示唆を与えてくれる。昭和，平成，令和

へと時代が移り変わる中で，人口構造の大きな変化がクローズアップされてきた。すでに日本は世界でも例のない超高齢化社会となっている。

　出生率の減少とともに，人口そのものの減少も急速に進んでいる。社会を構成する人々の高齢化と人口そのものの減少が並行している。そのようななかで，社会の経済活動を支えていくために提案されているのが定年制の見直しと，65歳を超えても働き続けることのできる仕組み，社会制度の導入である。

　これまで以上の年月を働き続けるためには，年齢を重ねても健康でいなければならないのは自明である（「健康寿命」については第2章を参照）。なるほど「ブレーメンの音楽隊」に登場する動物たちは年をとってはいるけれども，まだまだブレーメンに向けて旅立ち，そこで音楽隊の一員として新しい役目を担おうという気力と体力を持ち合わせている。人生100年といわれつつある時代に大切なのは，社会人となっても自分から進んで学び続けることができる人になることである。世の中とみずからの「難題」に積極的に取り組むことで，人は必要とされる人となるのだから。

4　つながりと広がり

　もう一つ気づかされることがある。役に立たなくなった動物たちが殺されてしまう理由と，役に立たなくなった老人が山に捨てられるというその理由の共通点である。いわゆる「むかしむかし」の時代は，多くの場所で多くの人々が，ひもじい思いをしつつ生きていた，ということである。このような共通点を見いだすことができれば，親捨てのストーリーを生み出した悲しいできごとは，もしかすると世界中いたるところにあったと推測できる。古い時代から日本と交流のある朝鮮半島にも，同じような民話が伝わっているのである。

　昔あるところに，お祖父さん，お父さん，息子の三人が一緒に暮らしていました。お祖父さんは年をとり，仕事ができないうえに病気となり，一人で食事することもままなりません。いつ亡くなるかわからないお祖父さんですが一人

で部屋を一つ使い，大小便の世話も子や孫たちが手伝っています。お父さんは，お祖父さんを山に捨てようと考えました。息子に自分の父親を背負わせて，山奥にそのまま置き去りにしようというのです。そこである日，お父さんはお祖父さんを背負子に乗せて，息子と一緒に山を登っていきました。山の中腹で，お父さんはお祖父さんを背負子ごと下ろし，息子に言いました。「さあ，ここにお祖父さんと背負子を捨てて帰ろう」すると息子が「このまま帰ってはいけません，背負子は持って帰らねば」と言います。「背負子も捨てていけばいいのだよ，何を言っているのか」と尋ねると，息子は「自分もお父さんを捨てるときが来れば，あの背負子が必要になります」「なるほど」とお父さんは深くうなずきました。「お前のいうことは正しい」そう言いながらふたたびお祖父さんを背負うと，息子と一緒に来た道を戻って行きました。その後はお祖父さんのために孝行をしたということです。

　この朝鮮半島の民話にもいろいろなバリエーションがあるようだが，息子が父を教えさとすストーリーはこの話に独特である。自分の父に良心の呵責を催させる息子には相応の「学問」があったのだろう。それがどのような学問でどこから来たものなのか，興味は尽きない。それが「異文化理解」の楽しさである。

【参考文献・ウェブサイト】

今村　武．(2019)．食事作りに手間暇かけないドイツ人，手料理神話にこだわり続ける日本人．ダイヤモンド・ビッグ社

中村亮平（編)．(1926)．朝鮮童話集．冨山房

野村　泫（訳)．(1999)．決定版完訳グリム童話集2．筑摩書房

田端博子．(2014)．棄老説話（難題型）の源流．口承文芸研究, 37, 54-64

JICA海外協力隊．(2020)．https://www.jica.go.jp/volunteer/（最終アクセス：2020年7月7日）JICA海外協力隊

3

外国人との共生

和田義人

はじめに

　共生社会の未来を考えるうえで，外国人との共生に向けたさまざまな課題に視点を向ける必要がある。わが国を訪れる外国人の数は，日本政府観光局（JNTO）の統計を見ると，2018 年（平成 30 年）は 3,119 万人となっている。在留する外国人も法務省の統計では，2019 年（令和元年）6 月末時点で 282 万人，就労する外国人も 2018 年（平成 30 年）10 月末時点で 146 万人と，いずれも過去最高となっている。

　ところが，2020 年に入って世界規模で拡大したコロナショックにより，一時的にわが国を訪れる外国人は激減した。この先 2 ～ 3 年は回復に時間がかかるかも知れないが，長期的な視点で見ると，本流は変わりないと思われる。

　そうした流れのなかで政府は 2006 年（平成 18 年）に「『生活者としての外国人』に関する総合的対応策」を定め，これに基づいて外国人が暮らしやすい地域社会のあり方について議論を進めてきた。さらに，新たな在留資格「特定技能 1 号」及び「特定技能 2 号」を新設した改正出入国管理法が 2019 年（平成 31 年 4 月）に施行され，政府はより総合的にかつ包括的な対応として「外国人材の受け入れ・共生のための総合的対応策」を取りまとめている。

　少子高齢化，生産年齢人口の減少に伴う"人材不足"にどう向き合うのか？「移民の受け入れ」という視点ではなく，「外国人材を適正に受け入れる」という視点と，受け入れた外国人を孤立させることなく，地域社会の一員としてど

のように受け入れていくのかという課題意識を国民すべてが持つべきである。

たとえば2025年問題[1]や2040年問題[2]は、わが国の人口構造の変遷過程をみれば"ほぼ間違いなく起こる未来課題"である。

人口減少、少子高齢化が進むなかで、国は支援のあり方についてさまざまな改革、提言を行ってきた。「地域包括ケアシステム」[3]という「医療、介護、予防、住まい、生活支援が包括的に確保される体制の構築」が2025年をメドとして推しすすめられ、2016年（平成28年）6月には「ニッポン一億総活躍プラン」（閣議決定）に「地域共生社会の実現」が盛りこまれた。

2017年（平成29年）2月には社会福祉法改正案（地域包括ケアシステムの強化のための介護保険法等の一部を改正する法律案）が国会に提出され、同月、「「地域共生社会」の実現に向けて（当面の改革工程）」が「我が事・丸ごと」地域共生社会実現本部で決定された。同年5月には社会福祉法改正案が国会で可決・成立している。

ここで大事なのは、"外国人材を適正に受け入れる"ためのさまざまな環境整備においては「受け入れる側」「受け入れられる側」という単純な構図ではない。受け入れる側の国民すべてが、めざす共生社会のあり方、実現に向けて個々の地域社会特性を踏まえながら理解と協力体制を持続して行く"覚悟"が必要だということだ。なぜならば、「外国人との共生」についての課題解決は即答できるものではなく、継続的な創意工夫を必要とするものだからである。また受け入れられる側の外国人もまずは"共生の理念"を理解し、地域社会のルール、風土、文化（ものの考え方・処理の仕方）の理解に向けて継続的な努力をすることが必要である。

1 具体的な施策

わが国で生活している外国人に対してはさまざまな施策が検討され、実施されているが、より積極的に総合的かつ包括的な"生活者目線"での取り組みが必要である。特に「外国人の就学」についてはわが国の国民一人ひとりの社会

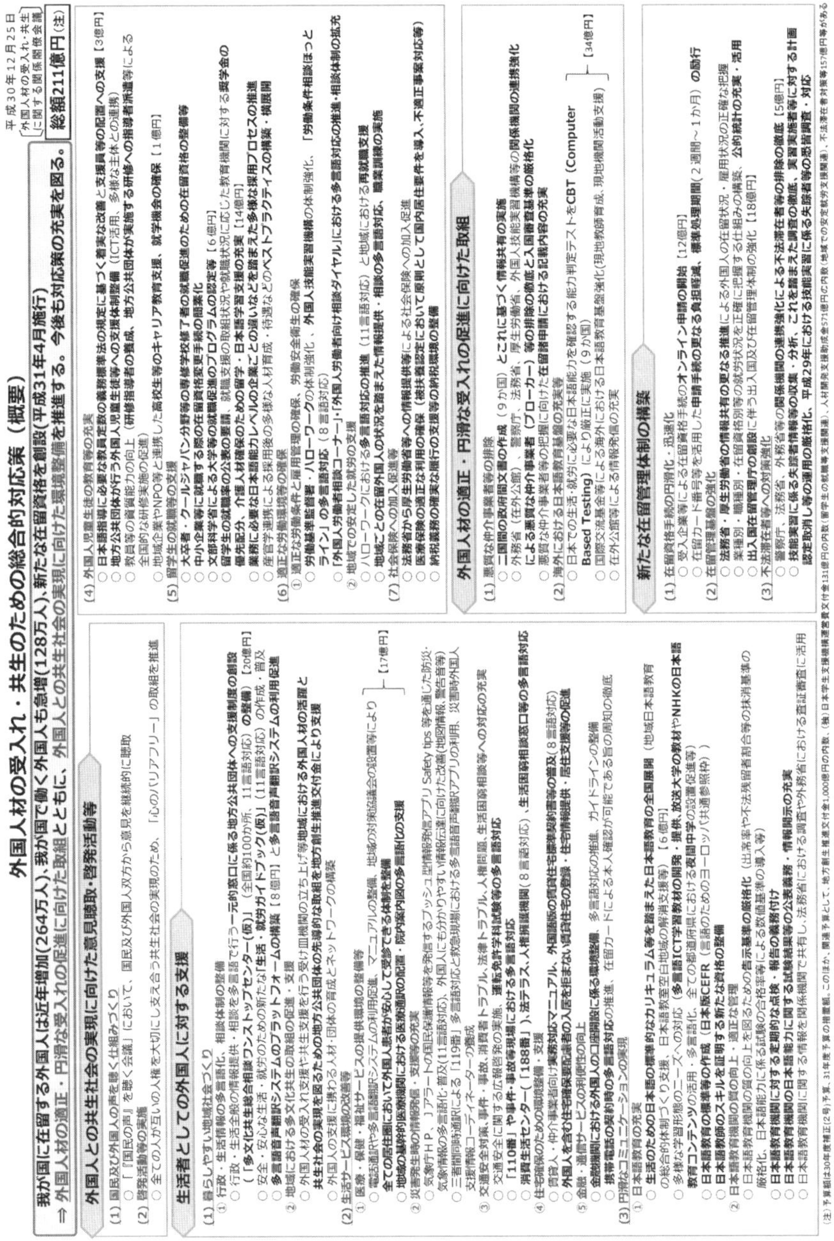

外国人材の受入れ・共生のための総合的対応策（概要）

平成30年12月25日
外国人材の受入れ・共生に関する関係閣僚会議

我が国に在留する外国人は近年増加(264万人)、我が国で働く外国人も急増(128万人)、新たな在留資格を創設(平成31年4月施行)
⇒ 外国人材の適正・円滑な受入れの促進に向けた取組とともに、外国人との共生社会の実現に向けた環境整備を推進する。今後も対応策の充実を図る。

総額211億円(注)

外国人との共生社会の実現に向けた意見聴取・啓発活動等

(1) 国民及び外国人の声を聴く仕組みづくり
○ 「『国民の声』を聴く会議」において、国民及び外国人双方から意見を継続的に聴取
(2) 啓発活動等の実施
○ 全ての人が互いの人権を大切にし支え合う共生社会の実現のため、「心のバリアフリー」の取組を推進

生活者としての外国人に対する支援

(1) 暮らしやすい地域社会づくり
① 行政・生活情報の多言語化、相談体制の整備
○ 行政・生活全般の情報提供・相談を多言語で行う**一元的窓口に係る地方公共団体への支援制度の創設**（「**多文化共生総合相談ワンストップセンター(仮)**」（全国約100か所、11言語対応）**の整備**）【20億円】
○ 安全・安心な生活・就労のための新たな「**生活・就労ガイドブック(仮)**」（11言語対応）の作成・普及
○ **多言語音声翻訳システムのプラットフォームの構築**【８億円】と**多言語音声翻訳システムの利用促進**
② 地域における多文化共生の取組の促進・支援
○ 外国人材の受入れ支援や共生支援を行う受け皿機関の立ち上げ等**地域における外国人材の活躍と共生社会の実現を図るための地方公共団体の先導的な取組を地方創生推進交付金により支援**
○ 外国人の支援に携わる人材・団体の育成とネットワークの構築
(2) 生活サービス環境の改善等
① 医療・保健・福祉サービスの提供環境の整備等
○ 電話通訳や多言語翻訳システムの利用促進、マニュアルの整備、地域の対策協議会の設置等により**全ての居住圏において外国人患者が安心して受診できる体制を整備**
○ **地域の基幹的医療機関における医療通訳の配置・院内案内図の多言語化の支援**
【17億円】
② 災害発生時の情報発信・支援等の充実
○ 気象庁ＨＰ、Ｊアラートの国民保護情報等を発信するプッシュ型情報発信アプリ Safety tips 等を通じた防災・気象情報の多言語化・普及(11言語対応)、外国人にも分かりやすい情報伝達に向けた改善(地図情報、警告音等)
○ 三者間同時通訳による「119番」多言語対応と救急現場における多言語音声翻訳アプリの利用、災害時外国人支援情報コーディネーターの養成
③ 交通安全対策、事件・事故、消費者トラブル、法律トラブル、人権問題、生活困窮相談等への対応の充実
○ 交通安全に関する広報啓発の実施、**運転免許学科試験等の多言語対応**
○ 「**110番」や事件・事故等現場における多言語対応**
○ **消費生活センター(「188番」)、法テラス、人権擁護機関**(８言語対応)、**生活困窮相談窓口等の多言語対応**
④ 住宅確保のための環境整備・支援
○ 賃貸人・仲介事業者向け**実務対応マニュアル、外国語版の賃貸住宅標準契約書等の普及**(８言語対応)
○ **外国人を含む住宅確保要配慮者の入居を拒まない賃貸住宅の登録・住宅情報提供・居住支援等の促進**
⑤ 金融・通信サービスの利便性の向上
○ **金融機関における外国人の口座開設に係る環境整備**、多言語対応の推進、ガイドラインの整備
○ **携帯電話の契約時の多言語対応**の推進、在留カードによる本人確認が可能である旨の周知の徹底
(3) 円滑なコミュニケーションの実現
① 日本語教育の充実
○ **生活のための日本語の標準的なカリキュラム等を踏まえた日本語教育の全国展開**（地域日本語教育の総合的体制づくり支援、日本語教室空白地域の解消支援等）【６億円】
○ 多様な学習形態のニーズへの対応（**多言語ICT学習教材の開発・提供、放送大学の教材**や**NHKの日本語教育コンテンツ**の活用・多言語化、全ての都道府県における**夜間中学**の設置促進等）
○ **日本語教育の標準等の作成**（**日本版CEFR**（言語のためのヨーロッパ共通参照枠））
○ **日本語教師のスキルを証明する新たな資格の整備**
② 日本語教育機関の質の向上・適正な管理
○ 日本語教育機関の質の向上を図るための**告示基準の厳格化**（出席率や不法残留者割合等の抹消基準の厳格化、日本語能力に係る試験の合格率等による数値基準の導入等）
○ **日本語教育機関に対する定期的な点検・報告の義務付け**
○ **日本語教育機関の日本語能力に関する試験結果等の公表義務・情報開示の充実**
○ 日本語教育機関に関する情報を関係機関で共有し、法務省における調査や外務省における査証審査に活用

(4) 外国人児童生徒の教育等の充実
○ **日本語指導に必要な教員定数の義務標準法の規定に基づく着実な改善**と**支援員等の配置への支援**【3億円】
○ **地方公共団体が行う外国人児童生徒等への支援体制整備**（ICT活用、多様な主体との連携）
○ 教員等の資質能力の向上（**研修指導者の養成、地方公共団体が実施する研修への指導者派遣等**による全国的な研修実施の促進）
○ 地域企業やNPO等と連携した**高校生等のキャリア教育支援、就学機会の確保**【１億円】
(5) 留学生の就職等の支援
○ **大卒者・クールジャパン分野等の専修学校修了者の就職促進のための在留資格の整備等**
○ **中小企業等に就職する際の在留資格変更手続の簡素化**
○ **文部科学省による大学等の就職促進のプログラムの認定等**【６億円】
○ **留学生の就職率の公表の要請**、就職支援の取組状況や就職状況に応じた教育機関に対する**奨学金の優先配分、介護人材確保のための留学・日本語学習支援の充実**【14億円】
○ **業務に必要な日本語能力レベルの企業ごとの違いなどを踏まえた多様な採用プロセスの推進**
○ 産官学連携による採用後の多様な人材育成・待遇などの**ベストプラクティスの構築・横展開**
(6) 適正な労働環境等の確保
① 適正な労働条件と雇用管理の確保、労働安全衛生の確保
○ **労働基準監督署・ハローワーク**の体制強化、**外国人技能実習機構**の体制強化、「**労働条件相談ほっとライン」の多言語対応**（８言語対応）
○ 「**外国人労働者相談コーナー」・「外国人労働者向け相談ダイヤル」における多言語対応の推進・相談体制の拡充**
② 地域での安定した就労の支援
○ ハローワークにおける**多言語対応の推進**（11言語対応）と地域における**再就職支援**
○ **地域ごとの在留外国人の状況を踏まえた情報提供・相談の多言語対応、職業訓練の実施**
(7) 社会保険への加入促進等
○ **法務省から厚生労働省等への情報提供等**による社会保険への加入促進
○ **医療保険の適正な利用の確保**（**被扶養認定において原則として国内居住要件を導入、不適正事案対応等**）
○ **納税義務の確実な履行の支援等の納税環境の整備**

外国人材の適正・円滑な受入れの促進に向けた取組

(1) 悪質な仲介事業者等の排除
○ **二国間の政府間文書の作成**（９か国）**とこれに基づく情報共有の実施**
○ 外務省（在外公館）、警察庁、法務省、厚生労働省、外国人技能実習機構等の**関係機関の連携強化による悪質な仲介事業者（ブローカー）等の排除の徹底と入国審査基準の厳格化**
○ 悪質な仲介事業者等の把握に向けた**在留諸申請における記載内容の充実**
(2) 海外における日本語教育基盤の充実等
○ 日本での生活・就労に必要な日本語能力を確認する能力判定テストを**CBT（Computer Based Testing）**により厳正に実施（９か国）
○ 国際交流基金等による海外における日本語教育基盤強化(現地教師育成、現地機関活動支援)
○ 在外公館等による情報発信の充実
【34億円】

新たな在留管理体制の構築

(1) 在留資格手続の円滑化・迅速化
○ 受入企業等による在留資格手続の**オンライン申請の開始**【12億円】
○ 在留カード番号等を活用した**申請手続の更なる負担軽減、標準処理期間**(２週間～１か月）**の励行**
(2) 在留管理基盤の強化
○ **法務省・厚生労働省の情報共有の更なる推進**による外国人の在留状況・雇用状況の正確な把握
○ 業種別・職種別・在留資格別等の就労状況を正確に把握する仕組みの構築、**公的統計の充実・活用**
○ **出入国在留管理庁の創設**に伴う出入国及び在留管理体制の強化【18億円】
(3) 不法滞在者等への対策強化
○ 警察庁、法務省、外務省等の**関係機関の連携強化による不法滞在者等の排除の徹底**【5億円】
○ **技能実習に係る失踪者情報等の収集・分析、これを踏まえた調査の徹底、実習実施者等に対する計画認定取消し等の運用の厳格化、平成29年における技能実習に係る失踪者等の悉皆調査・対応**

（注）予算額は30年度補正(2号)予算、31年度予算の措置額。このほか、関連予算として、地方創生推進交付金1,000億円の内数、(独)日本学生支援機構運営費交付金131億円の内数(留学生の就職等支援関連)、人材開発支援助成金571億円の内数(地域での安定就労支援関連)、不法滞在者対策等157億円等がある

図 1-3-1　外国人材の受入れ・共生のための総合的対応策（概要）
（法務省・出入国在留管理庁ホームページ）

的な姿勢が問われている（詳細後述）。

　外国人との共生に向けて，内閣府が所管してきた「日系定住外国人施策」は
『外国人の受入れ環境の整備に関する業務の基本方針について』（平成30年7月
24日閣議決定）により，2018年（平成30年）7月24日付けで法務省が担うこと
とされている。

　2018年（平成30年）12月には，一定の専門性・技能を有する新たな外国人
材の受入れ及びわが国で生活する外国人との共生社会の実現に向けた環境整備
について，関係行政機関の緊密な連携のもと，政府一体となって総合的な検討
を行うため，外国人材の受入れ・共生に関する関係閣僚会議が開かれ，「外国
人材の受入れ・共生のための総合的対策」が策定されている。4つの大項目の
2つ目「生活者としての外国人に対する支援」[3]で円滑なコミュニケーション
の実現，外国人児童生徒の教育等の充実，が施策に盛り込まれており，特に日
本語教育，文化教育について，踏み込んだ施策が検討されている。（図1-3-1参
照）

2　日本社会の姿勢が問われる外国人の就学問題

　わが国の人口動態の推移を見れば，外国人との共生社会の実現に向けた課題
解決は必須事項である。さまざまな論点があるなかで，就学問題は，日本で生
活する外国人が安定して就労し，地域社会の一員として暮らして行くうえで，
日本社会の姿勢が問われる大きな問題である。

　2019年（令和元年）10月，文部科学省は全国の教育委員会をとおして調査し
た結果として，小学校，中学校に通う年齢でありながら，どこにも就学してい
ない外国籍の子どもたちが20,000人近くいる可能性があるという報告書を提
出した。さらに重要なのは，実態として把握できた「不就学」は1,000人程度
であり，残りの多くの子どもたちについて，教育委員会でその存在を把握でき
ていなかったケース，保護者にも接触できなかったケースも相当数あったとい
うことである。根底の問題は外国人の児童を就学させる義務を定めた法律がな

いことである。国連人権規約第 13 条には以下のように規定されている（下線筆者）。

第 13 条

1　この規約の締約国は，教育についてのすべての者の権利を認める。締約国は，教育が人格の完成及び人格の尊厳についての意識の十分な発達を指向し並びに人権及び基本的自由の尊重を強化すべきことに同意する。更に，締約国は，<u>教育が，すべての者に対し，自由な社会に効果的に参加すること，諸国民の間及び人種的，種族的又は宗教的集団の間の理解，寛容及び友好を促進すること並びに平和の維持のための国際連合の活動を助長することを可能にすべきことに同意する。</u>

2　この規約の締約国は，1の権利の完全な実現を達成するため，次のことを認める。

(a)　<u>初等教育は，義務的なものとし，すべての者に対して無償のものとすること。</u>

(b)　種々の形態の中等教育（技術的及び職業的中等教育を含む。）は，すべての適当な方法により，特に，無償教育の漸進的な導入により，一般的に利用可能であり，かつ，すべての者に対して機会が与えられるものとすること。

(c)　高等教育は，すべての適当な方法により，特に，無償教育の漸進的な導入により，能力に応じ，すべての者に対して均等に機会が与えられるものとすること。

(d)　<u>基礎教育は，初等教育を受けなかった者又はその全課程を修了しなかった者のため，できる限り奨励され又は強化されること。</u>

(e)　すべての段階にわたる学校制度の発展を積極的に追求し，適当な奨学金制度を設立し及び教育職員の物質的条件を不断に改善すること。

わが国は，外国人との共生社会の実現に向けて大きく一歩を踏み出してはい

るが，足元に大きな課題を積み残している。その課題とは初等教育の段階で，日本人とうまく意思疎通が図れなかった日本語を母国語としない高校生の退学率の高さ，高校卒業後に非正規職に就く割合の高さ，進学もせず，就職もしない割合の高さである[4]。生活が不安定で収入が低いそうした若者たちの存在そのものだけでなく，若者たちが将来，社会保障などさまざまな方面に悪影響を及ぼす可能性も問題となる。さらにいうならば，いま速やかに改善を図らねば（問題を先送りしたぶん），その悪影響は数年先，数十年先に徐々に大きな社会問題となり，その問題が共生社会の醸成に水を差す可能性としてあらわれる。

　わが国は少子高齢化，人口減少社会の対策として外国人労働者の受け入れ拡大にゴーサインを出した。今後，地域のなかに外国籍の子どもたちの数が増えていく過程において，絶対的に必要とされるのは日本語の理解と，初等教育を学ぶ過程で身につける社会的基礎適応能力であろう。

　受け入れ先となる地域が，外国人を"仲間"として受け入れ，生活者として迎え入れる覚悟ができているのか？　共生社会実現に向けて，日本社会の姿勢，国民一人ひとりの覚悟が問われている。

【注】

(1) 2025年には団塊世代がすべて75歳以上の後期高齢者になる。人口減少が進み，15〜64歳の生産年齢人口が約7,000万人に減少する一方，後期高齢者の割合が全人口の18%以上を占めると予想されている。それに伴う社会保障費，医療・介護費の負担増加が大きな課題となりつつある。

(2) 高齢者の人口が2042年に最大となることから，"第二の戦後"ともいわれている。首都圏の急速な高齢化に伴って医療，介護の機能不全がおこり，特に医療福祉サービス従事者など担い手を確保することが大きな課題となる。さらに「就職氷河期」を経験した世代が，老後の十分な蓄えが不十分なまま高齢化を迎えるリスクが懸念されている。

(3) 2025年をメドに，高齢者の尊厳の保持と自立生活の支援の目的のもと，可能な限り住み慣れた地域で，自分らしい暮らしを人生の最後まで続けることができるよう，地域の包括的な支援・サービス提供体制（地域包括ケアシステム）の構築が推進されている。

(4) 文部科学省．(2019)．日本語教育が必要な児童生徒の受入状況等に関する調査　調査項目 (3) 日本語教育が必要な高校生等の中退・進路状況（令和元年9月27日）

4

障害のある人とともに生きるには？

堀 智晴

1 ソーシャルインクルージョンをめざして

　私は，共生社会を実現して，障害のある人とともに生きる社会を創り出したいと思っている。しかし残念ながら，いまの社会はそのような社会とはほど遠い。そこで私たちは「日本共生社会推進協会」を結成して活動をはじめた。

　2006年に国連総会で採択された障害者権利条約は，障害のある人も障害のない人と対等に一人の市民として基本的人権を有し，地域社会でともに生きていく権利を有していると宣言している。そこには，そのような社会を創り出していこうという理念が書かれている。この理念を，ソーシャルインクルージョン（Social Inclusion）という。

　2014年，日本はこの障害者権利条約を批准した。この権利条約の基本的な考え方は，〈当事者主体〉，〈障害による差別の禁止〉，〈医療モデルから社会モデルへの転換〉，〈地域でともに生きる〉である。私たちがとりくむ方向は明確になったが，その方向に日本社会は進んでいるであろうか。残念ながらこの方向に逆行しているのではないだろうか。

　私の取り組んでいるインクルーシブ保育・教育についていえば，子どもの数が減少するなかで，障害のある子どもたちが他の子どもたちとは異なる場，つまり，特別支援学級や特別支援学校で教育を受けている子どもの数はどんどん増えているのである。

　では，これからどのような取り組みをしていけばいいのだろうか？

2 「障害」観と「障害者」観の転換

　まず，どのような取り組みをするにしろ，その取り組みが障害をどう考えるのか（「障害」観），障害者をどのように理解しているのか（「障害者」観），この2つの「観」の転換につながっていく必要があると，私は考えるようになった。そこでこの点について知的障害のある人の問題を中心に考えてみたい。

　障害のある人は，これまで，できない人，わからない人として，否定的にとらえられ，障害のない人より〈価値の低い存在〉と考えられてきた。障害は欠陥と見なされ，欠陥のある人は生きる価値がないと見なされ，長い間，社会から抹殺され，放置されてきた。近代国家の成立後も，役に立たない人と見なされて，コロニーや（大規模）収容施設に収容され，そのなかで生かされてきた。

　1950年代ごろから北欧を中心に，このような考え方とそれに基づく施策の誤りが認識されるようになった。障害のある人もない人と同様にノーマルな（普通の）生活をする権利を有していること，本人の意思を尊重し地域社会でともに生きることが必要だと考えられるようになった。それがノーマライゼーションという思想であり，社会運動であった。

3 日本におけるノーマライゼーションの思想と運動

　日本におけるノーマライゼーションの運動は，1981年の「国際障害者年」を機に前進した。このとき，「一部の人を閉めだす社会は弱くもろい社会である」という問題提起がなされている。

　国際連合は，1981年を「国際障害者年」と宣言し，その後も10年ごとに「国連障害者の10年」（1983～1992年），「アジア太平洋障害者の十年」（1993～2002年），「アジア太平洋障害者の十年」の延長（2003～2012年）を定め，ユネスコが中心になって取り組みを進めた。1990年には，「万人のための教育（Education for All）に関する世界会議」が開かれ，1993年には「障害者の機会

均等化に関する国連標準規則」が示された。1994年には，「特別なニーズ教育に関する世界会議」が行われ「サラマンカ宣言」が発表された。このころから，ノーマライゼーションの思想と運動はインクルージョンへの運動へと発展するようになった。このような歴史的な取り組みが積み重ねられるなか，2006年には国連総会で「障害者権利条約」が採択された。

　しかし日本では，国際障害者年はその時の〈お祭り騒ぎ的なできごと〉で終わったのではないか。いまでも「国障年」の名前が用いられ，地道に活動している団体（大阪府豊中市）もあるが，これは例外的なことである。私の属していた日本特殊教育学会では，以上のような国連レベルの着実な取り組みを外務省や文部省が国民に知らせていなかったとして，会長がそれを自分で翻訳して報告するということがあった。

　それでも，このようななかで少しずつではあるが，世界のノーマライゼーション，インクルージョンの取り組みの影響をうけて，日本でも新たな波が起きてきた。以下にその一端を紹介する。

4　「わたしたちは『しょうがいしゃ』であるまえに人間だ」

　この言葉は，知的障害のある人が当事者運動をするときのスローガンであり，その運動はピープルファースト運動と呼ばれる。1973年，アメリカのオレゴン州での会議で，当事者が「ちえおくれ」や「知的障害者」とレッテルをはられるのに抗議して「わたしたちは『しょうがいしゃ』であるまえに人間だ」と発言したのがきっかけで生まれた言葉である。

　もともと知的障害のある人の当事者活動は，1960年代，スウェーデンにおける知的障害児の親の会のなかでの自主的な活動から始まった。日本では，1982年パリにおけるインクルージョン・インターナショナル（知的な障害のある人の親の会の世界大会）に，日本の5人の知的障害のある人が当事者部会に参加したことが当事者運動の契機になった。この部会に参加した高坂茂さんは，「いちばんびっくりしたことは，アメリカとかスウェーデンの人が，パイプ

カットとかをへいきでいうことだよ」といい，日本がどれだけおくれているか
わかったと語っていた。

　1991年に世界ではじめて当事者運動の組織「カナダ・ピープルファースト」
が生まれた。その後，アメリカにも組織ができ，その活動が日本にも伝わった。
これは「自分たちのことは，自分たちで決める」という『自己決定』からはじ
まる当事者運動であった。

　日本の「ピープルファーストジャパン」は，2004年に結成された。2019年
には，大阪で第25回大会が開催され，入所施設をなくす，自立生活をするた
めの地域のサービスを増やす，差別・虐待をなくす，ピープルファーストを広
める，などをテーマに交流が行われた。

5　津久井やまゆり園障害者殺傷事件

　2016年7月26日，神奈川県相模原市の知的障害者入所施設，津久井やまゆ
り園で，入所者が元施設職員に殺傷される事件がおきた。19人の知的障害の
ある入所者が殺害され，26人が重軽傷を負ったのである。この時，殺害され
た障害のある19人の名前は公表されなかった。この人たちはそれぞれがひと
りの人間としてみなされていないといっていい。

　この事件で深い傷を負った尾野一矢さんが，NHKの「バリバラ〜障害者情
報バラエティー〜」という番組に出演していた（2019年7月26日放映「障害者
殺傷事件3年　まちで暮らす」）。一矢さんは事件後には建て替えられる施設にま
た入所する予定であったが，重度訪問介護という制度があることを知って，グ
ループホームで生活することを決心した。一矢さんは行動障害があることから
地域で暮らすことが困難とみなされて，20年間も入所施設に入っていたので
ある。

　どんな行動にも本人なりの理由があるのに問題行動とみなされてきたので
あった。番組のなかで，一矢さんはレストランで自分の食べたいメニューを注
文し，おいしそうに食べていた。一矢さんは注文もできないとみなされて，食

べたいものを自分で選ぶ体験を奪われてきたのである。

　障害のある人とともに地域社会のなかで一緒に暮らしていなければ，障害のある人について知ることはほとんどなく，私たちはその人たちに偏見を持ち，差別してしまう。津久井やまゆり園事件の容疑者は施設の元職員だった。彼は重度の障害者は生きている価値のない「心失者」だと発言している。彼の発言と行動は彼個人の問題にとどまらず，優生思想をはじめ，いまなお日本社会に根強くある「排除する現実」を浮かびあがらせるものである。この事件の裁判員裁判では2020年3月に死刑判決が出た。裁判では事件の背景が解明されずに終わった。容疑者は弁護人による控訴をみずから取り下げ，死刑が確定した。

　現在でも，知的障害のある人で，入所施設での生活を余儀なくされている人は，日本には約12万人いる。

6　内実のある取り組みをねばり強く進めていきたい

　以上書いてきたことが日本の現実である。私たちはこの日本の現状を直視して，あきらめることなく，ソーシャルインクルージョンにむけて，ささやかであっても内実のある取り組みを，できるところから，ねばり強く進めていきたいと考えている。

【参考文献】

長瀬修他.（2008）. 障害児の権利条約と日本──概要と展望──. 生活書院

5

性的マイノリティと共生社会

杉浦浩美

　共生社会の実現に向けて，性的マイノリティの権利保障が喫緊^(きっきん)の課題となっている。本節では，まず「性的マイノリティ」と表現される人びとの多様性を確認したうえで，SOGI という概念によって従来のマジョリティとマイノリティという枠組みを乗り越える視点を提示する。最後に，共生社会への具体的取り組みとして，教育現場の実践を取り上げる。

1　性的マイノリティとは誰か

　性的マイノリティを表現する言葉として LGBT，あるいは LGBTI という表現が用いられることが多い。これはレズビアン（Lesbian），ゲイ（Gay），バイセクシャル（Bisexual），トランスジェンダー（Transgender），インターセックス（Intersex）の頭文字をとったもので，性的マイノリティの「総称」とされている。しかし，これらの言葉が表現するものの位相は，異なっている。

　「レズビアン」，「ゲイ」，「バイセクシュアル」は性愛の対象がどの性別に向かうかという性的指向（Sexual Orientation）を表している。「トランスジェンダー」はジェンダー・アイデンティティ（Gender Identity），すなわち性別に関する自己認識（性自認）をあらわすものである。近年「体の性と心の性の不一致」を表す言葉として広く知られるようになった用語に「性同一性障害」があるが，これはトランスジェンダーとイコールではない。性同一性障害は医学用語であり，生物学的性差によって与えられた性別に違和をもち，生きづらさを抱えた人が医療とつながる際に用いられるものである。だが，性別違和は必ず

しも医療的なケアを必要とするものではない。異性装や言葉づかい，身体表現など，性を越境しようとする方法や表現は多様である。「インターセックス」は「体そのもの」の特徴を示すもので，典型的とされる男性の体，典型的とされる女性の体とは違う体の状態をあらわしている。外性器は男性型だが内性器は女性型など外性器と内性器の組み合わせが違う，精巣や卵巣など男性，女性，両方の体の特徴をあわせもつ，性染色体が男性型の XY ／女性型の XX のいずれとも異なるなど，その体の状態はさまざまである。医学的には「性分化疾患」という診断名が用いられるが，日本小児内分泌学会は性分化疾患を「性染色体，性腺，内性器，外性器が非典型的である生まれつきの状態に使われる用語」と定義している。

　このように，LGBTI は「性的指向」「性自認」「体の状態」という異なる位相をもった言葉なのである。当然，それぞれが抱える困難も，直面する問題も異なっている。LGBTI として「ひとくくり」にすることで，かえって見えにくくなってしまう問題もあるだろう。それにもかかわらず，あえて「ひとくくり」にすることで，社会に強く訴えなければならない状況があるのだとすれば，その意味を考えなければならない。

2　SOGI という概念

　これら異なる位相をもつ言葉が性的マイノリティの「総称」とされるのは，逆に言えば，私たちの社会が，生物学的性差によって性別を男性／女性の二種類に振り分ける男女二分法社会であり，かつ異性を性愛の対象とする／すべきだという異性愛主義におおわれていることを示している。多くの人がそれに「あてはまる」とされているがゆえに，それに「あてはまらない」人を「マイノリティ」としているのだ。先の5つのカテゴリーは男女二分法・異性愛主義社会に「あてはまらない」という意味では共通であり，それゆえに共通の「生きづらさ」を抱えていることになる。

　だが，男女二分法・異性愛主義社会に「あてはまらない」人びとや性のあり

ようはさらに多様であり，LGBTIという５つのカテゴリーに収まるものでは
ない。たとえば性的指向をとっても，性愛の対象をもたない「Aセクシュア
ル」（Asexual ／無性愛）や相手のセクシュアリティを問わない「パンセクシュ
アル」（Pansexual ／全性愛）といった表現が用いられている。性自認において
も男性／女性というカテゴリーでは表現できないアイデンティティをもつ人々
は「Xジェンダー」と呼ばれている。2017年９月に日本学術会議が発表した
提言「性的マイノリティの権利保障をめざして―婚姻・教育・労働を中心に
―」では「LGBT ／ LGBTIよりも広い範囲を含む用語として「性的マイノリ
ティ」を用い，必要に応じてLGBT ／ LGBTIも用いる」とされており，基
本的には，「性的マイノリティ」という言葉が用いられている。

　最近では，LGBT ／ LGBTIという表現に代わって，SOGIという表現が用
いられることも多い。SOGIは性的指向（Sexual Orientation）と性自認
（Gender Identity）の略語である。谷口は「LGBTは「誰」の尊厳をめぐる問
題か，SOGIは「何」に関する尊厳の問題かを示す言葉として用いられている。
二つの略語は排他的なものではなく，多様な性のあり方を異なる側面から照射
している」（谷口，2018, 34）と指摘する。「SOGI差別の禁止」とは，いかなる
性的指向やいかなる性自認も差別されてはならない，という主張となる。マ
ジョリティに対するマイノリティという区切り方ではない，あらゆる人の性的
指向や性自認が尊重されるべきものとして主張されるのだ。それは「マジョリ
ティ」とされている側に，じつは自分たちも性別違和をもたない（シスジェン
ダー／ cisgender），異性愛者（ヘテロセクシュアル／ heterosexual）にすぎないこ
とを気づかせてくれる。マジョリティ社会における「マイノリティ」という境
界線を引くのではなく，あらゆる人のSOGIがどのように守られるべきか，
すべての人が，みずからの問題として問われることになる。

3　共生社会への具体的な取り組み

　性的マイノリティ当事者である弁護士の南は，「とはいえ現実の社会では

LGBT はマイノリティだ。法律も制度も，そのほとんどがシスジェンダーでかつヘテロセクシュアルという「普通の人」だけの存在を前提として成り立っている。それは法律や制度の背景にある文化や価値観も同じだ。だからLGBT の多くが，社会との間での様々な葛藤を抱き，マイノリティとしての壁に直面する」と述べている（南，2018，291）。「性的マイノリティ」という境界線そのものがなくなっていくゴールをめざすと同時に，性的マイノリティがいま，抱えている困難に，具体的にアプローチしていくことが，求められているのだ。最後に，教育現場を事例として，その具体的なアプローチを確認していきたい。

　小学校，中学校，高校においては，2015 年 4 月に文部科学省より「性同一性障害に係る児童生徒に対するきめ細かな対応の実施等について」という通知が出され，2016 年には「性同一性障害や性的指向・性自認に係る，児童生徒に対するきめ細かな対応等の実施について（教職員向け）」という Q & A 形式の資料が作成されている。これらを受け，これまで男女別とされてきた制服を性別にかかわりなく選択できるようにする，性的マイノリティも利用しやすいようトイレを改修するなどの具体的な取り組みが始まっている。そうした環境整備だけではなく，当事者を招いた教職員向けの学習会の開催や，授業の学習テーマとして取り上げ児童・生徒らの理解を促すなど，啓蒙・啓発活動も取り組まれている。こうした学習や啓蒙活動が重要であるのは，性的マイノリティの子どもたちが，いじめの対象になりやすいことが各種調査によって報告されているからである。さらにいじめを防止する側の教師が，その無知や無理解によって，児童生徒間の暴言やいじめに適切に対処することができず，ときにいじめに加担してしまうことすらある。教師の言動が，性的マイノリティの子どもたちを孤立させたり傷つけたりしていることが指摘されている。文部科学省は2017 年 3 月「いじめ防止対策推進法」に基づく「いじめの防止等のための基本的な方針」の改訂を行い，学校に対して「性同一性障害や性的指向・性自認に係る児童生徒に対するいじめを防止するため，性同一性障害や性的指向・性自認について，教職員への正しい理解の促進や，学校として必要な対応につい

て周知する」と明記した。教師の側がみずからのSOGIを相対化し，男女二分法から脱却するための学習や努力が何より必要である。

　大学においては，女子大学でトランスジェンダー学生を受け入れる動きが始まっている。お茶の水女子大学と奈良女子大学は，2020年度から戸籍上男性であっても性自認が女性であるトランスジェンダー学生に，門戸を開いている。受け入れに向けては学内の体制整備や更衣室等の環境整備を進めるとし，他の女子大学とも情報交換を行っているとのことだ。私立大学においても宮城学院女子大学は2021年度から，日本女子大学も2024年度から受け入れると発表しており，こうした動きはこれから広がっていくだろう。

　ひとりひとりの性の多様性を尊重し共感する社会をめざして，学校現場だけではなく，職場やあらゆる公共空間においても，こうした具体的なアプローチが積み重ねられていくことが重要である。

【参考文献・ウェブサイト】

南　和行.（2018）. LGBT──多様な性を誰も教えてくれない──. 木村草太（編）. 子どもの人権をまもるために. 289-304. 晶文社

文部科学省.（2016）. 性同一性障害や性的指向・性自認に係る，児童生徒に対するきめ細かな対応等の実施について（教職員向け）. https://www.mext.go.jp/b_menu/houdou/28/04/__icsFiles/afieldfile/2016/04/01/1369211_01.pdf（最終アクセス：2019年9月30日）文部科学省

日本学術会議.（2017）. 性的マイノリティの権利保障をめざして──婚姻・教育・労働を中心に──. http://www.scj.go.jp/ja/info/kohyo/pdf/kohyo-23-t251-4.pdf（最終アクセス：2019年9月30日）日本学術会議

谷口洋幸.（2018）. 性的マイノリティと人権──LGBT／SOGIという概念が問いかけること──. 法と民主主義. *529*. 34-37. 日本民主法律家協会

第**2**章

少子・高齢化社会

和田義人 • 編

　なぜ共生社会の推進が必要なのか？　それはいつ実現できるのか？　その答えに少しでも近づくため，私たちは視点を変え，社会課題に向き合わねばならない。

　2020年に入って世界規模で広がった新型コロナウィルスによる感染は，弱体化の傾向が散見された日本経済にさらに大きな打撃を与えた。そして新型コロナによる経済的・社会的なインパクトは今後長期にわたり国民の暮らしに大きな影響を及ぼすであろう。その大きなマイナスインパクトを変革のバネにできるかもしれない。本章では昭和〜平成〜令和までの人口構造変質がもたらす未来課題を読み解き，その改革の方向性から提唱された「地域包括ケアシステム」にフォーカスし，そこから「共生社会」の未来像と実現に向けての方向性を概説している。

　まだ正解はみえていないが，共生社会実現にむけてめざすゴールは"新たな支え合いの文化"であろう。コロナショックから社会全体の"免疫力"回復につながる新たな「地域社会"抗体"」が生み出されることを望みたい。

（和田義人）

1

少子化と人口減少，超高齢社会の現状と対策

和田義人

1　人口構成の推移から未来の課題を読み解く

　下図（図 2-1-1）の出生数の推移グラフを見ると，第一次ベビーブーム（団塊世代）と第二次ベビーブームが突出していることがわかる。合計特殊出生率は第一次ベビーブームのピーク時には 4.32 だったが，2005 年（平成 17 年）は最低の 1.26 となり，2016 年には 1.44 であった。グラフを見れば一目瞭然だが，第三次ベビーブームが到来することはなかった。この時期に人口減少（少子

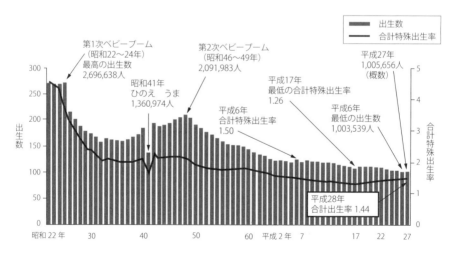

図 2-1-1　出生数及び合計特殊出生率の推移
（2015 年（平成 27 年）版厚生労働白書，人口減少社会，p.28）

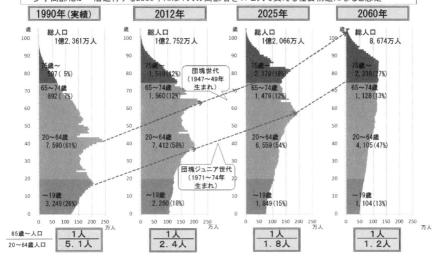

図 2-1-2　日本の人口の推移表
（2015 年（平成 27 年）厚生労働省，日本の人口の推移表　参考資料 4　p.2（1990 ～ 2060 年））

化）の流れができたという歴史的な事実が社会的"孤立化"を進行させるスタートとなった。その想定外のできごとが，その後の社会保障制度の制度設計，さらには 2025 年問題，2040 年問題へとつながっている。令和の時代を迎え，共生社会の構築が必要とされる背景には，このわが国の人口構造の問題が大きなファクターとなっている。その出生数の推移が，人口ピラミッドの変化にも連動していることは図 2-1-2 を見れば一目瞭然である。

　1990 年，高齢者 1 人を 5.1 人で支えていた"お神輿担ぎ型"人口ピラミッドは，2010 年には"騎馬戦型"になり，2025 年以降は"おんぶ型"へと移行する。当然その負担は支える側にのしかかることになる。人は必ず年をとるからこの予測はほぼ外れなく的中することになる。

　したがって現在の人口構造のバランスが 2025 年，2040 年，そして 2060 年にどう推移して行くか，ほぼ見通しがつく。だからいまこそ，共生社会の構築に向けて，未来課題に向き合う覚悟と対策が必要なのである。

2　生産年齢人口の推移から課題を読み解く

　2040 年には高齢化率が 35％ となり，日本は超高齢社会の真っただなかに位置することになる。3 人に 1 人が引退する社会というのは持続可能な社会なのか？　残念ながら人口構造から見えてくる日本の社会構造の変質は，"いま"のあたりまえ（常識）が通用しない社会なのかもしれない。だからといって悲観的になる必要はない。共生社会の実現に向けた発想の転換が必要なのだ。

　2018 年に 7,545 万人いた生産年齢人口は 2040 年には 5,978 万人（推計）に減ってしまう。労働力人口が減ることによる弊害は①生産力の低下，②消費の減退，③社会保障制度のサステナビリティ（持続可能性）の低下である。そうした社会課題に対処するために，2000 年の介護保険制度，2006 年の障害者自立支援法以降，2013 年の障害者総合支援法，2015 年の生活困窮者自立支援法などが制定されている。しかし，そうした制度設計だけでは人口減少に伴うさまざまな弊害をカバーすることはむずかしいと思われる。では，人口減少のなかでも社会構造・経済活動を支える労働人口の減少をカバーする方法はないのだろうか？

　ここで視点を変えてみよう。65 〜 74 歳のいわゆる「高齢者」に注目していただきたい。前述のとおり，2018 年の生産年齢人口 7,545 万人は，2040 年には 5,978 万人（推計）に減ってしまうが，2040 年に 1,681 万人（推計）いる「高齢者」を 15 〜 64 歳部分に合算することによって，考え方としては労働人口を維持することが可能である。

2018年実績　生産年齢人口　7,545 万人
2040年推計　生産年齢人口　5,978 万人 + 高齢者人口　1,681 万人＝7,659 万人

　視点を変えることによって，社会を変えることが可能である。共生社会実現に向けて，発想の転換と根本的な人生観の変容も必要になってくる。大づかみ

女性活躍加速のための重点方針 2019 （令和元年6月18日すべての女性が輝く社会づくり本

- 健康寿命の延伸や女性の就労意欲等を踏まえ，生涯を通じた女性の社会参画が必要
- 女性が抱える困難な状況や女性に対する暴力等がいまだ解決されず
- 女性が活躍するためには地域の実情に応じた取組が重要

- 人生 100 年時代において，多様な選択を可能とする社会の構築を目指す
- 困難な状況の解消及び女性活躍を支える安全・安心な暮らしの実現に正面から取り組む
- 「生産向上・経済成長・地方創生」の切り札としてあらゆる分野における女性活躍を推進

Ⅰ　安心・安全な暮らしの実現

- **女性に対するあらゆる暴力の根絶**
民間シェルター等における被害者支援のための取組促進，DV 対応と児童虐待対応との連携強化，加害者更生プログラムを含む包括的な被害者支援体制の構築，ワントップ支援センターの運営の安定化及び質の向上，セクハラ根絶に向けた対策の推進

- **生涯を通じた女性の健康支援の強化**
子宮頸がん・乳がん検診等の更なる推進，更年期における相談等の支援の充実や骨粗鬆症検診の質の向上などライフステージに応じた健康保持の促進

- **困難を抱える女性への支援**
様々な困難を抱える女性等のニーズに寄り添って活動している NPO 等の先進的な取組への支援，予期せぬ妊娠等による若年妊婦等への相談支援，養育費の履行確保に向けた取組

Ⅲ　女性活躍のための基礎基盤

- **女性活躍の基盤となるジェンダー統計の充実**
地域におけるジェンダー統計の重要性の理解と作成・活用の促進

- **子育て，介護基盤の整備及び教育の負担軽減に向けた取組の推進**
待機児童の解消や「介護離職ゼロ」に向けた子育て・介護基盤の整備，幼児教育・保育・高等教育の無償化

- **性別にとらわれず多様な選択を可能とするための教育・学習への対応**
学校教育段階からの男女共同参画意識の形成を図るためのライフプランニング教育プログラムの開発

- **女性活躍の視点に立った制度等の整備**
働く意欲を阻害しない制度等の在り方の検討，男女共同参画の視点からの防災・復興の取組指針の改定

Ⅱ　あらゆる分野における女性の活躍

- **地方創生における女性活躍の推進**
女性にとって魅力的な地域づくりに向けた取組の推進，都道府県における官民連携型のプラットフォームの設置・活用促進を通じた女性等の新規就業支援

- **女性活躍に資する働き方の推進，生産性・豊かさの向上に向けた取組の推進**
女性活躍推進法の改正により行動計画策定等の義務対象となる中小企業への支援や女性活用情報の「見える化」の深化，キャリアアップ等を総合的に支援するモデルの開発・普及など中高年女性をはじめとする女性の学び直しや就業ニーズの実現，多様で柔軟な働き方の推進，ワーク・ライフ・バランスやテレワークの推進

- **男性の暮らし方・意識の変革**
企業や国・地方公共団体における「男の産休」や男性の育児休業等の取得の推進，男性の家事・育児への参画に向けた国民の意識の醸成

- **政治分野における女性の参画拡大**
諸外国の取組を含めた実態の調査・情報提供，地方公共団体における好事例の収集・展開の実施について検討

- **あらゆる分野における女性の参画拡大・人材育成**
医師の働き方改革，科学技術・学術分野における女性の参画拡大，女性の起業への支援，ジェンダー投資の推進，女性役員登用の拡大，国際会議における議論への参画と日本の取組の充実及び

図 2-1-3　女性活躍加速のための重点方針 2019

（2019 年（令和元年）6 月 18 日　内閣府男女共同参画局）

な表現を許してもらうならば「地域で地域を支える地域包括ケアシステムの次は共生社会の実現」である。この社会構造の変質に対して，私たち国民一人ひとりが覚悟をもって立ち向かわなければ，2040年の未来は若者たちに過度の負担を強いる歪な社会構造になってしまうであろう。

　現実の問題として，高齢者の労働力率を高めるには，必然的に定年制の見直しが必要になってくる。65歳を超えても働き続けることが可能な仕組みを，労働者雇用者双方で工夫していくことが必要である。

　さらに，労働力率を上げるには女性の活躍に目を向けることも必要である。2019年5月に元号が平成から令和に変わり，女性の社会的な活躍に政府も本格的に視点を向けはじめた。その代表的な取り組みとして，女性活躍推進法の改正法が，2019年（令和元年）5月29日に成立し，同6月5日に公布された。そのなかで特に注目されるのが，単なる働き手としての女性活躍ではなく，女性が社会で活躍するための生活基盤整備，暮らしの支援，子育て・介護，学びのプログラムなどが重点方針で明文化されている点である。（図2-1-3）

　女性が労働市場で安心して働きつづけるためには①保育サービスの充実，②子育てと仕事の継続が両立できる働き方環境の整備が必要だ。OECD（経済協力開発機構）の統計を見てみると，出生率の高い国は女性の就業率も高くなっている。子育て支援が充実し，女性が働きやすい国では，当然のことながら女性の就業率が高くなっている。残念ながらわが国では，出生率も低く，就業率も低い。だからこそ，働き方改革を進めつつ，未来の働き手不足の課題に対し，具体的な実効性のある改革・改善を行うことが必要だ。改善の余地がおおいにあるわが国だが，逆の見方をすれば，取り組めばそれだけ効果が期待できる可能性を秘めているという見方もできる。共生社会実現に向けて女性活躍加速のための重点施策が速やかに実施され，女性の生活基盤整備，働きやすい職場環境整備が進むことを望みたい。

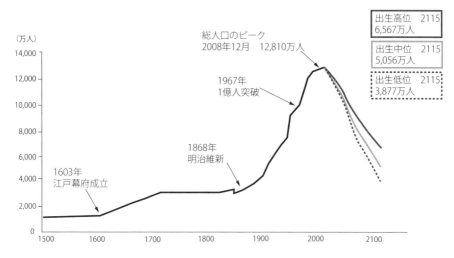

図 2-1-4　人口減少の見通しとその影響（2015 年（平成 27 年）版厚生労働白書）

3　少子・高齢社会に向けた改革の方向性

　人口減少の傾向は図 2-1-4 で明らかである。わが国の人口は 2008 年をピークに減少しつづけている。残念ながらこの傾向は変わらない。だからこそ，改革の方向性を示しておく必要がある。

　その改革のなかで特に注目したいのが「健康寿命の延伸」だ。健康寿命は 2016 年の時点で男性が 72.14 歳，女性が 74.79 歳である。平均寿命との差は男性では 8.84 年，女性では 12.35 年となっている。2040 年に向けて，人口構造の変質に伴う社会保障給付費増加問題を考えると，この差をどう短縮できるかが大きな社会課題である。国は今後，高齢者らが集まって体を動かす"通いの場"の拡充や，"自立支援"の取り組みを促す介護報酬のインセンティブの強化，認知症予防の推進などに力を入れていく方向性を打ち出している。

　さらに，限られた人材の効率的な活用も重要な改革だ。人口減少社会，少子高齢化が進行する社会において，できるかぎり医療・介護のお世話にならず，

健康寿命を延ばしていく過程で，必ずネックになるのが人材の問題である。共生社会実現に向けて，あきらめることなく，チャレンジを継続しながら，振り返りと効果測定（検証）をすることが必要だ。マンパワー不足の深刻化を踏まえ，本節の2で述べたように，高齢者の活躍は大事なポイントとなる。介護分野でロボット，AIの活用と実用化は今後さらに進んでいくと思われるが，介護・保育分野において高齢者が生きがいとやりがいを実感しながら活躍できる改革の方向性こそ，健康寿命延伸の効果とともに，少子・高齢社会対策において取り組むべき最も大きなポイントであろう。

　もう一つのポイントが「外国人材の活用」だ。第1章3「外国人との共生」でも触れているが，「生活者としての外国人」の視点を持ちながら，一定の専門性・技能を有し即戦力となる外国人材について，就労を目的とする新たな在留資格（特定技能）制度の有効活用が必要であろう。少子・高齢化，人口減少を踏まえた改革の方向性を考えるうえで，マンパワーの問題が最優先課題となっている。

2

地域包括ケアシステムとは

北爪あゆみ

1　はじめに

　地域包括ケアシステムが全国で推進されるようになった背景には，前節で述べたとおり，近年の少子高齢化の急速な進展がある。2019 年（令和元年）版高齢社会白書によれば，65 歳以上人口は現在 3,558 万人となっており，国民の約 4 人に 1 人が高齢者であると考えられる。65 歳以上人口は増加が進み，2042 年（令和 24 年）には 3,935 万人でピークを迎える。またその後も 75 歳以上人口の割合は増加することが予測される。

　これにより，医療・福祉に対するニーズは今後ますます高まることが予想でき，既存の医療機関や施設だけでの対応のみならず，高齢者自身の疾病，介護の予防促進とともに，医療・福祉のサービス提供を行うにあたっての環境整備が必要不可欠となる。また，高齢者人口の増加とともに少子化による税収の減少，介護専門職の減少などにより，医療・介護保険を中心とする公的なサービスだけで高齢者を支えることがむずかしくなりつつある。

　そのなかで，高齢者ができるだけ住み慣れた地域で自立した生活を続けていくためには，本人だけでなく地域で生活を共にする人々や社会とつながり，コミュニティを形成することで支えあい，共生していくことのできる地域づくりが必要となってくる。

　この状況を踏まえ，厚生労働省は，2025 年（令和 7 年）をメドに，高齢者の尊厳の保持と自立生活の支援を目的とし，可能なかぎり住み慣れた地域で，自分ら

地域包括ケアシステム

○ 団塊の世代が75歳以上となる2025年を目途に、重度な要介護状態となっても住み慣れた地域で自分らしい暮らしを人生の最後まで続けることができるよう、住まい・医療・介護・予防・生活支援が一体的に提供される地域包括ケアシステムの構築を実現していきます。

○ 今後、認知症高齢者の増加が見込まれることから、認知症高齢者の地域での生活を支えるためにも、地域包括ケアシステムの構築が重要です。

○ 人口が横ばいで75歳以上人口が急増する大都市部、75歳以上人口の増加は緩やかだが人口は減少する町村部等、高齢化の進展状況には大きな地域差が生じています。

地域包括ケアシステムは、保険者である市町村や都道府県が、地域の自主性や主体性に基づき、地域の特性に応じて作り上げていくことが必要です。

図 2-2-1 地域包括ケアシステム（厚生労働省）

しい暮らしを人生の最後までつづけることができるよう，地域の包括的な支援・サービス提供体制（地域包括ケアシステム）を構築・推進することを提唱した。

2 地域包括ケアシステムとは

国民の健康の保持，福祉の増進に係る多様なサービスへ需要の増大にかんがみ，2014 年には「地域における医療及び介護の総合的な確保の促進に関する法律」（医療介護総合確保推進法）が成立した。そのなかで地域包括ケアシステムは，「地域の実情に応じて，高齢者が，可能な限り，住み慣れた地域でその有する能力に応じ自立した日常生活を営むことができるよう，医療，介護，介護予防（要介護状態若しくは要支援状態となることの予防又は要介護状態若しくは要支援状態の軽減若しくは悪化の防止をいう），住まい及び自立した日常生活の支援が包括的に確保される体制をいう」（第二条）と規定されている。

地域包括ケアについて

○ この植木鉢図は、地域包括ケアシステムの5つの構成要素（住まい・医療・介護・予防・生活支援）が相互に関係しながら、一体的に提供される姿として図示したものです。

○ 本人の選択が最も重視されるべきであり、本人・家族がどのように心構えを持つかという地域生活を継続する基礎を皿と捉え、生活の基盤となる「住まい」を植木鉢、その中に満たされた土を「介護予防・生活支援」、専門的なサービスである「医療・看護」「介護・リハビリテーション」「保健・福祉」を葉として描いています。

○ 介護予防と生活支援は、地域の多様な主体によって支援され、養分をたっぷりと蓄えた土となり、葉として描かれた専門職が効果的に関わり、尊厳ある自分らしい暮らしの実現を支援しています。

図 2-2-2　地域包括ケアについて
（2016年（平成28年）3月 地域包括ケア研究会報告「地域包括ケアシステムと地域マネジメント」）

　地域包括ケアシステムは、「住まい」「医療」「介護」「予防」「生活支援」の5つの構成要素によって成り立ち、各市区町村、都道府県（地域）が主体性、自主性をもって、その地域の特性に応じ、総合的かつ一体的に提供するシステムを構築することを目的としている（図2-2-1）。地域内で高齢者をサポートするためには、家族をはじめ、医療機関、介護施設などがたがいに連携しあうことが重要である。また、都会や地方といった地域の特色を踏まえ、5つの構成要素が有機的な関係を担うことが欠かせない。

　なお、地域包括ケアシステムにおける構成要素について、厚生労働省は「介護」、「医療」、「予防」という専門的サービスと、その前提としての「住まい」と「生活支援」が相互に関係し、連携しながら自宅の生活を支えるとしており、これをより立体的にとらえるために、植木鉢をかたどった模式図を示している（図2-2-2）。

　ここでは、「介護」「医療」「福祉」などの専門職サービスを若葉で、「介護予

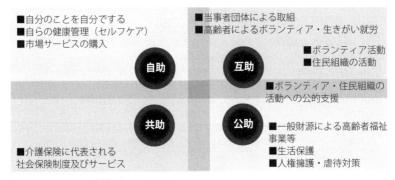

図 2-2-3　4 つの区分（厚生労働省）

防・生活支援」など，心身の能力低下や経済的理由などがあっても尊厳ある生活ができるような支援，サービスといった個人の生活に関する項目を土壌で，その生活の基盤を保つために必要なサービス付き高齢者住宅の提供やプライバシーと尊厳が守られた住環境などの「住まい」を植木鉢で表現している。

　土のないところに植物は育たないのと同様，まずは高齢者の安全や尊厳が守られた「住まい」，安定した日常生活を送るための「生活支援」が豊かな土壌として成り立ってはじめて，「介護」「医療」「福祉」といった専門的サービスが効果的な役割を果たすといえる。そしてなにより，本人の生活をつづけるにあたっては，本人の選択が最重要であり，在宅生活を選択することの意味を本人家族が理解し，本人が生活を送るにあたって，家族は本人の選択をしっかりと受け止める心がまえを持つことを基盤としているのである。

　そして，この体制の実現のために，(1) 自助（自らの健康管理など，個人レベルでのセルフケア），(2) 互助（家族や親戚，ボランティアなど，費用負担が制度的に裏付けられていない自発的なもの），(3) 共助（リスクを共有する仲間（被保険者）の負担による介護保険等社会保険制度及びサービス），(4) 公助（一般財源による高齢者福祉事業，生活保護，人権擁護・虐待対策など）といった 4 つの区分に基づき，地域住民，各専門職，医療機関・介護施設，自治体やボランティアなどがたがいのネットワークを強め，地域が一体となって取り組んでいく必要があるとしている（図 2-2-3）。

　地域包括ケアシステムの構築をめざす 2025 年には，高齢者の一人世帯や高齢者のみの世帯の増加が予測される。また，前述したとおり少子高齢化による財政状況から「共助」「公助」の大幅な拡充を期待することはむずかしいため，「自助」「互助」といった個人，地域住民，ボランティア団体などのネットワークの果たす役割が大きくなることを念頭におき，都市部や地方の特性に応じ自発的な実践を行っていく必要がある。

3　地域包括ケアシステムの課題

　以上のように，地域包括ケアシステムの推進を踏まえ，各地域でも多様な事例があがっているが，そのなかにさまざまな課題がある。

　たとえば，この「地域包括ケアシステム」は，システムという名称ではあるが実情は地域住民と医療機関・介護施設，専門職やボランティアなどのネットワークである。実際の取り組みは市区町村に委ねられているので，各地域住民の意識差や地域包括ケアシステムにおける認識の不一致，財源，地域住民内での高齢者人口の比率やマンパワーの偏在など，地域格差の発生が大きな懸念事項となっている。

　また，システム上での対象は現在高齢者であるが，将来的には障害者など社会的弱者も含めた「全世代・全対象型地域包括支援」に拡大することを視野に入れていく必要がある。近隣との関係の希薄化が進む昨今，積極的な住民ネットワークの基盤づくり，「地域共生社会」をめざすことが命題であろう。

【参考文献・ウェブサイト】

荒神裕之・坂井暢子・雑　智也.（2018）．看護の現場で役立つ地域包括ケアの基本. 秀和システム

厚生労働省.（2014）．地域包括ケアシステム. https://www.mhlw.go.jp/stf/seisakunitsuite/bunya/hukushi_kaigo/kaigo_koureisha/chiiki-houkatsu/　厚生労働省

宮下公美子.（2017）．多職種連携から統合へ向かう地域包括ケア. メディカ出版

内閣府.（2019）．令和元年版高齢社会白書. 第1章第1節1　高齢化の現状と将来像. https://www8.cao.go.jp/kourei/whitepaper/w2019/html/zenbun/s1_1_1.html　内閣府

二木　立.（2017）．地域包括ケアと福祉改革. 勁草書房

3

地域共生社会に向けて

和田義人

1 地域包括ケアシステムの次は地域共生社会

2019年（令和元年）版の高齢社会白書によると，高齢化率（65歳以上人口が総人口に占める割合）は28.0%となっている。人口減少，少子高齢化が進むなかで，国は福祉のあり方についてさまざまな改革，提言を行ってきた。国は地域包括ケアシステム（本章2に詳述）という医療，介護，予防，住まい，生活支援が包括的に確保される体制の構築を2025年をメドに推し進めており，2016年（平成28年）6月には「ニッポン一億総活躍プラン」（閣議決定）に地域共生社会の実現が盛りこまれた。

2017年（平成29年）2月には社会福祉法改正案（地域包括ケアシステムの強化のための介護保険法等の一部を改正する法律案）が国会に提出され，同月，政府は「「地域共生社会」の実現に向けて（当面の改革工程）」を「我が事・丸ごと」地域共生社会実現本部で決定した。同5月には社会福祉法改正案が国会で可決され，成立している。

令和の時代に入り，政府は2019年（令和元年）6月21日，「経済財政運営と改革の基本方針2019」（以下，「骨太方針2019」）を閣議決定した。「骨太方針2019」のキーワードは「骨太方針2018」と同じ「全世代型社会保障」である。"全世代型"とは文字どおりすべての世代である。多様性の概念を包含した視点で見れば，そのゴールは共生社会であろう。

2　改正社会福祉法の理念と概要

　地域共生社会の実現には，地域福祉推進の理念が大事になってくる。その意味で平成 28 年（2016 年）3 月 31 日に成立し，翌年の 4 月 1 日から施行された改正社会福祉法に視点を向ける必要がある。

　改正社会福祉法は地域包括ケアシステムの強化のための介護保険法の一部を改正する法律として成立している。そのなかで，「我が事・丸ごと」の地域福祉推進の理念を規定しているが，ここでもっとも大事なのは，支援を必要とする住民（世帯）が抱える多様で複合的な地域生活課題について，「住民や福祉関係者による把握」と「関係機関との連携等による解決が図られることを目指す」という文言が明記されていることである。

　この理念を実現するため，改正法は市町村が包括的な支援体制づくりに努めることと規定している。その内容は（1）地域住民の地域福祉活動への参加を促進するための環境整備，（2）住民に身近な圏域において，分野を超えて地域生活課題について総合的に相談に応じ，関係機関と連絡調整などを行う体制づくりである。そこで述べられている「関係機関」の具体例として，地区社協，市区町村社協の地区担当，地域包括支援センター，相談支援事業所，地域子育て支援拠点，利用者支援事業，社会福祉法人，NPO 法人等が挙げられている。また，改正法は，主に市町村圏域において，生活困窮者自立相談支援機関などの関係機関が協働して，複合化した地域生活課題を解決するための体制づくりを進めることについても言及している。

　さらに重要な視点は，住民や福祉関係者に，「生活者としての外国人」も含めたより包括的な文化（ものの見方，考え方）を育む許容力があるかどうか，外国人を仲間として迎え入れ，真の共生社会を築けるかどうかである。地域包括ケアシステムのあり方がここに問われている。

3 未来につながる地域共生社会の実現に向けて

　「地域共生社会」の実現に向けての改革工程（ロードマップ）を考えてみよう。地域共生社会の実現に向けて，大事な考え方は「福祉の領域だけではない」ということである。従来の縦割り発想から脱却し，"福祉"の領域だけでなく，人（地域住民，生活者としての外国人）・分野・世代を超えて，「モノ」「お金」「思い」が循環し，相互に支える・支えられる関係が不可欠である[(1)]。

　「地域共生社会」とは，制度・分野ごとの『縦割り』や「支え手」「受け手」という関係を超えて，地域住民や外国人など，地域の多様な主体が『我が事』として参画し，人と人，人と資源が世代や分野を超えて『丸ごと』つながることで，住民一人ひとりの暮らしと生きがい，地域をともに創っていく社会である[(2)]。

　改革の方向性の大枠は（1）「公的支援の『縦割り』から『丸ごと』への転換」（2）「『我が事』・『丸ごと』の地域づくりを育む仕組みへの転換」である。そして今後の方向性として以下5点が具体的に示されている[(3)]。

（1）地域共生が文化として定着する挑戦
（2）専門職による多職種連携，地域住民等との協働による地域連携
（3）「点」としての取組から，有機的に連携・協働する「面」としての取組へ
（4）「待ち」の姿勢から，「予防」の視点に基づく，早期発見，早期支援へ
（5）「支え手」「受け手」が固定されない，多様な参加の場，働く場の創造

　2019年5月，「令和」がスタートした。元号が変わったいま，私たちの"視点"も変えなければならない。2025年には団塊世代がすべて75歳以上になる。2040年に向けて，少子高齢化，人口減少が進行するわが国の未来は決して楽観視できるものではない。だからこそ"視点"を変え，未来につながる地域共生社会を実現しなければならない。「地域共生社会とは？」に対する正解はま

だない。"正解"らしきものに向けて，あきらめることなく，考え，実践しつづけなければならない。大事なことは，「共生社会の"未来"はあてがわれるものではなく，みずから（地域とともに）創り上げるものである。」と考えられる。だからこそ，未来に向けた基本的なものの考え方，処理の仕方（基底概念）が大事なのであり，その意味で「地域共生社会の実現」という理念は重要である。

　しかし，その理念は「指示命令される」ものでもなく，「押しつけ」であってはならない。"ともに支え合う"文化はそれぞれの地域で，地域住民がみずからの営みのなかから産み出していくものであろう。日本全体を見れば，地域によって人口構造，高齢化率，出生率，外国人の就労数，それぞれすべてが異なっているはずである。ましてや2040年からさらにその先の未来を見すえたときの判断基準は"いま"ではない。"変化の先"を見る目が必要だ。

　『「地域共生社会」の実現』が，地域の未来のビジョンとして位置づけられ，地域の多世代がその理念を共有しながらかかわることによって，新たな化学反応が起き，それぞれの営みをとおして，新たな支え合いの文化が醸成されることを望みたい。

【注】

(1)　厚生労働省. (2017). 平成29年12月12日厚生労働省子ども家庭局長，社会・援護局長，老健局長連名通知. 厚生労働省

(2)　厚生労働省. (2017). 平成29年2月7日厚生労働省「我が事・丸ごと」地域共生社会実現本部会議資料. 厚生労働省

(3)　厚生労働省. (2017). 平成29年9月12日厚生労働省地域力強化検討会資料. 厚生労働省

【参考文献】

宮本太郎. (2017). 共生保障（岩波新書）. 岩波書店

宮本太郎. (2009). 生活保障（岩波新書）. 岩波書店

江崎禎英. (2018). 社会は変えられる. 国書刊行会

香取照幸. (2017). 教養としての社会保障. 東洋経済新報社

山崎史郎. (2017). 人口減少と社会保障（中公新書）. 中央公論新社

第**3**章

障害児・者の理解と支援

河合高鋭● 編

　「サラマンカ宣言」（1994年），国連の「障害者の権利に関する条約」（2007年）など，障害のある人々の権利擁護に関係する節目の動きには，ノーマライゼーションの理念が存在する。そして，ノーマライゼーションの理念がめざす社会の具体的なあり方の1つが，「インクルージョン（inclusion）」や「インクルーシブ（inclusive）」である。社会的インクルージョンやインクルーシブとは，何人も排除しない社会の実現，つまり障害，貧困，被差別，外国籍，高齢，被虐待等の境遇にあっても，誰もがよいかたちで社会参加できる社会の達成である。

　第3章の「障害児・者の理解と支援」とは，共生社会においてどのようなものなのだろうか。障害を理解することとは何か，障害を理解するにはどうあるべきだろうか。ともに社会で暮らすものとして，障害のある個人に視点をあてるのではなく，その個人を取りまく環境の状態をとらえ，社会的な視点からの理解を考えていく。その先に理解があり支援をすることを念頭におき，障害種や保育・教育の観点，当事者や保護者の想いなどから，障害児・者の理解と支援についてまとめた。　　　　　　　　　　（河合高鋭）

1

発達障害（ASD, ADHD など）

縄岡好晴

　本節では，発達障害のなかでも ASD「Autism Spectrum Disorders：自閉スペクトラム症」と ADHD「Attention Deficit Hyperactivity Disorder：注意欠陥多動性障害・注意欠如多動症」について説明する。また，これらの特性に対する介入や日常生活のなかでの対処方法についても触れる。

1　ASD とは

　2014 年の DSM-5 は，「Autism Spectrum Disorders：自閉スペクトラム症，以下：ASD」について，ASD に存在する二つの大きな特徴と，その特徴が発達の早い段階から認められる状態について記述している。

　ASD の第一の特徴は，社会的コミュニケーションや対人的相互反応の問題が複数の場で持続してみられることである。具体的には，興味や感情の共有といった対人的，情緒的なやりとりのむずかしさ，人とのやりとりにおいて，アイコンタクトなど非言語的なコミュニケーションを用いることのむずかしさ，そして，見立て遊びやごっこ遊びなど，人間関係を理解し発展させたりすることのむずかしさである。

　第二の特徴は，行動や興味の幅が極端に狭かったり，活動が限定されていたり，同じようなことを繰り返したりすることである。具体的には，ハンドフラッピングといった手を目の上にかざしてひらひら動かすなどの決まった動作，ロッキングという身体を前後に揺らす動作，積み木を同一方向に並べて一列にさせるなどの物の操作，場に相応しくない形式ばった言い方や話し方，同じよ

うなやり方を強迫的に押し通す様子，あることがらに非常に強い関心を示す姿や，特定の刺激に強く反応し，逆に反応が見られなかったりすることなどである。このように，まわりから見ると特に意味があるとは思えないような行動をひたすら繰り返したり，同じ状態になるように執拗にこだわったり，限定された興味に熱中したりすることなど，それらの対象が一般的に考えられる範囲を超え，非効率で特異的なやり方に固執することを興味関心の限定という。

　これらの背景としては，脳の機能障害が原因であるとされている。脳の機能障害は多様な背景疾患によってもたらされている。また，発達過程において，脳波の異常やてんかんといった医療的措置が必要とされるケースも存在する。

2　心理特性および介入方法

　次に英国の児童精神科医ローナ・ウィングが示す「3つ組の障害」をもとにASD者の心理特性とその介入方法について触れる。

（1）感覚不全と刺激への限定的な反応と介入について

　ASDの代表的な心理特性として，過敏性や鈍麻性といわれる，感覚刺激に対する過剰，あるいは過小反応がある。過敏性とは，泣き声，身体接触，食材など，一般的にそれほど影響の受けない感覚刺激に対し，強い不安や情動的な興奮が生じたり，著しい拒否反応が生じたりすることをいう。

　そのため，ASDのある子どもや成人への指導や支援においては，過敏性や鈍麻性をもたらしやすい感覚刺激を把握し，適切な活動水準を維持できるように配慮する必要がある。また，強い不安や情緒的な興奮が生じる場合に，その前兆となる行動に着目し，強い不安や衝動性が生じた場合の対処方法を事前に検討していく必要がある。

（2）意味理解の困難さとその介入について

　ASDのある子どもや成人は，物語全体を構成するなどの能力に困難さを抱

きやすい。その原因には，中枢性統合（Central Coherence）の困難さがあげられ，ASD のある子どもや成人では情報を文脈にそって処理し高次の意味を作り出すことができず，その結果，物語や場面の全体的な意味を理解することがむずかしいとされている。そのため，意味理解や全体的な状況を理解するには，文脈刺激をはっきりさせ，変化を読み取りやすいように配慮する必要がある。

(3) 社会性発達の遅れとその介入

　ASD のある子どもや成人は，共同注意や他者視点の取得の困難さから，人とのかかわり方などの社会性の課題があることがあげられる。その結果，社会性の発達の遅れが生じやすい傾向がある。

　共同注意とは，自分と相手との認知や情動の共有をいい，これは相手と対象物に相互に視線を送ることで成立する。しかし，ASD のある子どもや成人では，視点の合わせにくさが生じやすく，共同注意の成立に困難を抱えやすい傾向がある。また，他者視点においても，相手の立場に視点を移動させて相手の気持ちや意図を理解することができず，その結果として対人トラブルの発生につながりやすい。

　これらの社会性の課題に対しては，相手との相互作用ができるだけ円滑に行われるように配慮することにくわえ，ASD のある子どもがルールやその場の状況を理解しやすいよう，相手の気持ちや意図を具体的に伝え，どのように行動すればよいのかを明確に示す介入が大切である。

(4) その他の特性に対する介入

　ASD の障害は見えにくい障害といわれている。そのため，問題となる行動ばかりに介入がいきがちになってしまう。たとえば，パニックといわれるひどい混乱状況や他害といった見かけの問題は，ほとんどの場合，コミュニケーションの不全性や感覚面によって判断力の弱さや感情の気づきにくさなどの問題から生じている。そのため，ASD の特性を図 3-1-1 のような氷山モデル（Schoper, 1995）で整理し，行動上見られる課題だけでなく，特性上から確認

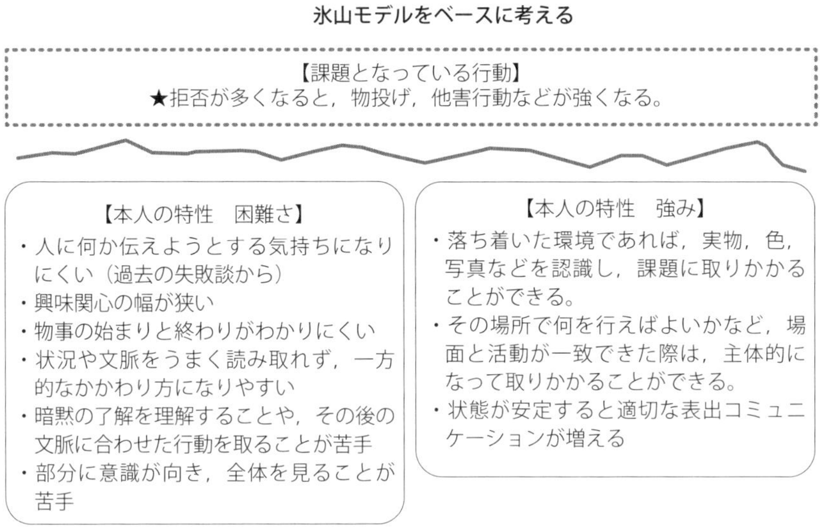

氷山モデルをベースに考える

【課題となっている行動】
★拒否が多くなると，物投げ，他害行動などが強くなる。

【本人の特性　困難さ】
・人に何か伝えようとする気持ちになりにくい（過去の失敗談から）
・興味関心の幅が狭い
・物事の始まりと終わりがわかりにくい
・状況や文脈をうまく読み取れず，一方的なかかわり方になりやすい
・暗黙の了解を理解することや，その後の文脈に合わせた行動を取ることが苦手
・部分に意識が向き，全体を見ることが苦手

【本人の特性　強み】
・落ち着いた環境であれば，実物，色，写真などを認識し，課題に取りかかることができる。
・その場所で何を行えばよいかなど，場面と活動が一致できた際は，主体的になって取りかかることができる。
・状態が安定すると適切な表出コミュニケーションが増える

図 3-1-1　氷山モデルを使用した特性の整理

される行動面について整理する介入方法などもある。ASD の子どもの見かけの問題は，基礎にある問題から理解することで行動の理解や合理的配慮の手がかりが得られやすくなる。

3　ADHD とは

ADHD（Attention Deficit Hyperactivity Disorder）は注意欠陥多動性障害・注意欠如多動症と訳されている。これら ADHD の定義には，教育的定義と医学的定義がある。

教育的定義では，「およそ，身の回りの特定のものに意識を集中させる脳の動きである注意力にさまざまな問題があり，または衝動的で落ち着きのない行動により，生活上，さまざまな困難に直面している状態」とされている。

医学的定義では，DSM-5 において神経発達症／神経発達障害群に含まれ「①不注意症状及び／または②多動・衝動性症状が診断基準の９項目中６項目

以上に該当し，6か月以上持続して，さまざまな場面で不適応状態に至るもの」とされる。

　このような状況が日常的に生じることによって，授業内容が頭に入らない，連絡事項の聞き漏れが生じやすくなるなど，日常生活に支障をきたしやすい状況になる。

　そのほか，衝動性においては，話を最後まで聞きとることができない，順番やルールを守ることなどができないなど，行動そのものを制御することに困難さを抱えやすいといったことがあげられる。また多動においては，じっとしていることが苦手で，離席や立ち歩きをする，過度に手足を動かす，じっくりと活動や課題に取り組むことができないといった状況が起こりやすいといったことがあげられる。

　病因としては，複数の経路での脳の機能障害が想定され，特に実行機能の障害という前頭前野での実行機能系システムの機能不全があげられる。実行機能とは，目標に向け思考や行動を意識的にコントロールする能力であり，目標を達成する方略をプランニングし，それにしたがって行動し，状況によっては修正を行っていく力である。また，実行機能の障害は，情動制御の弱さとも関連し，感情面においてもキレやすい，わかっていても止まらないという衝動性や感情コントロールの困難さとして現れやすい。これらには，ドーパミンやノルエピネフリンといった神経伝達物質の分泌の過少，もしくは過剰な取り込みという生化学的要因があり，その改善には薬物療法などが使用される。

4　介入方法について

　ADHDの特性を持つ方が日常生活を送るうえで，薬物療法は有効な手段の一つである。ADHDに対し認可されている薬には，中枢神経を刺激する薬物療法として使用するメチルフェニデート徐放材（コンサータ）や，ノルアドレナリン再取り込み阻害剤であるアキモキセチン（ストラテラ），そしてアドレナリン受容体に結合し，シグナル伝達を増強するイニチュニブなどがある。これ

らの薬剤を使用する際は，場合によっては副作用の影響も考えられるため，医師の適切な診断のもと，使用方法などを検討していく必要がある。また，ADHD を治療するという方針ではなく，日常生活のなかで不注意，多動・衝動性症状の軽減を図ることを目的とし，教育上・生活上の補助手段として薬を服用することが望ましい。

　ASD と同様，事前情報の食い違い，認識の違いなどから適応行動が下がってしまうこともあるため，起こりやすい場面，エラーパターンなど，生活上の課題を整理し，自己理解につなげるアプローチも必要であると考える。

【参考文献】

Schopler, E. (1995). Introduction: Convergence of parent and professional perspectives. In Schopler E.（Ed.）*Parent survival manual: A guide to crisis resolution in autism and related developmental disorders*. New York: Plenum Press, pp. 3-20.
高橋三郎・大野　裕（監訳）. (2014). DSM-5 精神疾患の分類と診断の手引き. 医学書院
山下裕史郎. (2016). ADHD の治療薬. 日本 LD 学会（編）. 発達障害事典. 丸善

2

限局性学習症（SLD）

縄岡好晴

　本節では，発達障害のなかでも SLD「Specific Learning Disorder：限局性学習症」について説明する。また，これらの特性に対する教育場面での介入方法についても触れる。

1　SLD とは

　SLD は「Specific Learning Disorder：限局性学習症」を指す。従来 LD（学習障害）と呼ばれていた用語は，2013 年に米国で刊行された DSM-5 よりこのような標記として示されることとなった。SLD 児は，APA（American Psychiatric Association）の報告によると学齢期の 5 ～ 15% に存在し，またその 3 分の 1 は，ADHD と重複しているといわれている。SLD の中核をなす障害は「読字障害（Dyslexia）」であり，SLD の 80% がこれに該当する。本節では，混乱を避けるために LD でなく SLD で統一することにする。

　1999 年の文部省協力者会議最終報告書では「学習障害（限局性学習症）とは，基本的には全般的な知的障害に遅れはないが，聞く，話す，読む，書く，計算するまたは推論する能力のうち特定のものの習得と使用にいちじるしい困難を示すさまざまな状態を指すものである。学習障害（限局性学習症）は，その原因として，中枢神経系になんらかの機能障害があると推定されるが，視覚障害，聴覚障害，知的障害，情緒障害などの障害者や，環境的な要因が直接の原因となるものではない。」と定義している。SLD は，知能検査による IQ 値は知的障害ほどの遅れはないものの，以下の特徴を示す障害である（表 3-2-1）。

表 3-2-1　日常場面における SLD の特徴

日常での困難さ	障害名
文章や文字を読むことに困難さが生じる	読字障害（Dyslexia）
文字を書くことに困難さが生じる	書字障害（Dysgraphia）
足し算引き算などの簡単な計算をすることに困難さが生じる	計算障害（Dyscalculia）
身体的に麻痺はないものの運動等が苦手もしくは不器用である	発達性協調運動障害（Dyspraxia）
人の名前を思い出すことに困難さが生じる	呼名障害（Dysnomia）
地図が読めない	Dysmapia

　SLD の原因として，脳科学上，脳の視空間認知をつかさどる位置に障害があることがあるといわれている。この視空間認知に障害があることで，上下・左右・前後などが混乱し，文字が二重になって見えたり，重なって見えたり，他の刺激に影響されることで，文字を正しく認識ができなかったりといった状況が生じやすくなる。

2　教育上の介入について

　SLD の生徒は，それぞれ能力によってばらつきが見られるため，他の生徒と同じような均一性を求める教育ではなく，その生徒の能力や個性に応じた教育支援を検討し，将来の自立につながるものにすることが必要とされる。SLD の特性をもつ生徒は，通常の高校に進学するケースが多いが，近年では特別支援学校高等部に進学をするケースも増えている。背景には，障害の特性からいじめや対人関係のトラブルが生じやすい場面もあり，特別支援学校のような卒業後の就職を前提とした進路指導等のサポート体制が手厚い環境を望む生徒が増えているからではないかと考える。

　そのようななか，2018 年度より通常の高校においても，通級による指導が始まった。これによって，読み書きが苦手な生徒も，その特性に応じて通級による指導を受けることができるようになった。このような支援体制が整うことで，SLD の特性をもつ生徒が二次障害に陥ることなく，個性や能力に応じた教育

上の支援を受けられる体制の充実が期待される。さらに，大学によっては，学年末の試験をペーパー試験で行うのではなく，口述試験で行うなどSLD者の読む力の弱さに対し，聞く力で配慮できるような対応を行うところもある。

　2019年度より，教員免許の取得に「特別支援教育」「ICT教育」が必須の単位となった。この背景には，読み書きが苦手なSLDの生徒に対しタブレットを使用したICT教育による成果を出している学校が増加し，その実践での成果が多く報告されている点があげられる。このように，通常の小・中・高において，学習する側のニーズや能力，興味関心に基づいた個別的なプログラムが展開されることで，SLDの生徒の特性に応じた教育の進展が進められると期待できる。

【参考文献】

日本LD学会（編）．（2004）．LD・ADHD等関連用語集．日本文化科学社

3

知的障害と身体障害への支援

小山　望

　障害について，2001年にWHO（世界保健機関）で採択されたICF（国際生活機能分類）では，その生活機能について，障害という視点から個人因子に加えて，個人のおかれた環境（社会）因子も重視して定義している（図3-3-1）。

　図3-3-1を説明すると，心身の機能とは，視力・聴力，移動機能などの身体機能，知能検査で精神発達機能，さらに脳波などの生理学的検査で得られる情報である。活動は，読みや学力に関する検査や，日常生活能力に関する検査や，本人との面接調査や行動観察などで得られる。参加の状態は本人，保護者，支援者の面接や行動観察などから把握する。環境因子，個人因子については，本

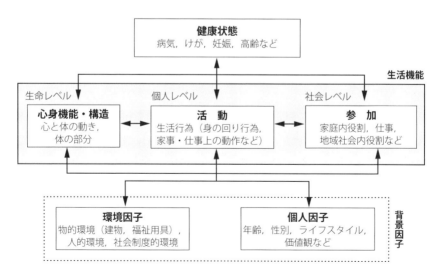

図 3-3-1　国際生活機能分類（ICF, 2001）

人や保護者，支援者からの情報や質問紙調査，社会調査などを行い，障害者の状態を把握し，支援計画に反映させる。障害のために活動や参加に制限がある場合には，それを取り除くことが社会として求められている。たとえば，脳性マヒがあり，下肢の筋力低下により，移動が困難であって，働きたい意欲のある男性がいるとする。男性は就労先での環境（車いす利用のトイレ・エレベータの設置，建物内での車いすで移動できるバリアフリー構造，PC環境の設置など）が整えば働くことができる。それは障害者のその男性に対する合理的配慮であり，社会の課題である。障害がある（個人因子）ゆえに働けないのではなく，障害があっても働ける環境（環境因子，社会的制約の除去）をめざすのが社会の課題であるというのがICFの視点である。

1　知的障害

知的障害は厚生労働省の「知的障害児（者）基礎調査」（2005）において，(1)知的機能の障害（標準化された知能検査（ウェクスラー式知能検査など）で測定された知能検査や発達指数が70以下），(2)日常生活能力（自立機能，運動機能，意思交換，探索操作，移動，生活文化，職業など）の障害，(3)上記のことが18歳までに生じていること，と定義される。障害者は児童相談所（18歳まで）や知的障害者更生相談所（18歳以上）で療育手帳の交付をうけることができる。療育手帳には軽度（IQ50〜70），中度（IQ35〜49），重度（IQ20〜34）の基準がある。アメリカ精神神経学会が定めたDSM-5では知的障害を知的能力障害（知的発達障害）と定義する。その定義にはIQが70以下であること，社会適応能力が低いこと，18歳以前に知的な障害が起こっていることなどの，3つの要素が含まれている。

具体的な支援の領域は，記憶，推理，判断などの知的能力とそれに伴う学習，生活上の困難として現れる。2014年にわが国も「障害者の権利条約」を批准しており，障害者の権利が尊重されるとともに，権利条約で義務づけられた障害者に対する合理的配慮が教育・医療・福祉・労働などいろいろな場面で当然

なされるべきとされている。特にコミュニケーション上の問題がある知的障害者の方には，意思尊重には十分配慮した対応が求められる。

2　原因

　原因としてはダウン症など染色体異常による病理的要因，家族性の要因，環境要因などが考えられる。

　(1) ダウン症：染色体の異常の一つで21番目の染色体が1つ多いトリソミー（3個）をいう。ヒトの染色体は正常では46本であるが，ダウン症の場合は1本多く47本となっている。イギリスの医師ダウンが発見したことからダウン症と呼ばれている。先天性心疾患，低身長，肥満，眼科異常（斜視，遠視，近視），低い鼻，厚い舌，ややつりあがった目という特徴のある容貌をしている。性格は明るく，人なつっこくて，音楽や踊りが大好きで，社会性がある。高年齢出産と関係があるといわれ，出現率は700〜1,000人に1人であるといわれている。

　(2) ウィリアムズ症候群：染色体異常。7番目の染色体の微細な欠失を原因とするもので，先天性心疾患，視空間認知障害，知的障害，高カルシウム血症，低身長，妖精様顔貌を持っている。性格は温厚で，社交的で音楽が好きである。

　(3) フェニールケトン尿症：先天性の代謝異常によって，体内にあるフェニールアラニン物質（アミノ酸）が分解できずに脳に蓄積され，知的障害が起こるものである。髪の毛は赤茶色で，肌の色は薄い。けいれんを起こし，湿疹が生じる。フェニールアラニン除去食（特殊ミルク）を与えることで障害が治癒される。

　(4) クレチン症：先天性甲状腺機能低下症。発育不全（低身長）で，全体的に成長が遅れており，特に四肢が短く，知的障害も有する。発生率は4,000人に1人で，先天性マス・スクリーニング検査で発見される。生後4〜6日に足の裏から採血して検査を行う。不足している甲状腺ホルモンを薬で補うことで普通の人と変わらない生活を送ることができる。

（5）**家族性の知的障害**：遺伝性で IQ が 50 〜 70 の軽い知的障害が多い。

（6）**出生前後の感染や中毒**：感染には，先天性風疹症候群，中毒はアルコール性胎児症候群，出産前後の外傷としては低酸素欠症，分娩遅延，仮死分娩，周生期外傷などがある。

（7）**環境要因**：養育者の虐待や劣悪な養育環境などにより，脳の発育への悪影響が生じたり，適切な養育環境の欠如，学習意欲を妨げる環境などのため，学習の遅れが起こったりするケースである。よい環境が整った場合，知的障害が軽減させられることがある。

3　生活支援

（1）**コミュニケーションの支援**：日常生活のさまざまな場面でのコミュニケーション支援では，本人がわかりやすい生活，生活の流れを「見える化」する。スケジュール表を見ながら「○○したら，次は○○する」という流れを本人が意識できるようにしておく。たとえば，〈作業→休憩→食事〉という流れである。指示や伝達は，単語や動詞の短い文として伝えることが大切である。注意するときは，感情的にならず，叱ったりしないで伝える。むずかしい質問には答えられないので，沈黙があるときは，質問が理解できていないと考える。

（2）**物理的な配慮**：生活の流れを「見える化」すると同時に音の刺激に過敏な人には，音を遮断する（イヤーマフを用いる），視覚的な過敏がある人には，視覚的刺激を減らすなどの対応が必要である。作業の手順も「見える化」して，作業の順番や段取りを確認しながら進める

（3）**ワーキングメモリへの配慮**：知的障害の人は，ワーキングメモリ（短期記憶）が弱いといわれている。言語的な指示は聴覚的なワーキングメモリに保持されるが，それを保持する力が弱いので，同時に視覚的なワーキングメモリも活用できるように，絵やスマホの写真，文字なども使うと理解の助けになると考えられる。

（4）**自己肯定感を高める**：過去のさまざまな失敗や経験によって，障害者

表 3-3-1　障害の種類別にみた身体障害者手帳所持数
（2016 年（平成 28 年）生活のしづらさに関する調査　厚生労働省）

	総数	視覚障害	聴覚障害・言語障害	肢体不自由	内部障害	不詳
2016 年（平成 28 年）	4,287	312	341	1,931	1,241	462

は自信をなくして，自己肯定感が少ないといわれている，重要な他者からの賞賛や支援者からのほめことばは，自信の回復につながり，自己肯定感を高めることになる。

4　身体障害について

　身体障害は，1949 年に制定された身体障害者福祉法における施行規則別表第5 号において，(1) 視覚障害，(2) 聴覚・平衡機能障害，(3) 音声・言語障害，そしゃく障害，(4) 肢体不自由，(5) 心臓，腎臓，肝臓，呼吸器，膀胱，直腸，小腸，ヒト免疫不全ウィルスによる免疫機能障害の 5 つに分類されている。

　表 3-3-1 によれば，肢体不自由がもっとも多く，内部障害（心臓，腎臓，呼吸器などの疾患，進行性筋ジストロフィー症など）がそれに次いで多いことがわかる。内部障害は見た目からはわかりにくい。闘病状態にある児童・者には医療的なケアのみならず，心理的ケアの必要性が求められている。

5　肢体不自由の定義と原因

　文部科学省の定義では肢体不自由は「身体の動きに関する器官が病気やケガで損なわれ，歩行や筆記などの日常生活動作が困難な状態」をいう。肢体不自由のなかでももっとも多い疾患が脳性麻痺である。脳性麻痺の原因は，低出生体重にともなう脳室周囲白質軟化（PVL）による痙性両麻痺，脳の形成異常や発育障害による重度の四肢麻痺，出産時の脳の外傷などである。脳性麻痺のタイプには (1) 痙直型，(2) アテトーゼ型があり，痙直型は，身体のつっぱり

を特徴とし，自分で思うように動かすことができず，人が動かそうと思っても抵抗があって，動かしにくい状態になるタイプである。アテトーゼ型は，肢体がたえず揺れ動くのが特徴で，意図する運動を行おうとするとそれに反して不随意運動がおこるタイプである。脳性麻痺は視覚障害，聴覚障害，言語障害，てんかんなどさまざまな随伴障害を持っている場合もある。アテトーゼ型以外の脳性麻痺では，知的障害が重複している場合が多いようである。

6　身体障害者（肢体不自由者）への支援

（1）**コミュニケーションの支援**：脳性麻痺児・者の5〜7割では発声・発語器官の障害があるため，音声言語機能に支障がある。本人が伝えやすいコミュニケーション手段（パソコン使用の場合は補助としてキーボードカバー，押しボタンマウス），スマホ使用のための会話補助装置，文字盤（50音表を指し示す），トーキングエイド（音声言語をパソコンの画面上の文字盤で作成し，作成した文章を読み上げる機能）などが活用されている。対人接触の機会の減少によってコミュニケーションスキルの獲得に影響があらわれるので，できるだけ，人と触れ合う機会をつくることが重要である。

（2）**移動の支援**：先天性の肢体不自由の場合は，自力での移動が困難であったため，屋外における自由な探索，自然な環境（海，山）での経験に制限があることなどから，認知発達に影響が出ている。人生早期より，直接的・間接的にさまざまな経験をすることが必要である。

障害者の移動支援の公的な制度としては，市町村が行う地域生活支援事業を利用するとヘルパー派遣の支援を受けることができる。

【参考文献】

厚生労働省．(2018)．平成28年生活のしづらさに関する調査（全国在宅障害児・者等の実態調査）．

太田信夫（監修）．柿澤敏文（編）．(2017)．障害者心理学（シリーズ心理学と仕事15）．北大路書房

坂爪一幸・湯汲英史（編）．(2015)．知的障害・発達障害のある人への合理的配慮．かもがわ出版

梅永雄二．(2012)．障害者心理学——障害児者の特性理解と具体的支援方法——．福村出版

4

特別支援教育

河合高鋭

　特別支援教育とは，「障害のある幼児児童生徒の自立や社会参加に向けた主体的な取組を支援するという視点に立ち，幼児児童生徒一人ひとりの教育的ニーズを把握し，その持てる力を高め，生活や学習上の困難を改善又は克服するため，適切な指導及び必要な支援を行うもの（文部科学省，2005）」である。

　1990年代から2000年代において，障害児教育では従来の障害児と健常児の分離教育であった特殊教育に変化が求められるようになってきた。そこでいう特殊教育とは，普通教育に準ずる教育であり，盲・聾・養護学校や特殊学級（養護学級）などの特別な場所で障害の程度や種類に応じた教育を行っていたものである。障害児教育の発展と変化のなかで，文部科学省は，2001年より従来の特殊教育から統合教育（インテグレーション）を志向する「特別支援教育」という新たな呼称を用いることになった。その「特別支援教育」とは，障害のある幼児児童生徒の視点に立ち，子どもの特別な教育的ニーズを把握し，その教育的ニーズに必要な支援を行う教育を意味したものである。

　特殊支援教育は，これまでの障害児だけの学校や学級といった特別な場所による教育ではなく，できるかぎり通常の教育の場での統合を行い，充実していくことに重点をおいている。教育関係者の間では，クラスでの対応が困難な子どもがおり，LD（学習障害），ADHD（注意欠陥多動性障害），高機能自閉症・アスペルガー症候群など広汎性発達障害といった発達障害それ自体への理解と，それらの障害のある子どもへの適切な指導をすべく，その特別な教育的ニーズへの配慮が必要であるといった理由から特別支援教育が必要とされた。

　そのような特別支援教育の流れとともに，特別支援学校や特別支援学級に在

籍している幼児児童生徒が増加する傾向にあり，通級による指導を受けている児童生徒も増加してきている。文部科学省が2012年に実施した「通常の学級に在籍する発達障害の可能性のある特別な教育的支援を必要とする児童生徒に関する調査」では，学習障害（LD），注意欠陥多動性障害（ADHD），高機能自閉症等，学習や生活の面で特別な教育的支援を必要とする児童生徒が約6.5％程度の割合で通常の学級に在籍している可能性を示した。問題は，6％以上の発達障害児を含む障害児が，学校全体での支援体制や少人数学級，複数の教員の配置など教育条件の整備がほとんどないまま通常学級に在籍しているということにある。

　幼稚園や保育所では，「特殊教育」や「障害児教育」という用語は知られていたが，「特別支援教育」という言葉はあまり知られていない現状があった。2003年3月に特別支援教育の在り方に関する調査研究協力者会議において，「今後の特別支援教育の在り方について（最終報告）」が示され，それまでおもに行われていた，障害の種類やその程度に応じて特別な環境で教育を行う「特殊教育」から，通常の学級に在籍するLD・ADHD・高機能自閉症等の児童生徒も含め，一人ひとりの教育ニーズに沿って適切な教育的支援を行う「特別支援教育」への転換が促された。さらに，2007年4月に施行された改正学校教育法に「特別支援教育」が位置づけられ，すべての学校において「特別支援教育」を推進することが法律上も明確になった。それにより，障害のある幼児児童生徒への支援をさらに充実していくことが求められている。

　年長幼児は幼稚園や保育所を終了後，義務教育として全員が小学校に就学する。そのなかに障害児がいる場合，その教育はこの「特別支援教育」という考え方で行われる。障害があり通常の学級においての指導だけでは十分に能力を伸ばすことが困難である子どもたちは，「一人一人の障害の種類・程度等に応じ，特別な配慮のもとに，特別支援学校（2006年度（平成18年度）までは盲学校・聾学校・養護学校）や小学校・中学校の特別支援学級（2006年度（平成18年度）まで特殊学級），あるいは『通級による指導』において適切な教育」が行われなければならない。したがって，幼稚園や保育所などの幼児教育の場にお

いても「特別支援教育」について十分理解する必要があるといえる。

1　障害者基本法からみる障害の定義

　障害者基本法（1970年（昭和45年）5月21日法律第84号）は，障害者の自立及び社会参加の支援等のための施策に関し，基本的理念を定め，及び国，地方公共団体等の責務を明らかにするとともに，障害者の自立及び社会参加の支援等のための施策の基本となる事項を定めること等により，障害者の自立及び社会参加の支援等のための施策を総合的かつ計画的に推進し，もって障害者の福祉を推進することを目的として制定された。

　第2条において，この法律における「障害者」とは，身体障害，知的障害又は精神障害があるため，継続的に日常生活又は社会生活に相当な制限を受ける者としている。

2　特殊教育の果たしてきた役割と問題点

（1）特殊教育の果たしてきた役割

　「特殊教育」では知的障害，視覚障害，聴覚障害，肢体不自由，病弱，虚弱など，子どもが持つ障害の程度や種別によって障害児を受け入れ，少人数で一人ひとりにきめ細かい指導を効果的に行ってきた。また，重度の障害の子ども，障害がいくつか重なっている重複障害の子どもを受け入れるなど，どのような子どもであっても，学ぶ権利をできるかぎり保障してきた。その長い歴史のなかで，障害の種類，程度に応じた指導内容・方法を実践的に工夫して，障害児教育というものを積み上げてきたのである。

（2）特殊教育の問題点

　障害児教育の歴史にはつねに障害児を同じ場所に集めて教育するという考え方が中心にあった。そこには，少人数の障害児を一人ひとりに合わせた教育を

行うことができる。特別な施設や設備，教材や教具を整えて効果的な教育を行うことができる。専門の教師，訓練士，介助員などがいて，特別な指導を行うことができる。同じ障害のある仲間意識で，障害児としての活動がしやすい。障害児の親同士という安心感で子育てができ，仲間意識で協力できる。などの利点があった。

　そのなかで，障害児の将来の自立した社会生活，健常児の障害児への理解などについて問題点が見受けられた。まず，盲学校・聾学校・養護学校，小・中学校の特殊学級のなかだけの生活で，同じ人間関係が中心となり変化に乏しいということ，年齢が進んでもほとんどが同じ仲間で，おたがいの力関係が決まってしまい，一人ひとりの力が発揮されにくいことがある。また，障害児同士の限られた範囲の集団であるため，健常児とは違う狭い社会性となってしまう，行き届いた配慮，指導には恵まれているが，自分で問題を解決する力が育ちにくい，といったことがあげられる。交流教育や統合教育は，障害児にとって「社会性を広げる」，健常児にとって「障害理解を深める」という目的があり，その成果はあった。しかし，障害児と健常児とがたがいに知り合うきっかけになっていても，交流の場面や時間は限られており，限界もあった。

　また統合教育では，障害児と健常児とが一緒に活動して，人間関係によって社会性を広げ，健常児は障害児と直接ふれあうことで，障害を自然な形で理解し人間性を豊かにすることができた。しかし，盲・聾・養護学校や小・中学校の特殊教育（障害児学級）などでの指導・援助の方法が活かされていなかったため，障害児の能力を伸ばすための指導や援助が十分だったとはいえない。

3　障害観に対する考え方の変化

(1) 国際生活機能分類（ICF）について

　これまでは，日本を含め世界でそれぞれに障害児保育が発展・進歩してきたが，それは，「特別な場所で特別な教育をして，障害を改善し社会参加できるようにする」という「特殊教育」の考え方であった。その後，1989年に国際連

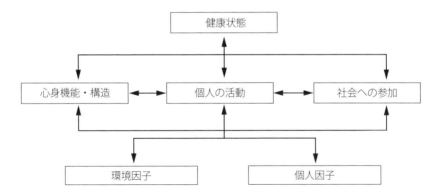

図 3-4-1　ICF の構成要素の相互作用

合の専門機関 WHO（世界保健機関）が提案した国際障害分類の「障害の三つ
のレベル」という考え方が，世界共通の障害観となっていく。この障害観の特
徴としては，それが「医療モデル」による障害観であり，その障害について障
害児自身が最大限の努力をしたとしても，障害は改善されないということを考
えていないことがあった。このようなことから，2001 年に WHO は改訂版と
して，「国際生活機能分類」（ICF）を提案した（図 3-4-1）。この提案による障
害観は，障害を個人だけではなく，障害児のまわりの環境要因からも考え，障
害を改善しようとするものである。障害が改善するにあたっては，個人の責任
だけではなく，環境要因としても社会に同じように責任があるということであ
る。この障害観は，「社会学的モデル」であり，特殊教育の「医療モデル」の
障害観から大きく変化したといえる。

(2) 特別な教育的ニーズ

　「ニーズ（needs）」とは，「必要としているもの」という意味であり，「教育
的ニーズ」とは，「その子どもが成長・発達して，将来の社会生活ができるよ
うになるために，教育として必要としているもの」ということになる。つまり，
どの子どもにも教育的なニーズがあり，幼稚園・保育所の保育者は，乳幼児一
人ひとりの教育的ニーズをとらえていく必要がある。

さらに，どの子どもの成長・発達にも共通する教育的ニーズとは別に，学ぶことを困難としている「特別な教育的ニーズ」がある。不登校であったり，虐待であったり，そして障害のある子どもなどには，「特別な教育的ニーズ」があると考えられる。

　この特別な教育的ニーズという考え方は，1970年代初めにイギリスで，障害児教育として提案されたもので，その後，1981年の教育法によって，イギリス制度として取り入れられ，世界的に知られるようになった。さらに，1994年スペインのサラマンカでユネスコが「特別なニーズ教育に関する世界会議」を開き，特別な教育的ニーズの考え方について提案を行った。日本でもこのころから，特別支援教育への議論が始まったといえる。

　以下は，サラマンカ声明の一部である。

　我々は以下のことを信じて宣言する。

・すべての子どもは教育への権利を有しており，満足のいく水準の学習を達成し維持する機会を与えられなければならない。

・すべての子どもが独自の性格，関心，能力および学習ニーズを有している。

・こうした幅の広い性格やニーズを考慮して，教育システムが作られ，教育プログラムが実施されるべきである。

・特別な教育ニーズを有する人びとは，そのニーズに見合った教育を行えるような子ども中心の普通学校にアクセスしなければならない。

・インクルーシヴ（inclusive）な方向性を持つ学校こそが，差別的な態度とたたかい，喜んで受け入れられる地域を創り，インクルーシヴな社会を建設し，万人のための教育を達成するためのもっとも効果的な手段である。さらにこうした学校は大多数の子どもたちに対して効果的な教育を提供し，効率性をあげて結局のところ教育システム全体の経費節約をもたらすものである。

(嶺井正也訳「福祉労働74」現代書館)

4　教育課程の編成（文部科学省）

（1）特別支援学校

　特別支援学校は，学校教育法第1条校に基づく学校である。幼稚園，小学校，中学校，高等学校に準ずる教育を行うとともに，障害に基づくさまざまの困難を改善・克服するために，「自立活動」という特別な指導領域が設けられている。また，子どもの障害の状態等に応じた弾力的な教育課程が編成できるようになっている。

　なお，知的障害者を教育する特別支援学校については，知的障害の特徴や学習上の特性などを踏まえた独自の教科およびその目標や内容が示されている。

（2）特別支援学級

　特別支援学級では，基本的には，小学校・中学校の学習指導要領に沿って教育が行われるが，子どもの実態に応じて，特別支援学校の学習指導要領を参考として特別の教育課程も編成できるようになっている。

（3）通級による指導

　通級による指導では，障害の状態に応じた特別の指導（自立活動の指導等）を特別の指導の場（通級指導教室）で行うことから，通常の学級の教育課程に加え，またはその一部に替えた特別の教育課程を編成することができるようになっている。

（4）通常の学級

　通常の学級に在籍する障害のある子どもについては，その実態に応じ，指導内容や指導方法を工夫することとされている。

5　特別支援教育に求められるもの

　「特別支援教育の推進について（通知）（2007年）」では，「特に幼稚園，小学校においては，発達障害等の障害は早期発見・早期支援が重要であることに留意し，実態把握や必要な支援を着実に行うこと」とある。発達障害児の支援のあり方について，学齢期においては教育がその中心を担っている。したがって，2007年度に本格始動した特別支援教育によって小学校・中学校という児童期・思春期における支援の体制は整いつつある（図3-4-2）。しかし，文部科学省の調査によると，幼稚園と高等学校での特別支援教育は小中学校に比較すると遅々として進んでいない実態が明らかになっている。特に幼稚園や保育所は，発達障害児への支援の入り口に位置しているため，幼児期から支援の体制を作ることは，発達障害児にとってとても重要である。幼児期は義務教育ではないため，支援体制を考えるには福祉と教育と専門機関との連携が今後いっそう求められている。

【参考文献・ウェブサイト】

遠藤俊子. (2010). 特別支援教育の現状・課題・未来──インクルージョンを手がかりとして──. 日本女子大学大学院人間社会研究科紀要, 16, 55-68.

小林保子・駒井美智子・河合高鋭（編）. (2017). 子どもの育ち合いを支えるインクルーシブ保育. 大学図書出版.

文部科学省. (2005). 特別支教育を推進するための制度の在り方について（答申）. http://www.mext.go.jp/b_menu/shingi/chukyo/chukyo0/toushin/05120801.htm　文部科学省

文部科学省. (2015). 特別支援教育について. http://www.mext.go.jp/a_menu/shotou/tokubetu/main.htm　文部科学省

文部科学省初等中等教育局特別支援教育課. (2015). パンフレット「特別支援教育」. http://www.mext.go.jp/a_menu/shotou/tokubetu/main/_icsFiles/afieldfile/2015/10/06/1243505_001.pdf　文部科学省

小山　望・太田俊己・加藤和成・河合高鋭（編）. (2013). インクルーシブ保育っていいね──一人ひとりが大切にされる保育をめざして──. 福村出版

杉野　学・梅田真理・柳瀬洋美他（編）. (2018). 発達障害の理解と指導. 大学図書出版

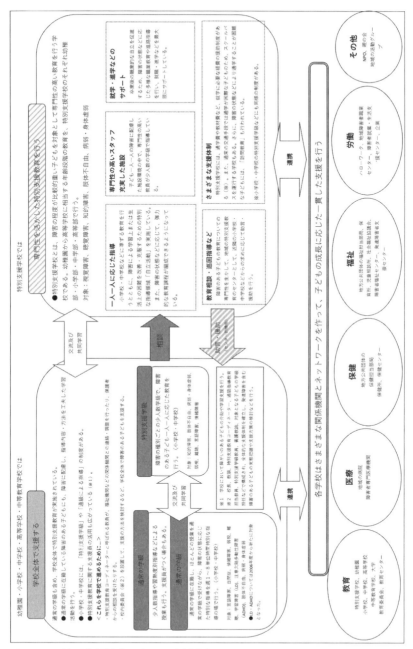

図 3-4-2　特別支援教育における支援体制
（文部科学省初等中等教育局支援教育課　パンフレット「特別支援教育」より筆者が作成）

5

障害者就労の基本原理

縄岡好晴

1 はじめに

　障害者就労の基本原理となる法律は,「障害者の雇用の促進等に関する法律」
(以下,「障害者雇用促進法」という) である。この法律に基づき, 障害者雇用施
策が検討される。

　本節では, 職業リハビリテーションの支援プロセス, 障害者雇用率制度, 障
害者総合支援法に基づく就労系福祉サービス, 障害者雇用の現状, 職場定着に
ついて触れる。

2 職業リハビリテーションの支援プロセス

　職業リハビリテーションとは, 障害者に対する職業指導, 職業訓練, 職業紹
介等の措置と規定されている。実施機関は, 全国に設置されているハローワー
クや障害者職業センター, 障害者就業・生活支援センター, 障害者職業能力開
発施設などである。職業リハビリテーションの支援プロセスには, 職業相談・
職業指導, 職業評価 (アセスメント), 職業準備支援, 職業訓練, 職業紹介, 職
場定着支援, 事業主支援などがある。表 3-5-1 の通り, これらは個別性に基づ
いた取り組みであり, 障害者手帳の交付を受けている者だけでなく, 交付を受
けていない者も該当とされる。

表 3-5-1　職業リハビリテーションの領域および支援内容について

職業リハビリテーション領域	おもな実施機関	支援内容
職業相談 ・職業指導	・ハローワーク ・障害者職業センター ・障害者就業・生活支援センター ・障害者就労支援センター	・就職活動などの相談
職業評価（アセスメント）	・障害者職業センター	・自身の課題および必要な支援などについて知りたい ・就職に向けた課題などについて確認したい
職業準備支援	・障害者職業センター	・就職活動に向けての課題を改善したい ・職場適応力を高めたい
職業訓練	・障害者職業能力開発校 ・職業能力開発施設など	・必要とされる職業能力を高めたい ・技能を習得してから就職したい
職業紹介	・ハローワーク	・就職先を紹介してほしい
職場適応支援 （ジョブコーチ支援）	・障害者職業センター ・社会福祉法人等のジョブコーチ実施機関	・職場で仕事やコミュニケーションの支援を受けたい。 ・雇用した障害者の指導方法について学びたい
職場定着支援（事業主支援）	・ハローワーク ・障害者職業センター ・障害者就業 ・生活支援センター	・職場での悩みを相談したい ・職場に適応できずに困っている ・（企業）職場での必要な配慮を助言してほしい

3　障害者雇用率制度

　障害者雇用率制度は，事業主に対して，一定以上の障害者を雇用することを義務づけるものであり，障害者雇用義務制度ともいわれている。この制度上の障害者とは，身体障害者手帳，療育手帳，精神障害者保健福祉手帳といった障

害者手帳の交付を受けた者を対象とする。2019 年 4 月現在，民間企業の法定雇用率は 2.2% であり，これは雇用している労働者が 100 人以上の民間企業の場合，2 人以上（100 人×法定雇用率 2.2% ＝ 2.2 人（小数点以下切り捨て））の雇用義務となる。これらの数値は，年々高まることが想定され，比例して障害者の方の社会参加がより高まることとなる。

4　障害者総合支援法に基づく就労系福祉サービス

　障害者の就労支援においては，「障害者の日常生活および社会生活を総合的に支援するための法律」（以下「障害者総合支援法」という）における就労系福祉サービスがある。福祉から雇用への移行を促進するため，就労移行支援，就労継続支援 A 型（雇用型），就労継続支援 B 型（非雇用型）および就労定着支援事業といった支援機関が，障害者総合支援法に基づく就労系障害福祉サービスとして展開される。

（1）就労移行支援事業所
　一般就労等を希望し，知識・能力の向上，実習，職場探し等を通じ，適性に合った職場への就労等が見込まれる障害者に対し，①生産活動，職場体験などの活動の機会の提供，その他の就労に必要な知識及び能力の向上のために必要な訓練，②求職活動に関する支援，③その適正に応じた職場開拓，④就職後における職場への定着のために必要な相談などの支援を行う。標準利用期間は 2 年間である。

（2）就労継続支援 A 型事業
　通常の事業所に適用されることが困難であり，雇用契約に基づく就労が可能な者に対して，雇用契約の締結などによる就労の機会の提供および生産活動の機会の提供その他の就労に必要な知識及び能力の向上のために必要な訓練などの支援を行う。利用期間に制限はない。

（3）就労継続支援 B 型事業

通常の事業所に雇用されることが困難であり，雇用契約に基づく就労が困難である者に対して，就労の機会の提供および生産活動の機会の提供その他の就労に必要な知識および能力の向上のために必要な訓練，そしてその他の必要な支援を行う。利用期間に制限はない。

（4）就労定着支援事業

就労支援サービスの利用を経て，通常の事業所に新たに雇用され 6 か月が経過した者を対象とする。具体的には，障害者を雇用した事業所，障害福祉事業所，医療機関等の連絡調整，障害者が雇用されることに伴い生じる日常生活または社会生活を営むうえでの問題に関する相談，そしてその他の必要な支援を行う。利用期間は 3 年である。

このうち，就労継続支援 A 型は，通常の事業所での雇用が困難な者に就労機会を提供するものであり，雇用契約に基づく就労である点が他の就労支援とは異なる。

障害福祉サービスには，就労以外にも，日中活動系の生活介護や居住支援系の共同生活援助（グループホーム），障害福祉サービス等の利用計画の作成などを実施する相談支援事業など，さまざまな支援制度がある。また，障害福祉サービス以外にも，個々の障害に特化した専門的な相談機関として発達障害者支援センターによる就労相談などもある。

5　障害者雇用の現状

2018 年に報告された厚生労働省による障害者雇用状況の集計結果では，雇用された障害者数は 15 年連続で増加しており，実雇用率も 2.05% と 7 年連続で過去最高となっている。企業規模別では，1,000 人以上の大企業の実雇用率がもっとも高いといった結果となった。その一方で法定雇用率を達成している企業の割合は 45.9% であり，半数以上の企業が未達成の状況である。今後障

害者の雇用率はさらに高くなることが想定できる。

　ハローワークにおける障害者の職業紹介状況においても，新規求職申込件数，就職件数とも毎年増加しており，特に精神障害者の申し込み件数が著しく多い状況である。障害者雇用が年々増加する理由には，企業の社会的責任（CSR）とコンプライアンスがこれまで以上に重視されている姿勢が関連している。これは，障害者雇用対策や就労支援体制の充実強化が相まった結果であり，これらの動きは共生社会の構築につながると思われる。

6　共生社会に向けた取り組み——職場定着に視点をおいて

(1) 援助つき雇用モデル

　障害者の求職件数の増加により，今後課題とされるのが職場定着である。就職後，本人と企業との間で問題なく過ごすことができているかどうかを確認する上で，ジョブコーチによる職場適応支援が実施される。ジョブコーチとは，障害者が職場に適応できるよう，職場に出向いて障害者，事業主双方に必要な支援を行う専門職である。このジョブコーチによる職場適応支援の考えは，1986年にアメリカで制度化された援助つき雇用によるものであり，この考えはわが国の就労支援に大きな影響を与えている。

　この援助つき雇用モデルとは，重度障害者を対象に，就職前の評価や訓練はできるだけ簡略化して，その人に合う仕事，職場を見つけ，雇用後は継続的にジョブコーチのような就労支援の専門的知識を持った支援者が，職場に出向き，個別に支援するというものである。この考えは，従来の一定期間，就職するために訓練を通じて準備性を高めていくレディネスモデルでなく，職場に就職してからできることに着目し，「就職」してから「訓練」を実施するといった，本人と環境（職場）との相互作用に着目しアセスメントを実施する，定着支援において非常に効果的なものである。

（2）ジョブコーチによる職場適応支援

　援助つき雇用モデルの代表的なものがジョブコーチによる職場適応支援である。ジョブコーチは，全国の地域障害者職業センターのほか，職場適応支援援助者講習を受講し，その後資格を取得したスタッフが所属する就労支援機関などに配置される。

　地域障害者職業センターでは，障害者，事業主の支援ニーズを踏まえて障害者職業カウンセラーが個別支援計画を作成し，その計画に基づき，ジョブコーチが職場で必要な支援を行い，職場の上司・同僚によるナチュラルサポートや合理的配慮に移行させて職場定着を図ることをめざしている。支援には，雇用開始に合わせて行うケースと，雇用後に職場不適応が発生したときに行うケースがある。標準的な支援期間は3か月で，支援終了後も計画的にフォローアップを行う。障害者雇用の職場適応上の課題は個別に異なるものが多いため，このように専門的な支援者が本人および企業に対しコーディネートを図ることで，職場適応が高まり，職場定着が安定したものにつながると期待できる。

【参考文献・ウェブサイト】

厚生労働省．（2019）．平成30年障害者雇用状況の集計結果．厚生労働省

厚生労働省．（2019）．平成30年度障害者の職業紹介状況．厚生労働省

厚生労働省．（2018）．障害者総合支援法における就労系障害福祉サービス．https://www.mhlw.go.jp/stf/seisakunitsuite/bunya/hukushi_kaigo/shougaishahukushi/service/shurou.html　厚生労働省

小川　浩．（2011）．ジョブコーチ入門．エンパワメント研究所

6

障害者権利条約・障害者差別解消法と合理的配慮

縄岡好晴

　本節では，障害者権利条約における経緯と障害者差別解消法，教育現場（特に高等教育機関）・企業などで必要とされる合理的配慮とその現状について触れる。

1　障害者権利条約における経緯と障害者差別解消法について

　2006年12月に開催された国連総会において「障害のある人の権利に関する条約」（以下，障害者権利条約）が採択された。同条約は世界各国の締結・批准の手続を経て2008年5月に発効した。この障害者権利条約の第24条（教育）には，インクルーシブ教育システム（inclusive education）として，障害者が障害の理由として教育制度一般から排除されないこと，障害のある児童が障害を理由として無償の義務教育から排除されないことなどが記された。わが国は，2007年にこの条約への署名を行い，2014年1月には批准書を提出した。この間に，わが国の国内法等が国際基準に達するための体制整備が行われた。

　こうした国内体制整備のまとめとして，2013年に「障害を理由とする差別の解消の推進に関する法律」（以下，障害者差別解消法という）が公布（2016年（平成28年）4月1日施行）されて，障害を理由として，正当な理由なくサービスの提供を拒否したり，制限したり，条件をつけたりするような行為と，合理的配慮の不提供が禁止されることとなった。こうして，この障害者権利条約および障害者差別解消法が，わが国の学校教育および障害者雇用における支援体制において大きな影響を与えることとなった。

2　高等教育機関における障害学生に対する合理的配慮

　障害者の権利条約第 24 条（教育）その 1 で「締約国は，教育についての障害者の権利を認める。締約国は，この権利を差別なしに，かつ，機会の均等を基礎として実現するため，障害者を包容するあらゆる段階の教育制度及び生涯学習を確保する」とし，その 5 では，「締約国は，障害者が，差別なしに，かつ，他の者との平等を基礎として，一般的な高等教育，職業訓練，成人教育及び生涯学習を享受することができることを確保する。このため，締約国は，合理的配慮が障害者に提供されることを確保する」として，高等教育における合理的配慮を義務づけている。この条約の批准・発効を受け，2016 年 4 月には障害者差別解消法の合理的配慮の不提供の禁止が法的義務となり，私立大学などでは，障害者の差別的取り扱いの禁止が法的義務，合理的配慮の不提供の禁止が努力義務となった。

　大学入試センター試験においても，1979 年から「身体障害者受験特別措置」が導入され，点字受験，試験時間延長，車いすなどの持参使用などが行われてきた。それだけに限らず 2011 年からは，発達障害者に対しても配慮されるようになり，「注意事項等の文章による伝達」，「別室設定」，「拡大文字問題の準備」「マークシートに換えたチェック解答」などが実施されている。またセンター入試の「特別措置」としては，表 3-6-1 のような合理的配慮としてセン

表 3-6-1　センター入試における特別措置の判断基準

①発達障害者の特別措置に関しては，医師の信頼できる現症に関する診断書と具体的な状況報告・意見書の記載によって判断する。
②特別措置においては，ディスレクシア（読字障害／読み障害など）などの，主として，文字の読みに関するアクセス機能の障害を重視する。
③実行機能等の困難については，現在のセンター試験の内容が試験形態を十分考慮し，特別措置については，具体的な措置の必要性のエビデンスを個々に慎重に判断することとする。
④時間延長以外の日常的かつ合理的な理由による措置はできるだけこれを認める

ター入試の判断基準が設けられている。

3　企業における合理的配慮

　わが国の就労支援での取り組みでは，障害者の職業の安定を図ることを目的とする障害者雇用促進法（第5章5参照）において，障害者雇用率以上の障害者を雇用することを事業主に義務づける雇用義務制度を設け，雇用義務を達成できない事業主から障害者雇用納付金を徴収する取り組みおよび雇用義務を超えて多数の障害者を雇用する事業主に調整金又は報奨金を支払うことを内容とする障害者雇用納付金制度などを設けた。これらは，一般社会において，障害者雇用を「量的」に拡大することを目的とした取り組みであり，一定の成果をもたらすことができた。それに加え，2013年の障害者雇用促進法の改正では，障害者権利条約の批准を盛り込み，障害者であることを理由とする差別の禁止と事業主に対する合理的配慮の提供を義務づける規定を導入し，障害者の権利を主体として位置づける就労支援を展開するようになった。

　これらをもとに，事業主が適切に対応できるようにするため，2016年の改正法施行に先立ち，差別禁止指針及び合理的配慮指針が策定・告示された。このうち，合理的配慮指針は，事業主，障害者，同じ職場の従業員間の対話を促進しこれにより働きやすい環境を整備する重要な機能を有するようになった。

(1) 合理的配慮指針

　企業における合理的配慮の提供義務に関しては，「障害者の雇用の促進等に関する法律」第36条の5第1項の規定に基づき，「合理的配慮指針」（雇用の分野における障害者と障害者でない者との均等な機会若しくは待遇の確保又は障害者である労働者の有する能力の有効な発揮の支障となっている事情を改善するために事業主が講ずべき措置に関する指針）が示されている。以下は，合理的配慮指針等に基づき，事業主が合理的配慮の提供にあたり踏まえておくべき内容である。

①合理的配慮は，個々の事情を有する障害者と事業主との相互理解の中で提供されるべき性質のものであるため，合理的配慮の提供にあたっては，事業主と障害者の話し合いにより決定されるものであり，合理的配慮は個々の障害者の状態や職場の状況等に応じて求められるものが異なり，多様性があり，かつ，個別性が高いものである（合理的配慮指針第2の1）。

②採用後の合理的配慮は，障害者からの申出の有無にかかわらず，事業主に合理的配慮の提供を義務付けたものであり，事業主が通常必要とされる注意を払ったにもかかわらず，その雇用する労働者が障害者であることを知ることができない場合には，合理的配慮の提供義務違反を問われないこととする（合理的配慮指針第2の2）。

③合理的配慮に係る措置が複数ある場合には，事業主は障害者と話し合い，その意向を十分に尊重した上で，複数の措置の中から，より提供しやすい措置を選択して対応することができることのほか，障害者が求める措置が，過重な負担に該当する場合には，障害者と話し合い，その意向を十分に尊重した上で，過重な負担にならない範囲で，合理的配慮に係る何らかの措置を講じる必要がある（合理的配慮指針第2の3）。

④合理的配慮の円滑な提供のためには，事業主や同僚が障害の特性に関する正しい知識を取得し，理解を深めることが重要であると示されている（合理的配慮指針第2の4）。

(2) 発達障害者に対する合理的配慮

発達障害者の障害特性では，コミュニケーション，対人関係の困難さなどがあげられ，日常的に職場の上司や同僚から誤解されやすいとされている。

表3-6-2は，高齢・障害・求職者雇用支援機構が実施した「職場改善好事例集（発達障害者版）」による報告である。

これらの問題が生じる理由には，発達障害者特有の障害特性が目に見える形でなく，コミュニケーションなど，やりとりを通じて確認される点が大きい。そのため，特性が理解できない結果，対人関係のトラブルにつながりやすくな

表 3-6-2　発達障害者を雇用して生じた問題

上司や同僚が言ったことを理解することができなかった
好ましくない言語表現を表し，相手に不快な思いをさせてしまう
曖昧な言動を理解できない
相手の気持ちを無視して自分の好きなことだけをしゃべり続ける
自分勝手な行動をしてしまい，周囲から嫌がられる
感情的になりやすく，癇癪を起す
場の空気が読めない人たちが多いため，人間関係に支障をきたしてしまう

る。それらを改善するには，職場内で特性とは何かを理解できるように情報共有の場が必要となる。つまり，企業内で専門家による研修会などを企画し，障害特性の課題を整理し，必要とされる配慮は何かを共有しあう取り組みが求められる。これが，まさに合理的配慮指針第2の4の取り組みとなる。

4　合理的配慮と共生社会の実現に向けて

　合理的配慮は，個々の困りごとに対する配慮である点から，障害のある本人と周囲の環境によって内容は異なる。そのため，配慮を必要とする際，本人による意思表明と実施する事業者との対話・合意形成が重要となる。配慮という言葉から，すべての対応をサポートしてもらえるというニュアンスが強く感じられるが，そもそもの語源である「Reasonable Accommodation」の「Accommodation」には，「調整・便宜」という意味があり，当事者とその周囲がたがいに過ごしやすい環境を作り上げるためには，どうすればよいのかといった点を，やりとりを通じて検討していく必要がある。以下4点は，合理的配慮を求める際のポイントである。

　(1)　どのような場面でどのような配慮が必要とされるのか
　(2)　配慮内容は，互いに合意し実施できる内容であるのか
　(3)　配慮を実施した後も定期的にその配慮内容や程度について，継続的に取

　り組めるのか

（4）それらは，見直し改善を図ることができる内容であるのか

　これらを明らかにしていくことで，個別に基づく合理的配慮を進めることができると考える。また，これらは本人の申し出（意思表明）が起点となることから，対象者から申し出がない場合は，合理的配慮の提供に必要な措置を講じなかったとしても，事業所側には合理的配慮提供義務違反として罰せられることはない。しかし，本人が実施する活動内容が十分に行える状態ではないと思われる場合は，周囲が積極的に本人の意向を確認し，その場で必要とされる配慮を実施していくことが望ましい。それが，障害者の権利保障・差別解消の法律に対する取り組みである。そのような環境が増えることが，共生社会への一歩であると考える。

【参考文献】

独立行政法人 高齢・障害・求職者雇用支援機構. (2012). 発達障害者のための職場改善好事例集. 独立行政法人 高齢・障害・求職者雇用支援機構　雇用開発推進部雇用開発課

上野一彦. (2014). 大学入試センターにおける特別措置. 高橋知音（編著）. 発達障害のある人の大学進学. 83-84. 金子書房

7

インクルーシブ保育・教育，ソーシャル・インクルージョン

小山　望

はじめに

　2006年の第61回国連総会で「障害者権利条約」が採択され，障害者の人権尊重，社会参加が推進されることとなった。2014年に日本もこの条約を批准し世界で141番目の条約締約国となった。条約批准を前に2011年に障害者基本法の大幅改正が行われた。その第1条では「すべての国民が障害の有無に関わらず，等しく基本的人権を享有するかけがえない個人として尊重されるものであるとの理念にのっとり，すべての国民が障害の有無によって分け隔てられることなく，相互に人格と個性を尊重しあいながら，共生する社会を実現するため」と，権利条約と並んで人権の視点が強調されている。2012年に障害者虐待防止法が施行され，2016年に障害者差別解消法が施行された。障害者差別解消法には，障害者からの社会的障壁の除去の必要性の表明があった場合には，国・地方公共団体機関，民間事業者は社会的障壁の除去の実施について必要かつ合理的配慮をしなければならないと記されている。なお障害者権利条約の第24条には，インクルーシブ教育を受ける権利の保障がうたわれている。障害者権利条約を受けて文部科学省は2014年にインクルーシブ教育システムの構築に必要な要件などを発表している（障害者差別解消法については第5章6を参照）。

1　インクルーシブ保育

インクルーシブ保育とは，すべての子どもがクラスの一員になれる保育である。どの子どもも排除されない，その子どもがいることから始める保育であり，子どもの多様性を認めてそれに対応する多

図 3-7-1　インクルーシブ保育のイメージ

様性のある保育である。障害児の保育ではない。障害児がいることを前提とした保育であり，どの子どもの保育ニーズをも満たす保育である。多様な子どもたちが存在している保育（図 3-7-1）。定型的発達の子どもも，そのなかにいる。障害のあるなしで分けない。

2　統合保育とのちがい

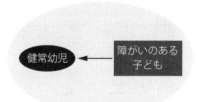

統合保育は，障害児と健常児を明確にわけたうえで，両者の統合をはかろうとする保育で，健常児集団を中心とした保育プログラムの場に障害児が参加して適応できるように障害児を個別支援する保

図 3-7-2　統合保育のイメージ

育である。障害児が入園してもいままでと保育プログラムは変わらない。図 3-7-2 のように健常児集団のなかに障害児が入って活動することも求められている。障害児は健常児中心のクラス活動に参加するためにソーシャル・スキル・トレーニングなど集団適応するためにさまざまな行動を学ぶことを求められる。集団に適応できないのには，障害児側に原因があるとされ，障害児はその行動改善を求められる。

3 インクルーシブ保育への対応

　小山（2013）は，インクルーシブ保育として下記の要素を示している。

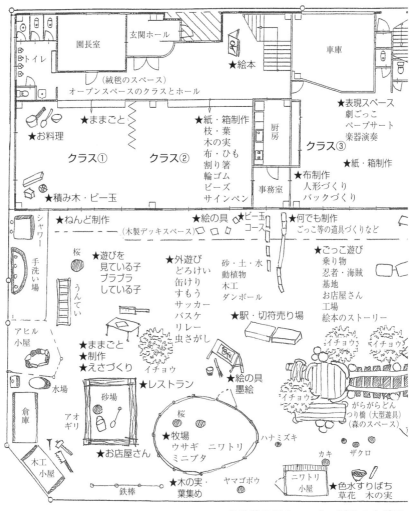

ある秋の日のコーナー活動の広がり

図 3-7-3　「コーナー活動」（加藤和成，2013）

・コーナー活動を取り入れる

・子どもたちが自分で遊びを選ぶ

・子どもたちが関心のある遊びを広げる

・子どもたち自身が遊び，仲間，ルールを作り出す

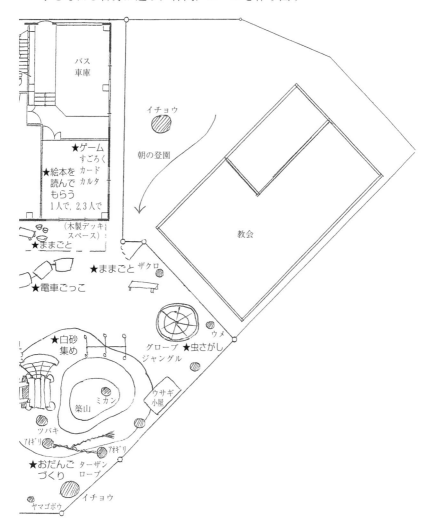

- 問題が起きれば，子ども同士で解決する
- 同年齢活動も促進される
- 異年齢活動も活発になる
- 保育者同士の連携を密に行う
- 個別的なかかわりをもつ
- クラスの雰囲気がいい
- その場にいるのが楽しい
- 保育者の柔軟な思考と対応
- 障害をもつ子どもの保護者へのサポート
- 保護者同士がつながり支え合える環境

　コーナー活動は，葛飾こどもの園幼稚園が，長年取り組んできた保育プログラムである（図3-7-3）。ここでは，園庭や園舎などをすべて使って，保育者が，こどもたちにさまざまな遊びを提供する。こどもたちは，何をしてもいい。こどもたちの興味・関心によって，どんな遊びをすることも可能である。ビー玉，積み木，動物とのふれあい（うさぎ，豚，アヒル，鶏），砂場，絵の具，虫取り，葉っぱ集め，粘土，ままごとなど。なにもしなくてもいい，ぶらぶらしているのもいいのである。ここでは一人ひとりのこどもに，細やかな対応や配慮がされている[1]。

4　インクルーシブ保育の実践

　本実践事例は，学校法人希望学園葛飾こどもの園幼稚園での研究結果から得ており，幼稚園の了解を得ているものである。1956年に設立された同幼稚園では，キリスト教保育のもと，1966年から障害児を受け入れて五十数年になる。障害児だけのクラスを作って障害児の個別指導やグループ保育をしていた時期もあったが，16年前よりすべての子どもの保育ニーズに応えるインクルーシブ保育に取り組んでいる。こどもの園幼稚園の保育形態は，異年齢保育であ

り，3歳，4歳，5歳が同一クラスに属する縦割り編成となっている。2018年度は，全クラスで27名（年長8名，年中10名，年少9名）が在籍する。各クラスに3〜4名の障害のある子どもが在籍し，各クラスを3名の保育者が担当する。担任3名は全員が補助的な役割をしたり，全体を動かす役割をしたりする。保育者は，障害児の担当制とはせず，全員がかかわることとしている。

5　葛飾こどもの園幼稚園の方針

①キリスト教保育
②自然を愛して，自由遊びを中心とする保育
③異年齢クラス
④コーナー活動
⑤小グループの活動
⑥年齢別活動

6　インクルーシブ保育の事例

あるクラスでの運動会をめぐってのエピソード

T君：6歳○か月　知的水準は，知能検査で平均レベルである。下半身に運動障害があり，移動は車いすである。幼児期から療育機関で機能回復訓練を受ける。上肢は使える。衣服の着脱は上衣は可能であるが，ズボンの着脱は介助を要する。園庭では，バギーや車いすを使用する。T君は3歳児からおもしろいと人気がある。T君も参加して10月の運動会にむけてクラス対抗リレーの練習が始まった。走れないT君が参加するため，リレーの練習では，いつも5クラス中5位だった。T君は杖をつきながら歩くので遅いのである。T君をめぐってクラスの子どもたちの意見が続出した。T君をバギーに乗せて先生が押す案，走る距離を短くする案，T君が車いすで走る案など。リレーの練習で行きは自分が車いすで走り，帰りはT君が手でハイハイして移動してみたが，

やはりビリであった。

クラス担任がT君を含め年長児を集めて話しあった。

「ねえ，みんな，いつもビリで悔しくない?」

「えっ」女の子2人は顔を見あわせた（先生，それを言ったらおしまいでしょという感じ）

S子「だってT君が走るとその間に他のクラスの子が走り終わっちゃうんだよ」

M子「だったら，T君の走る距離を短くしたらいいじゃないの」

S子「そんなことしたら，他のクラスからズルいって言われるよ」

T君「僕は練習して速く走れるようにしたい」

担任「みんなどう思う」

Y君「バギーに乗せて先生が押したらいいよ」

T君「いや，自分で練習するから」

Y君「訓練したら，M子ちゃんみたいに走れるならいいよ」

F君「普通の人みたいに速く走れるならいい」

Y君「訓練しても速く走れないじゃないか，病院に行けよ」

担任「T君は病院に行っているよ。でも，すぐには治らないし，速くはならないよ」

　S子「治らないの，どうしたら治るの」

担任「T君は一生懸命練習しているし，練習したいと言っているから，みんなでタイム測らない？　それで相談しよう」

T君は車いすで走り，一番速いY君と競争してみた。結果，T君はリレーの距離を走る間に，Y君は6回往復した。

M子「T君は半分の距離をハイハイしてみたら」

担任「T君，手だけでハイハイしてみたら」

各クラスの一番速い子を集めてハイハイ競走してみた。

なんとT君がダントツのトップで勝った。

T君はヒーローになった。ハイハイ・チャンピオンになり，クラスの仲間に認

められた。

リレーのときは半分の距離をハイハイで走ることに子どもたちで決めた。

T君の勝ちたい，リレーに出たいという思いと子どもたちの勝ちたいという思いが真剣にぶつかり合い，相手の気持ちを理解する生活体験を積むことができた。子ども同士の意見がぶつかったときこそ，子どもたちが多様性をはぐくむ機会である。保育者が安易にルールを決めてしまうことはない。子どもたちが主体的にルールを変えていくことができるように支援することが，インクルーシブ保育の大きなねらいであり，成果でもある。

7　共生社会に向けたインクルーシブ保育の意義

障害児がいることがインクルーシブ保育ではない。保育内容に多様性があることが大事である。どんな子どもも受け入れて排除しない保育がインクルーシブ保育である。一般に，障害児が保育の場にいると，障害児の専門家の意見を取り入れて個別指導を中心にしてしまいがちになるが，健常児中心の保育をしていることが問題である。よいクラスの雰囲気を作れば，どんな子どもにも楽しい意味のある場になる。保育者は柔軟な思考と配慮が求められる。幼稚園，保育園は，遊びや生活を通じて発達・成長する場である。幼児期に障害のある子どもと障害のない子どもが一緒に生活をしながら，たがいに認めあい育つことが，多様性に対する寛容性を育む機会となる。それが地域社会の住民の人間性の基盤となる。全国各地でインクルーシブ保育が盛んになることが，共生社会に進んでいく道標となると思われる。今回は紙面の関係で学校教育におけるインクルーシブ教育をとりあげなかったが，わが国ではあまり進んでいない学校教育でのインクルーシブ教育こそ，共生社会に向けて取り組まなければならない課題である。

【注】

(1)　葛飾こどもの園幼稚園の地域社会での実践については本書第10章4で加藤和成が執筆している。葛

飾こどもの園幼稚園での保育実践は株式会社アローウィン社より，2020 年に DVD「インクルーシブ
保育の実践〜共生社会をめざして〜」として刊行されている。

【参考文献】

小山　望・太田俊己・加藤和成・河合高鋭（編）．(2013)．インクルーシブ保育っていいね．福村出版

小山　望．(2018)．インクルーシブ保育における園児の社会的相互作用と保育者の役割．福村出版

加藤和成．(2013)．インクルーシブをどう進めるとよいだろうか．小山　望・太田俊己・加藤和成・河合
　　高鋭（編）．インクルーシブ保育っていいね──一人ひとりが大切にされる保育をめざして──．p.132.
　　福村出版

8

障害児・者の保護者支援

長谷川恭子・岸浪康子

　私たちが活動をはじめた「未来えんじん」は東京都のペアレントメンター養成研修を受けたメンターが，葛飾区を中心にして発達に課題のある子を育てる保護者のピアサポートを行っている団体である。

1 子どもの障害受容について

　わが子に障害があるといわれてすぐに受容できる親はほとんどいないだろう。保護者にもさまざまな環境や背景があり，障害に対する受けとめ方も人それぞれである。

　一般的に障害の受容は，図3-8-1のように「ショック→否認→悲しみと怒り→容認→再起」に向けてのプロセスを経るといわれているが，このプロセスには時間の経過による心理的変化だけでなく

・障害に関する知識の習得・理解

・（わが子への）適切な対応

・わが子の成長する姿

・仲間の存在（親の会や療育の仲間など）

・適切な相談者・支援者への結びつき

なども必要な要因となる。

　私たちも，ある者は子どもの障害を"人生の課題"と受けとめ，その特性を受け入れながらも子どもに可能な限りのアプローチ（療育等）をすることで親である自分自身の自己肯定感を維持し，またある者は親の会で年長の子どもた

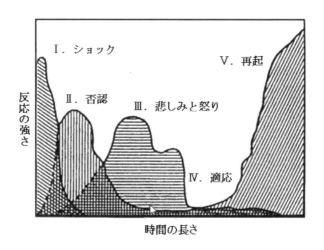

図 3-8-1 先天性奇形の子どもの親の障害受容のプロセス（Drotar, 1975）

ちの成長した姿を目にすることで，将来に希望を見出し絶望の淵から再起することができたのである。

2 発達に課題のある子の子育て

現在の子育ては
・情報がたくさんありすぎてそれに振りまわされる
・SNS で他の家庭の状況がわかることで，わが子と他の子を比較してしまう
・核家族や，隣近所との交流がなくて孤独であって，身近に相談相手がなく，不安を抱え，自信が持てない
という状況にある。

ましてや発達に課題のある子の子育ては，子育て自体に手を焼くことが多く，それが一時的なものなのか（そのうち治るのか），育て方のせいなのか，障害なのか……わからないことで，なおいっそう不安になり，またそのような悩みを誰にも相談できずに孤独を感じて，うまくいかない子育てに自己嫌悪を感じたり，自信を喪失したりしてしまいがちである。

発達障害は「早期発見・早期療育」がよいといわれるものの，わが子の育ちに不安や心配があっても（あるからこそ）すぐには，たとえば医療や専門機関に相談に出向くといった次の行動に移せない保護者も多い。「否認（受容できない）」の状態が長く続き，自分を責める気持ちから抜け出せなかったりして，強い精神的ストレ

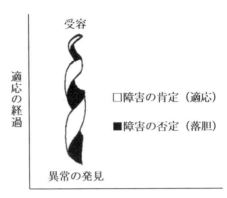

図 3-8-2　障害者受容の螺旋形モデル
（中田洋二郎，1995）

スからうつ状態になる場合もある。また，保護者自身に発達障害の傾向がある場合も見受けられる。

　先の見えない不安や，世の中に受け入れてもらえないという孤独感などから，保護者にはさまざまな葛藤があって，気持ちが揺れているので，非難や批判めいたことを言われて心が折れてしまうこともありがちである。

　また，一度は受容したつもりでも，なにかの折りに（たとえば人生の節目などで）ふたたび落胆する気持ちが蘇ってくることもある。保護者の気持ちは図3-8-2のように時を経ても障害を肯定したり，否定したりして，螺旋に揺れ動くということができる。

3　親支援は発達障害者支援

　子育てに困難を抱えて親子で海に投げ出されたような状態において，子どもの症状に診断名がつくということは「その海の名前は発達障害です」といわれているのと同然である。親が求めているのはそこに浮き輪を投げ入れてもらうこと，泳ぎ方を教わること，溺れそうなときに船を出してくれたりすることである。

　昨今は学校での特別支援教育があり，福祉の面でも児童発達支援事業・放課

後等デイサービス事業など障害児（当事者）への支援は充実を見せてきているといえる。そういった支援を得て親が子どもの特性を理解し，子どもに合わせた対応ができるようになることで，子育てがスムーズになり保護者自身のストレスも軽減されていく。そのような変化が子育てそのものを変えていき，親が変わることで子どもが変わっていく。すなわち親支援は発達障害者支援につながるものである。

　だが，その子どもを育てる親への直接的な支援は，その必要性を認められつつあるものの当事者へのサービスに比べ，公的な支援は現在ほとんどないに等しい。私たち保護者にとって，果て知らぬ海に投げ出されたとき，励ましや救いとなるのはともに泳ぐ仲間の存在であり，求めているのは先に泳ぎ始めている先輩のアドバイスや情報である。

　私たちが「未来えんじん」として活動を始めるにいたったのは，まずなにより自分たち自身が医療や専門家からは聞くことのできない話・情報を身近な先輩保護者や仲間から得るという体験をしてきてそのありがたみを知っており，それを後から歩んでくる後輩保護者にも伝えたいと思ったからにほかならない。これは恩返しならぬ恩送り（受けた恩を直接その人に返すのではなく，次の人に送り渡す）の精神である。私たちはそれを自分たちの使命として受けとめている。

　私たちはぴあカフェと名づけて，ピア（同じ立場の仲間）サポートとして保護者が集まり話し合う場を定期的に設けている。保護者たちは最初「自分の悩みを話したい・聞いてほしい，情報がほしい」という take のスタンスで参加する。だが，それがいつしか「自分も誰かに伝えたい。自分の得た情報を他の人に提供してみたい」というように give のスタンスに変わってくる。人に与えられること・人の役に立てることはうれしいことであり，自己肯定感を生み出すものである。私たち保護者は，子育てにおいて自分を責めたり，障害者の親としてマイナスイメージを抱えたり，その心持ちを内に閉ざしてしまうことが多かったりもするものだが，その呪縛から解き放たれて，そのような子どもの親だからこそできた体験を重ね，自分自身の親としての成長を感じていくう

ちに自尊感情を得ることができる。親が自己肯定感を持てなければ，子どもの自己肯定感を育むことは困難であるので，これは非常に大切なことである。まずは親自身が受容され，エンパワメント（その人の内なる元気を引き出す）されることで親の心情が安定する。そうして初めて親があらためて子どもの障害を受容し，子育ての困難さにも前向きに向き合うことができる。支援されるいっぽうではなく，自分の人生を自分の力でポジティブに歩んでいけるようになるのである。

　今後このような親支援の必要性やその効果が広く世の中に周知され，必要とするすべての保護者に届くことを願ってやまない。

4　インクルーシブな地域社会づくりに向けた今後の活動

　障害の有無による区別のない社会をめざし，私たちは今後障害者理解のための啓発活動を，特に小学生とその保護者対象に行うことを企画している。どの子も違っていてみんなそれぞれによいところがあること，まわりの理解と手助けがあれば苦手なことも工夫して生きていけること，また，どんな子であろうとも子の幸せを願う親の気持ちは同じであることなどを伝えていくことで，多様な育ちの子どもがともに生きる社会の実現に向けた一助になればと思っている。

【参考文献】

Drotar, D., Baskiewicz, A., Irvin, N., Kennell, J., & Klaus, M.（1975）. The adaptation of parents to the birth of an infant with a con-genital malformation: A hypothetical model. *Pediatrics, 56*（5），710-717.

中田洋二郎．（1995）．　親の障害の認識と受容に関する考察――受容の段階説と慢性的悲哀――．早稲田心理学年報, *27,* 83-92.

9

重度障がい者が働ける時代へ

猪瀬智美

「娘さんは生まれつき筋力が徐々に低下していく障がいがある」と医師から
告げられたとき，両親はこの先の私の人生をどのように想像してくれただろう
か。

自立歩行がなかなかできなかった私は，2歳ごろに先天性ミオパチーと診断
を受けた。物心ついたときにはすでにこの身体であったため自分に障がいがあ
るという感覚はあまりなかった。そしてなによりも障がいがあるということを
意識せずに，幼少期を過ごしてこられたのには両親を始め周囲の方々の理解と
協力があった環境にいられたことが何よりも大きかった。

1　保育園〜小学校まで

いまでも交流のある保育園の先生の話によると，掃除の時間に床の雑巾がけ
があった。同級生たち（4〜6歳）はあたりまえのように行えることも，足腰
に力の入らない私は，よく倒れては泣いていたそうだ。それを見かねた同級生
たちは自主的に私の身体を支えながら一緒に掃除を始めるようになったと笑っ
て教えてくれた。大人に言われたからではなく，子どもながらに考え小さな手
を差し伸べてくれたのだと思う。

障がい児を受け入れることが初めてだった地元（茨城県）の小学校では当時，
全フロア和式トイレだったところを，立ち上がりのしやすさを考慮頂き洋式ト
イレが設置され入学を受け入れてもらった。

自力でできていた歩行も，高学年になるころには階段の上り下りが体力的に

厳しくなっていたが，そんなときも仲のよい友だちが私を背負って移動をしてくれていた。いま考えても物凄いことをしてもらっていたと思う。学校側と同級生たちの全面的な協力と理解がなければ私は最後まで小学校には通えていなかったと思うと感謝しかない。

2　肺炎

　かけがえのない思い出がたくさん詰まった小学校の卒業式の日。私はICU（集中治療室）のベッドの上でたくさんの機械につながれていた。ちょっとした風邪が肺炎となり気管切開をして喉にカニューレが入った。かろうじて自立歩行ができていた筋力は一気に落ち，車いす生活となった。地元の中学校には通えないため，病院が隣接されている特別支援学校を紹介され埼玉県蓮田市に移り住むこととなった。いままでと違う環境，車いすがないと移動できない自分の身体，喉に入った異物，そして親元から離れなくてはいけないということ。12歳の私にはすべてがつらかった。いま振り返ってもあのときのつらさを超えるものはまだない。

3　進路

　病院や学校には同年代でさらに重度の子どもたちがたくさんいた。毎日暗い顔ばかりしていた私とは対照に，明るく前向きな姿に衝撃を受けた。人の手を借りることが前より増えたぶん，いまできることを大事にしていこうとより強く思えた。

　高校3年生になると一般的に進路を考える時期だと思うが，私の場合は卒業後「病院のなかで余暇を楽しみどう過ごすか」もしくは「両親の協力を得て地元に帰るか」の2択を問われた。「進学」や「就職」は人の手を借りて生活をしていく以上，あきらめたほうがいいと周囲からも言われていた。

　地元の友だちは就職や，進学をして大人への階段を歩み始めているなか，私

はこの先もずっとこの病院のなかで生活をして一生を終えるのかと考えたとき，とても悲しくなった。その反面，病院にいればつねに誰かがいてくれる安心があり，両親も退院することに賛成はしてくれなかった。移動といえば病院と学校の往復のみ。連日テレビから流れるニュースを聞くたびに，私が人並みに生活していけるほど世の中は甘くないということもわかっていた。それでも車いすになった自分の姿でもう一度，外の世界を見てみたかった。そして両親に「貯金が底を尽くまでに就職先が見つからなければ病院に戻る」という条件つきの約束をした。世の中を知らないうえに，ましてや働くなど無謀すぎる条件に「現実の厳しさを思い知れば病院におとなしく戻ってくるだろう」と，両親は承諾してくれた。

　2012年10月（当時22歳），私は約10年間を過ごした病院から外の世界へ飛び出したのだ。

4　地域での生活

　楽しみ，不安，条件つきのプレッシャーが入り混じった気持ちのなか，念願の地域での生活が始まった。部屋探しでは内覧を申し込むと大家さんから車いすという理由で断わられたこともあった。そこはペット可の物件。断られた理由に対して私は床や壁で爪も研がなければ，吠えることもないと納得のいかない部分もあったが，いまとなっては笑い話になっている。

　仕事探しはハローワークの障がい者窓口に行った。手先はまだ自由に動くためPCを使った仕事を中心に履歴書を送ったが，ほとんどが書類選考で不採用という結果だった。仕事以前に身のまわりのことを自力でできないことが大きな壁になっていたと感じている。そんなあるとき，在宅勤務の求人募集を紹介された。この勤務形態ならば通勤することなく自宅で仕事ができるため，これしかないと思った。面接時に物理的にできないことと，できることを包み隠さず伝えた。その日のうちに内定の連絡をもらったときはうれしくて涙が出た。病院を退院してから半年が過ぎたころだった。念願だった仕事ができる喜びと，

もう少し地域で生活が送れる希望が見えた気がした。

5　大きな壁

　しかし，喜びもつかの間。仕事を始めることを区役所の担当者に伝えると
「就労は経済活動にあたるため，その間の介助派遣は認められていない」と告
げられ愕然（がくぜん）とした。就労中のサポートというのは，私のするべき業務を介助者
が手伝うということではない。日常動作的に誰もがあたりまえに行っているお
手洗い，水分補給，気温の変化に合わせた衣服の着脱などは就労中に関係なく
行うはずだ。私の場合それらを自力で行うことができないため，365日介助者
のサポートを受けながら生活を送っている。仕事をすればその間これらすべて
に制限がかかることとなるが，仕事をあきらめるということは私のなかで退院
してきた目的がなくなることであり「このまま病院に戻りたくない」と強く
思った。そして，働くというこのチャンスをいま逃しては，今度いつ自分にめ
ぐってくるかわからないと考え，介助を抜いて仕事をすることを選んだ。

6　テレワーク

　テレワークとはネットが通じる環境であればどこにいても仕事ができること
だ（図3-9-1）。そのため入社した会社にも全国各地に程度は違うが通勤が困難
な重度障がいを持つ社員がたくさん在籍していた。しかし，そのほとんどが家
族と同居をしており就労中に介助者の必要性を感じているのは私を含めてもほ
んの数人程度だった。仕事上ではPCでの事務作業ができれば障がいの有無は
関係ない。こんな私でも人の役に立てるということが仕事をして感じた喜びだ。
一方でいままで以上に体調管理に気を遣うようになった。一人の時間にお手洗
いに行けないため，水分や食事の量は特に注意をしている。保温にも常温にも
飲めるという理由で水筒を利用しているのだが，その蓋がきつく締まっており
自力で開けることができずに水分が摂（と）れないことがあった。こんな些細（ささい）なこと

図 3-9-1　在宅勤務イメージ図

も介助者がいなければあきらめざるを得ないこととなる。一人の時間に体調を崩したこともいままでに何度かあったが，そのときは近所に住む知り合いに助けを求めた。仕事中に介助派遣が受けられない現状を周囲も理解をしてくれていたため，なにかあれば連絡をすることはできる。しかし，その人たちも仕事という保証がされていないため，たまたま家にいれば助けに来てくれるという状況だった。

7　きっかけ

仕事を始めて 5 年目になる 2017 年，転籍の話が舞い込んできた。在宅勤務社員を今後増やしていく会社で，経験者を募集しており挑戦してみたいと思った。しかし，勤務時間がいままでよりも長くなるということが条件であった。ステップアップできる可能性が目の前にあるのに，これ以上介助者の来ない一人の時間を増やすことは精神的にも身体的にもむずかしいことだった。これをきっかけにあらためて就労中の介助派遣の必要性を今度は市役所に直接訴えた。市の担当者と話をしていくなかで「自分たちもあたりまえのように仕事中お手洗いに行き，水分補給をする」と理解を示してくれた。時期を同じくして，あるさいたま市議会議員と知り合うご縁もあった。国が障がい者雇用率を企業に求める一方で，当事者に仕事ができる能力があってもそれに見合うための制度が整っていない矛盾に対し，強い疑問を感じてくれた。この方との出会いが

きっかけとなり，ことは大きく動き出す。

　この問題について多方面から取り上げて頂くこととなり，さいたま市に限ったことではない，この矛盾した制度を根元から変えるべく国に対しての改善が強く求められている。いっぽうで，改善を待つだけでなく 2019 年 6 月，さいたま市では全国に先駆けて「重度障がい者の就労支援制度」の試行運用が開始された。現在は就労中の希望する時間帯に介助派遣を受けながら仕事を続けることができている。今後の課題は全国どの地域にいても仕事ができる環境に，そして重度障がい者にも「働く」という選択肢が与えられる時代にしていくことだ。

　この制度ができるまでに本当にたくさんの方々のご理解とご支援があり，さいたま市を動かす後押しとなったことに，この場をお借りして心より感謝を申し上げたい。

　両親と約束した条件つきの退院から早いもので今年で自立生活 8 年目を迎える。まだまだ地域で生活を続けていきたいと私は思っている。

第**4**章

対人関係の心理

小山　望●編

　本章では対人認知，自己理解，人を好きになる理由，嫌いな人とのつきあい方など，人間関係の基礎理論について学ぶ。

　現在，新型コロナウイルス感染者に対する偏見や差別が問題になっている。本章1節の「対人認知とは」でも取り上げたが，HIV感染症やハンセン病といった感染症に対し，政府や国民の誤解のもとに，長期間にわたり差別が行われてきた。HIV感染症やハンセン病は，すでに治療が可能な病気となっているが，いまも誤った知識を持っている人は少なくなく，HIV感染者やハンセン病の患者・元患者の方々に対する偏見や差別は解消されていない状況にある。同様に，コロナウイルス感染者に対しても，ステレオタイプな見方から，感染者やその家族を差別する事件が起こっている。

　コロナウイルスに感染すること自体も怖いが，感染によって，思いもよらない差別をうけることは二重の苦しみである。コロナウイルスには誰もが感染する。感染者に対する差別は，やがて自分にかえってくる。感染者の多い地域の人を差別することや，このウイルスをチャイナウイルスなどと呼ぶことは，特定の国や地域を差別する温床につながるので慎むべきである。

（小山　望）

1

対人認知とは

小山　望

1　対人認知とは

　人は，誰しも一人では生きていけない。人は，人とかかわって関係を築いたり，関係を維持したりしていかなければならない。人と円滑な人間関係を形成するには，他者をよく理解したり，自分と他者とのかかわりについて自己理解したりすることが必要である。

　私たちは他者との関係において，他者がどのような人物であるか，いまどういった状態にあるかについて強い関心をよせている。また他者との対人関係について悩んだり，考えたりすることも多い。他者に関した情報をもとにして，他者のパーソナリティ，情動，意図，態度，対人関係といった人の内面的特徴や心理過程を推論する働きを「対人認知」という。人は自分なりの「認知」に基づいて，相手を理解したり，相手の将来の行動を予測したりして，その人物に対する接し方を決定していく。

　そういう意味で対人認知は，人の社会的環境への適応にとって，重要な機能を果たしている（林，2001）。

　私たちは初対面の人についても，さまざまな情報を総合して，「この人はこんな性格の人だろう」，「友だちになったら楽しくやっていけそうだ」，「神経質そうな人だな」などと印象形成をしたり，その特徴について判断したりする。

　林（1978）は，人が他者のパーソナリティの認知に働く場合は，(1) 個人的親しみやすさ，やさしさ，温かさ，(2) 社会的望ましさ，誠実性，良心性，信

頼性（3）活動性，外向性，社交性，積極性，自信の強さの3つの次元で判断
していると述べている。

2　対人認知に与える要因

(1) 服装

　人を判断するとき（対人認知するとき），まず見るのが外見である。初対面で
会ったときの相手が，高価な立派なスーツを着ているか，みすぼらしい服装を
しているかで，対人認知は変わる。服装で判断するのはよくないと思いつつ，
どちらの服装をした人の方が信頼できるかと訊かれれば，高価な立派なスーツ
を着た人を選ぶのである。

(2) 顔や体格

　丸顔の人，ふっくらした人は，柔和でやさしい。目の細い人は冷たい。やせ
ている人は神経質だ，と思う。私たちは，相手の外見から直感的に，相手の
パーソナリティを判断してしまいがちである。見た目が格好いい美人や美男な
ど望ましい特徴を持っている人では，性格がやさしい，頭脳も優秀である，仕
事もできるなどと判断し，その人の全体的な評価が高くなってしまう傾向があ
る。これをハロー効果（光背効果）という。

(3) 初対面（第一印象）

　最初の印象は人の認知の判断に強く影響を与えるといわれている。
　外見や最初に話したときの「第一印象」で相手に好感を持たれるとその後の
対人認知にいい影響を与える。一度，いい人だと思いこめば，その人のいい部
分ばかりが目につき，いろいろなことをいい方向に解釈する。たとえ仕事でミ
スしても「初めはわからないこともあるし，仕方がないね」と悪く受け取るこ
とはない。逆に最初に印象が悪いと，その人の悪い部分が気になる。これは，
印象形成における「初頭効果」といわれている。

また反対に「新近効果」といって，その人の情報のうちもっとも最後に受けた情報がいいものであることで，いい印象を持つことがある。人の認知では初めの印象と終わりの印象がとても重要であるということである。

(4) ステレオタイプの印象

　ステレオタイプの印象とは先入感を持って他者を判断することである。ある特定の集団に対する私たちが抱く固定的なイメージを「ステレオタイプ」という。ステレオタイプな認知は，労力や時間を節約して，すばやく印象形成を可能にするので，認知的経済性があるといわれている。いっぽう，このステレオタイプの認知は間違いや誤解を生むことも多く，問題となることがある。ステレオタイプの認知は偏見や差別といった社会問題と結びつく。たとえば，血液型による性格診断では，「A型は，真面目で几帳面」「B型はマイペースで気分屋」という見方をする。真面目な人はO型，B型，AB型にもいる。B型の血液型の人は，「自己中心的イメージ」や「他の血液型と相性が悪い」と差別された見方をされる。血液型によるステレオタイプの認知には，特定の血液型を悪く評価してしまうという問題がある。血液型と性格の関連づけについては，心理学の研究者によって科学的根拠がないことが示されている（大村・浮谷, 2012）。また，偏見や差別の原因となる属性をスティグマという。また，そのような属性をもち，差別される人々をスケープゴート（いけにえ）と呼ぶ。B型の血液型の人は，ある意味でスケープゴートにされている。このようにステレオタイプの印象は血液型に限らず，人種や民族，性別，身体，障害，職業などへの偏見の土壌になりやすく，人の判断における差別意識を生むので注意するべきである。

　たとえば，ハンセン病という感染症がある。ハンセン病の感染力は弱く，また遺伝性がないにもかかわらず，恐ろしい伝染病であるという偏見によって，患者とその家族はスケープゴートにされ，差別されてきた。1996年（平成8年）まで隔離政策により，ハンセン病の患者は強制的に療養所に閉じ込められていたのである。すでに数十年前からハンセン病は薬で完治できることがわ

かっていた。ハンセン病患者は，凶悪な伝染病というスティグマを負わされて
差別され，一般社会から隔離され，療養所に閉じ込められて生涯を送っていた。
河瀬直美監督の 2015 年の映画「あん」はハンセン病の元患者とどら焼き屋の
雇われ店長のかかわりを描いた映画である。かつてハンセン病の患者であった
老女が作るどら焼きの味が評判になり，店には大勢の客が買いに来るようにな
るが，老女がハンセン病ではないかと近所で噂がたち，店の客足が途絶えて，
老女も解雇されるという話である。隔離政策をもたらした「らい予防法」は
1996 年に廃止され，国も 2001 年に患者・元患者に対して謝罪したが，いまだ
にハンセン病は差別と偏見の対象となっている。一度広く行われてしまった差
別や偏見意識を変えることの困難さに，国の隔離政策の恐ろしさをあらためて
感じるのである。

3　対人認知のプロセスとゆがみ

　私たちは，他者に関する情報をすべて活用しているわけではなく，カテゴ
リー化のプロセスを通じて処理していると指摘するのは，フィスクとニュー
バーグ（1990）である。彼らの「連続体モデル」では，他者との出会いから，
段階的・連続的に判断を行うことで対人認知が行われているとする。まず何ら
かのカテゴリー化（たとえば，性別，年齢，所属先）などを行い，そこで相手へ
の関心が高い場合には，相手も持っている具体的な情報をもとに，より詳細に
段階的に検討していくことになる。また相手への関心が低いあるいは自分に
とって重要でない人物の場合は，カテゴリー化もされず，情報収集もストップ
する。相手に関する情報をすべて処理しようと努力するわけではなく，必要が
なければ，判断するエネルギーを節約することがある。特定の集団と結びつく
属性をその集団に属する人が共通に持っているものと信じている特徴のことを
ステレオタイプという。
　「あの人は女性だから……」「あの方は高齢者だから……」「あの方は障害者
だから……」「あの方は母子家庭だから……」などとカテゴリー化して，人を

判断してしまうことがある。私たちは，こうしたステレオタイプの認知をしてしまいがちであるが，これが対人認知における歪みといえるだろう。私たちは無意識のうちに自動的にステレオタイプの認知をして，誤った対人認知をしてしまう危険性を認識しておくべきである。ステレオタイプによる対人認知を用いることで，エネルギーを節約するメリットはあるかもしれないが，いっぽうで問題を生み出す可能性がある。他方，他者を正確に理解したいと思う場合には，カテゴリー化による処理を行わず，個人の情報の一つひとつに焦点をあてた認知をしているということも知られている。自分自身でより相手を正確に理解しようと動機づけることが，対人認知で求められる姿勢ではなかろうか。

【参考文献】

林　文俊．(1978)．対人認知構造の基本次元についての一考察．名古屋大学教育学部紀要, *25*, 233-247.

林　文俊．(2001)．対人認知．中島義明他（編）．心理学辞典．有斐閣

西村洋一．(2008)．対人関係の心理．小山　望（編）．人間関係がよくわかる心理学．福村出版

大村政男・浮谷秀一（監修）．(2012)．人間関係の心理学．メイツ出版

サトウタツヤ・若林宏輔・木戸彩恵．(2012)．社会と向き合う心理学．新曜社

2

自己理解

小山　望

1　自分とはなにか

　自分というのは身近な存在であるが，身近すぎて，かえってわかりにくい存在である。よく自分のことは自分がよくわかっているというが，自分については，案外他人のことより客観的にとらえにくい部分があるといえる。この節では自分をどうとらえ，理解するかを考えてみる。前節で述べたように血液型から性格をとらえようとする問題も，自分のことを理解するうえで，手っ取り早く自分をつかむことからきていた。占いで自分の性格を診断されて，そうだなと思いこんでしまうのも，自分とは何か，自己理解に悩んでいる心理の表れであろうか。

2　20答法

　「20答法」とはアメリカの心理学者クーニとマックパーランド（1954）が開発した性格テストである。このテストでは「私は＿＿＿＿＿＿である。」と下線部分に自分自身にあてはまる特徴を自由に記述するのである。たとえば，「私は宮城県仙台市の出身である。」，「私は会社員である。」，「私は犬が好きである」などと記述する。「私は会社員で，犬が好きである。」のように1つの文章に2つの事項をいれることはできない。所要時間は5分である。

　簡単に書けるようで案外むずかしいと思われる。はじめは簡単にすらすら書

表 4-2-1　20 答法

1	私は _____	である。
2	私は _____	である。
3	私は _____	である。
4	私は _____	である。
5	私は _____	である。
6	私は _____	である。
7	私は _____	である。
8	私は _____	である。
9	私は _____	である。
10	私は _____	である。
11	私は _____	である。
12	私は _____	である。
13	私は _____	である。
14	私は _____	である。
15	私は _____	である。
16	私は _____	である。
17	私は _____	である。
18	私は _____	である。
19	私は _____	である。
20	私は _____	である。

けても，後半になるとなかなか浮かんでこない。15 個目ぐらいから「私は……」と書くことに悩むようになってくるのである。書くことに悩むと本当の自分の姿が見えてくるかもしれない。ふだんは心のなかにしまっている自分の欲求とか悩みなど，抑えていた感情が答えのなかに浮かんできて，書くことにためらいがでてくるのである。この回答法は「投影法」といい，あいまいな図や文章を見せて，その形や図が何に見えるかを問うもので，その回答からその人の欲求とか，性格をとらえるテストである。質問が簡単で回答が規定されていないことから，人は知らず知らずのうちに，自分の本当の姿を回答に投影してしまうのである。投影法には，ロールシャッハ・テスト（インクの染みのような形を見せて何に見えるかを問う性格検査），TAT（図版を示し，これよって空想物語を内的欲求，圧力，解決行動の様式，行動の結末などを分析するテスト）などがあり，これらのテストによって人の精神的な健康状態，病的状態などを把握することができる。

3　ジョハリの窓（The Johari window）

「ジョハリの窓」とは，アメリカの心理学者ジョセフ・ラフトとハリントン・イングラムによって開発された対人関係の図式である。人間には4つの自分があるとして，対人関係における気づきのモデルを示すものである。ジョハリの窓は，対人関係における自己ならびに他者から見た自己の領域を表す概念を示している。自分に関するすべての事柄の領域は「自分が気づいている／自分が気づいてない」と「他者に知られている／知られていない」の2つの次元によって4つの領域に分けられる（図4-2-1）。ジョハリの窓において，隠された領域が大きければ，他者に本当の自分をさらけ出すことはなく，見せかけの自分を演じていることになる。そうなると自分を隠すことに疲れ，対人関係が面倒になるであろう。心が健康な人は，開放領域が広く，他者とも本音でつきあえる。③の領域を小さくして①の領域を拡大することが対人関係の発展や促進になり，心の健康としても望ましい。①の領域を拡大することは，自己開示を積極的に行うことである。自己開示とは，自分に素直に自分のプライベートを話すことである。「私の家族は……」「私はこの間，定期券を落としてしまって，降りる駅でたいへん慌ててしまいました……」「私は蕎麦が好きで，街歩きしながらおいしい蕎麦屋を探しています……」など趣味や家族，仕事のことなどを話すことで，相手との距離も縮めることができ，

	自分が気づいている	自分が気づいていない
他者に知られている	①開放 (Open)	②盲点 (Blind)
他者に知られていない	③隠された (Hidden)	④未知 (Unknown)

図4-2-1　ジョハリの窓（Luft, J. & Ingham, H., 1955）

相手も自己開示しやすくなる。特に自分の悩みや隠しごとを話して相手と情報や感情を共有することは，心の緊張の解放につながるので，カタルシス効果と呼ばれている。カタルシス（catharsis）は，心的浄化ともいい，抑圧されていた感情体験の抑え込みが解かれることである。これには，感情が解放される効果がある。カウンセリングの効果もこのカタルシスである。

　また②の領域は他者とのかかわりから社会的フィードバック（他者からの指摘）によって得られる自己への気づきである。自分は知らずに他者が知っている自分の欠点の部分は，いわば恥ずかしい「裸の王様」状態である。他者からの自分への指摘を謙虚に受け入れて②の領域を狭くし，①の領域を拡大することは，自分の欠点を改善して開放領域を広くすることになり，対人関係の改善につながる。④の領域は無意識の領域である。さまざまな人とかかわり多様な文化と接触し，自分を広げていくことは，④の無意識の世界にも影響を与え，自分の可能性を高めることになる。

4　自己評価

　自己評価に関する概念として「自尊心」がある。自尊心とは，自己に対する全般的な評価のことである。ローゼンバーグ（1965）は自尊心について，「非常にいい（very good）」という側面と「これでいい（good enough）」という側面とがあると述べている。表4-2-2は，ローゼンバーグが作成した自尊心尺度である。

　この尺度は「これでいい」という側面について自尊心の個人差を測定する尺度である。各質問項目に対して，「あてはまらない　1」から「あてはまる　5」の5件法で回答を求める。合計得点の高さは自尊感情の高さととらえることができる。この尺度は特性自尊心と呼ばれる。自尊感情が高い人ほど，自分に肯定的な見方をしている。また自分のことを好いていて，自分には価値があると考えている。いっぽう，自尊心の低い人は，自分に否定的な見方をして，自分は価値のない人間だと思い，自分のことを嫌っている。自尊感情は精神的な健

表4-2-2　自尊心尺度　ローゼンバーグ（1965）（訳は山本ら（1982）より作成）

1	少なくても人並みには，価値のある人間である
2	いろいろないい素質をもっている
3	敗北者だと思うことがある
4	物事を人並みには，うまくやれる
5	自分には自慢できるところがあまりない
6	自分に対して肯定的である
7	だいたいにおいて自分に満足している
8	もっと自分自身を尊敬できるようになりたい
9	自分はまったくだめな人間だと思うことがよくある
10	なにかについて自分は役に立たないと人間だと思う

（注）　3, 5, 8, 10項目は逆転項目

康度や適応性と関連しており，自尊心の高い人は精神的な健康度が高い傾向がある。

　反対に自尊感情が低いと精神的な健康に問題が生じることがある。自分のことが好きでない人は他者を受け入れることができにくく，人とかかわることに不安を多く感じ，人とかかわることをめんどうに思っている。

　自尊感情は自己肯定感と重なる。自尊感情が高い人は，ポジティブな思考をもって生きているが，自尊感情が低い場合は自分を悪く見なしたり，ネガティブな思考になったりしがちである。うつ病になりやすい人は，マイナス思考に陥っていることが多く，対人関係で不適応を起こしてしまいがちである。自尊心が高い人は，人に親切にしたり，喜んでもらえることを進んで行ったりする。「情けは人のためならず」という慣用句がある。これは人に親切にすれば，その相手のためになるだけでなく，やがてはよい報いとなって自分に返ってくるという意味である。人に親切な行為をすることで，人に感謝され，自分の肯定感が高まるから，親切をした人自身の幸福感が高まるのではないだろうか。

【参考文献】

大村政男・浮谷秀一（監修）.（2012）. 人間関係の心理学. メイツ出版
笹山郁生.（2013）. 自己と他者. 上野徳美他（編）. 人間関係を支える心理学. 北大路出版
高橋　悟.（2008）. 自己理解の心理. 小山　望（編）. 人間関係がよくわかる心理学. 福村出版

3

人を好きになる理由，嫌いになる理由とは

小山　望

1　人を好きになる理由

　人はなぜ人を好きになるのだろうか，また人はなぜ人を嫌いになるのだろうかを考えてみる。

(1) 身体的魅力

　男女ともに，魅力的な容姿は好意的な印象を与え，魅力的な容姿を持った人は能力や性格も優れていると思われる。これをハロー効果（光背効果）という。その人物がある優れた特徴を持っていると，他の特徴もいい特徴とみてしまう現象である。これは歪んだ評価ともいえるが，そういうことが起きるのである。特に男性は女性の外見の魅力を重視する傾向があるといわれている。美人を連れていると周囲の人から注目され，女性をとりこにした魅力ある男性としてステータスがあがり，自分の価値があがると思うからだろうか。いっぽう女性は男性の外見よりも経済性を重視する傾向があるといわれる。これは，結婚後の生活の経済的安定性を求めていると考えられる。

(2) 類似性の原理

　人間関係をつくるとき，おたがいに共通点があると，安心しやすい。考え方，趣味，価値観，生活感覚，性格，金銭感覚，生活感覚などが似ていると，たがいに理解しやすくなり，相手に好意を持って，ストレスも少なくなる。人間関

係をつくるときは，まずたがいの共通項を探して，類似性を見つけることから始める。「類は友を呼ぶ」というように，人は自分と共通点を持つ人に親近感を抱く。人は自分に似ている人を好きになるのである。

　初対面で会った人と，趣味の話になり，Jリーグのサッカーが好きでよく応援に行くことを耳にした。好きなチームを訊かれて，「浦和レッズ」と答えたところ，相手も同じ「浦和レッズ」ファンであるとしたら，その場は盛り上がり，親しさが増すだろう。このように考えることができる。

　自分と同じ価値観や考えの人を好きになる理由は，共通項が多いと自分の考えを相手が肯定してくれるからである。自分を肯定してくれる人は好きになるというわけである。

（3）マッチング仮説

　人は自分と釣り合っている人を選ぶ。美女と野獣という組み合わせはない。自分より魅力のない人は自分のプライドが許さないので，選ぶことはない。似ている同士は，マッチングしやすい。身体的な魅力で釣り合った相手を選ぶ傾向にある。外見上の魅力が自分より高い場合，相手に拒否されると自尊心が傷つく。人は無意識に自分に合う相手を選び，高望みはしないようにしているという仮説である。

（4）近接性の原理

　自分の近くにいる人に対しては，好意をもちやすい。アメリカの心理学者ボッサードの既婚カップル5,000組を対象にした研究によれば，婚約していたときの住まいの距離を調べたところ，結婚を決めた時点で，12%がすでに同棲しており，3分の1は，半径5ブロック（約500メートル）以内に住んでいたことがわかった。男女の物理的距離は近いほど，心理的距離は近くなる。逆に二人の距離が離れていればいるほど，結婚にいたる確率が低くなることもわかった。これを「ボッサードの法則」という。このことから遠距離恋愛はむずかしいことがわかる。近くに住んでいると，会いたいときにすぐに会え，会って安

心することができる。また，一緒に食事したりして楽しい時間を過ごせるので，心理的に満たされて，たがいに安心感という「心理的報酬」を手にすることができる。男女の物理的距離の近さには，心理的報酬を得られる効果がある。心理的報酬として，愛情，お金，物品，情報，地位をあげることができる。逆に離れていると，会いたいときに会えないので，安心感も得られない。離れていることで欲求が満たされない状態が続き，心理的報酬も得られずに，男女の関係を維持していくことが，困難になりやすい。

(5) 単純接触の原理

接触する回数が増えれば増えるほど，好感度がアップし，警戒心が薄れる。これが，繰り返し会うほど，好きになる「単純接触効果の原理」である。アメリカの心理学者のザイアンスの実験により，顔写真への接触頻度が増すたびに，写真への人物に好意度が増すことが示された。接触回数が増えるだけで，好意が増すことがあるが，これを「ザイアンス効果」という。CM やテレビ番組で何度も繰り返し目にした商品に対してしだいに好感度が増すということがあるが，それがザイアンス効果である。何度も会っているうちに，相手への警戒心もなくなり，安心する関係になる。この安心感はやがて恋愛感情に発展する。職場結婚とは，同じ職場で好感を持った男女が頻繁に会う機会があって，接触する回数が多いことから結婚に結びつくものである。しかし，第一印象が悪かった場合は，頻繁に会うことは逆効果になるので，要注意である。

(6) 相補性の原理

自分にないものに惹かれることをいう。おたがいにないものを補う関係のほうが仲がよくなり，結婚生活でも，おたがいが補い合う関係のほうが幸せで長続きする。「破れ鍋に綴じ蓋」である。女性であれば，男らしいスポーツマンタイプの男性に惹かれ，男性は女性らしい優しい雰囲気のお嬢様タイプに惹かれるのではないか。自分と違う人にも心を開いていきたい。評判のよい蕎麦屋がある。蕎麦屋の主人は口数も少なく愛想もよくなく，いわば職人気質で，

ぶっきらぼうな人物である。しかし蕎麦打ちの名人で，打つ蕎麦も他店と比べて群を抜いてうまいので，噂を聞いて遠方からも客がくる。店の女将さんは，いつもにこやかで，店に来た客をなごませるので，客との会話も弾んでいる。この店の夫婦のチームワークは抜群である。たがいが補っている点で相補性の原理が働いている。

(7) ロメオとジュリエット効果

　恋愛関係にある男女において親の反対があればあるほど，かえって恋愛感情が高くなることを「ロメオとジュリエット効果」と呼ぶ。障害があればあるほど，二人が助けあって障害を乗り越えようとすることで，愛情が深まるからである。これは心理学的には「心理的リアクタンス」ともいう。何かを禁止されたり，妨害されたりすると，かえってそのことをしてみたくなる心理である。妨害があればあるほど，反発（リアクタンス）が強くなり，恋が燃えあがるのである。

2　人を嫌いになる理由

(1) 相手の嫌な面を自分が持っている

　ユング心理学では，自分のなかで受け入れられない部分や生きてこられなかった面を「影　シャドウ（shadow）」という。これは，自分のなかで嫌いな部分である。他人は自分を映す鏡である。たとえば，弱い自分が嫌いでその部分を受け入れていない人は，気弱な人を見ると，自分を見ているようで嫌いになるのである。生育環境のなかで，繰り返し母親から「人に迷惑をかけるな」と言われて育つと，迷惑をかける自分はダメな人間と思い，迷惑をかける人を嫌うようになる。人に迷惑をかける行為（子どもたちが遊んでいる最中にある子どもが自分の子どもに怪我をさせてしまう，道路を歩きながら大声で騒ぐ，駐車禁止の場所に車を止めるなど）を見ると腹が立ってしまう。しかし，おたがいさまという言葉があるように，人はたがいにお世話をしたり，お世話になったり，

助けてもらったり，助けたりという関係で暮らしているのだから，人間は生きている間は，相互に迷惑をかけることもあるが，それを許し合う寛容性も必要である。

(2) 嫌悪の返報性

　自分と似た人には好意をもち，その人と自然と気持ちが通じて，会話も弾む。しかし自分が苦手な人との会話で，自分が考えていることに反対されたりすると，その人を嫌いになる。相手が何を考えているかわからないと不安になり，嫌悪感が醸成される。相手に批判されたり，嫌なことをされたりすると自分もその相手に嫌な感じを持つという心の動きを「嫌悪の返報性」という。人は自分のことを嫌っている相手に対して嫌悪感をもつのである。人に嫌われないようになるには自分が嫌わないようにすることが一番である。また嫌いになりそうな相手とは，対立しそうな話題は避け，興味がなさそうな話はやめて別の話題にしたりする。相手の興味ある話を選んで会話を進め，相手の考えや意見に同意しながら対立しないようにする。

　一度嫌われると，その後の関係修復が困難になる場合もある。

【参考文献】

大村政男・浮谷秀一（監修）．（2012）．人間関係の心理学．メイツ出版

小山　望（編）．（2008）．人間関係がよくわかる心理学．福村出版

小山　望（編）．（2009）．わかりやすい臨床心理学入門．福村出版

4

嫌いな人とのつきあい方

小山　望

1　嫌いな人はどんな人か分析してみる

　対人関係においては，好意を抱いている人だけでなく，嫌いな人ともかかわらなければならない場面が生じてくる。そこで，嫌いな人とどうかかわっていくかを考えてみよう。誰にでも嫌いな人はいる。嫌いな人，苦手な人とは，自分の心のなかにある受け入れがたい部分を持っている人であると，前節で述べた。とはいえ，会社や職場においてその嫌いな人が上司や同僚であれば，かかわらないわけにはいかないのが現実社会である。

　あなたの嫌いな人はどんな人物か思い出してみよう。過去に嫌なことをして自分を傷つけた人，偉そうに話す人，人の話を聞かないで一方的に話す人かもしれない。嫌な相手のどこの部分が嫌なのか，客観的にみてみる。それが，その人だけ特有のものなのか，だれもが持っているものなのかを，分析してみよう。分析することで，嫌だと思っていた相手に対する嫌悪感が変化するかもしれない。

2　嫌いな感情を受け入れること

　嫌いな相手がいること，その嫌いな感情があることを認めてしまうことである。自分の気持ちを押し殺して生きていると苦しくなる。嫌いな感情があることを受け入れると，心理的に楽になることができる。それは，よいことである。

3　他人は変えられない──相手のいいところを探す

　自分の職場の同僚が苦手だとしても，その相手の感情や意識や行動を変えることはできない。「あの人，もっと人の話を聞いてくれるといいんだけど」，「あの人，怒りっぽい，もっと冷静に話ができないのかしら」「上司なのに，自分をかばってくれない，いつも上から目線で言ってくる，部下に対して思いやりをもってほしい」などと相手に変えてほしいと思っていても，それを変えることはできない。変えられるのは「自分と未来」である。自分の感情や意識，行動を変えることで相手との人間関係を変えていくしかない。相手の嫌いな感情をいったん脇において，相手のいいところを探してみよう。いいところを見つけたら，相手をほめる。相手の意見に賛成する。人間は，賛成してもらう相手には好意をもつものである。またおたがいの共通点を探して，友好的な関係になるように努力してみよう。

4　自分のなかの嫌いな部分を好きになろう

　前節で自分のシャドウと似ている部分を持っている人を苦手で嫌な人と感じると述べた。ユング心理学では自分の影（人生で生かされてこなかった部分）を嫌うだけでなくそれを受け入れて生きていくことで，人間としての幅のある奥行のある豊かな人間になると考えている。シャドウを生かして生きることは，いままでにない自分の力や視野の広い世界を経験することになるかもしれない。他人のなかに自分のシャドウを見て嫌だと思うのは，「投影」という防衛機制である。投影とは自己のなかの受け入れがたい感情や欲求，観念を自分から排除して，他人に位置づけることである。

　派手な服装を着た男性が若い女性とチャラチャラと親しそうにしていたのを見て，軽い男だ，くだらない奴と思ったとしたら，自分でも本当は女性とチャラチャラしたいのだが，それを抑えてしまい，いけないことと思っていること

になる。いままで抑制して殺してきた自分の欲求や感情のなかにも無限の可能性があるかもしれない。悪いことと決めてきた行動や価値にもいろいろな意味があり，それが自分の視野を広げる機会を奪ってきたのかもしれない。頭や心を柔軟にして，自分が避けてきた世界や文化に対して心を開いていくことで，自分の可能性を広げてみることができる。

　また自分の欠点や短所にだけ目が向いてしまっていることもある。短所と長所は表裏一体である。「細かい」のが自分の欠点だとする。「細かい」には，「注意力がある，慎重である，計画性がある」という面がある。つまりそれは長所である。「気が短い」であれば「急いで処理する，機敏に行動する，まずは行動してから考える」という長所がある。自分の短所をマイナス思考でとらえてしまうと，自分がダメな自分に見えてくるので，長所に目を向けてみよう。短所を生かすことはシャドウを生かすことになる。自分の嫌いな部分が好きになれば，人間関係で嫌いな人も嫌いではなくなることがある。

5　できるだけ距離をおいて，深くかかわらない

　嫌いな相手とは距離をとり，礼儀正しくして挨拶もきちんとする。与えられた仕事はする。親しい関係を表す表現は避け，ていねいな表現で話す。そうすることで，距離をおいていると相手も理解する。そのことで，余計な衝突や対立をおこすことが避けられる。距離をおいた関係を保ち，仕事上最低限のかかわりにする。仕事だからと割り切って，役割をこなす。プライベートな関係には踏み込まない。親しい関係にはならず，一定の距離を保って，かかわるようにする。

6　嫌いな相手を無理に好きになる必要はない

　嫌いな人がいることを素直に受け入れよう。嫌いな人がいることは自分を責めることにはならないし，またそれは恥ずかしいことでもない。無理に好き

になる必要はなく，そのままにしておくのだ。嫌いな相手を好きにならないことで，心は楽になる。嫌いは嫌いなままとして，ありのままの自分で生きていく。自分の心のあるがままに生きていると心は穏やかになるのである。

【参考文献】

榎本博明．（2003）．図解でわかるはじめての自己分析．日本実業出版社
小山　望（編）．（2008）．人間関係がよくわかる心理学．福村出版
サトウタツヤ・若林宏輔・木戸彩恵．（2012）．社会と向き合う心理学．新曜社
渋谷昌三．（1996）．心理学雑学事典．日本実業出版社

第 5 章

対人援助
カウンセリング理論と技法

富田悠生 ● 編

　カウンセリングを求めてやってくるクライエントは，さまざまな背景やきっかけによって「人として尊重され，生き生きと社会に参加する」という感覚を失っていることが多い。通常カウンセリングでは，アセスメントを経て見立てがなされ，それをもとに何らかの対応が行われるが，その目的は，自身が社会に受け入れられていると感じられなくなっているクライエントが共生社会に復帰するのを支援することだといいかえることができる。

　カウンセリングでは，クライエントのニーズや病態の重さに応じて，さまざまな援助技法が形作られ実践されている。本章では，フロイト，ユング，ロジャースといった主要なカウンセリング理論に加え，近年注目度が高まっている認知行動療法，集団による心理劇を応用したロールプレイングについて紹介する。さらに，カウンセリングを実践する際に留意する事柄やアセスメントの手法についてもまとめている。

（富田悠生）

1

フロイトの理論と技法

富田悠生

1　はじめに

　フロイト（Freud, S.）によって創始された精神分析は，その後，クライン（Klein, M.）やビオン（Bion, W.）らによって洗練され，今日にいたっている。精神分析の大きな特徴は，無意識を想定しているという点である。精神分析では，人間の意識の領域の奥底には広大な“無意識”の領域があり，さらに意識と無意識の間には“前意識”という領域があって，きわめて限定的な領域だけが“意識”であると考える（局所論）。前意識とは，意識を向ければ思い出したり，認識したりできる領域である。また，人間は規則を遵守し倫理を重んじるという“超自我”の部分，快楽原則，すなわち欲望に従う“エス（イド）”の部分，超自我とエスにはさまれ両者を現実的に調整する“自我”の部分で構成される心の構造を持っていると考える（心的構造論）。

2　精神分析的アプローチの実際

　精神分析では，週4日以上のセッションにおいて，カウチ（長椅子）に仰臥した患者が自由連想を行い，分析家はそれを解釈する。いっぽう，週3日以下の頻度でセッションがなされる場合は，これを精神分析的心理療法あるいは力動的心理療法と呼ぶ。本邦では，来談者の現実的な都合による影響も大きく，精神分析理論を援用した週1回の精神分析的心理療法の実践が中心となってい

る。

　精神分析的心理療法を含めた精神分析的アプローチにおいては，"転移／逆転移"の理解とその解釈が重要視されている。転移とは，「誰か過去の人物を分析者という人物によって置き換えられた（Freud, S., 1905）」ものであり，「現在のある人物に向けられながら，その人物に向けられることが不適切であるような，感情，欲動，態度，空想や防衛であり，幼少期の重要な人物に関連する起源をもつ反応の反復，置換である（Greenson, R., 1965）」とされている。つまり，クライエントが治療者をクライエント自身の内的対象（多くの場合，主要な養育者）かのように見なしてしまう現象である。転移を分析し，解釈することは，「最も効果的である」（Strachey, J., 1934）と考えられている。

　いっぽう，逆転移とは本来，治療者がクライエントに向ける転移であり，当初は治療者側の抵抗としてとらえられ，訓練によって抑制されるべきものとされていた。しかし，のちにハイマン（Heimann, P.）によって，逆転移を有効に活用する視点が提出され，現在ではクライエントに対する治療者の情緒的反応は，もっとも重要な道具の一つであるととらえられている。

3　架空事例（導入）

　心理療法開始時20代の女性クライエントは，初回面接にて「もっと人間らしくなりたい」と語った。彼女の語る話には多くの人物が登場し，その人物たちが複雑に関係しあっていた。彼女は自分がいかに他者から攻撃され，虐げられているかを詳細に述べた。しかし，治療者からすると本当に彼女の言うとおり，近隣の住人や親戚が彼女を非難したり，追い回したりといった嫌がらせを加えているのか，懐疑的な気持ちになることも多かった。つまり彼女の話は，大げさとも取れる内容だったので，治療者に，かえって信じがたい気持ちを喚起したのだった。

　資産家の家に生まれた彼女には，幼少期からほしいものは何でも与えられた。しかし，両親は手がけている事業にかかりきりであり，彼女を含む子どもたち

の世話まで手が回らなかった。さらに，事業の後継者となりうる男児のきょうだいと対照的に，彼女は熱心に教育をされることはなかったという。彼女は，幼児期，手をつなごうと差し出した手を母親に払いのけられたことを覚えている。小学校に入学してまもなく，彼女は級友からいじめを受けはじめた。靴を隠されて裸足（はだし）で帰宅したり，教科書を捨てられて買い直したりすることもあった。彼女はこの惨状を訴えたが，両親は多忙ゆえに彼女の話を十分に聞くことはできなかった。

　20代となった彼女に，母は地元有力者との縁談を用意した。彼女は，相手男性との交際時期からすでに気が進まなかったが，母もまた嫁ぎ先で苦労しながら地位を築いてきた人物であったので，母の説得に応じて結婚する。しかし，相手男性は女性関係にだらしがなく，姑も生活態度に非常に厳しい人であった。1年の結婚生活を経て，耐えきれなくなった彼女は離婚を決め，実家に戻ってきた。しかし戻ってきた娘に対して，なぜ耐えられなかったのかと母は説教した。

　30代となったころ，彼女は再婚して一子をもうけるが，ママ友同士の関係に悩み，心理相談室に来談したのだった。

4　架空事例（導入）への考察

　クライエントは，治療者に自分の苦しみを訴えたが，治療者には彼女の話がやや誇大的に聞こえてしまい，本心からそのつらさを理解することがむずかしかった。この事例における転移とは，「どうせ自分の話は聞いてもらえない」という体験に基づく関係性である。彼女からすれば，治療者は母親と同様，自分が懸命に伝えようとする話を聞いてもらえない存在であった。このような幼児期の主要な対象との関係性の反復は，"再演（エナクトメント）"と呼ばれることもある。転移は，無意識的な態度や行動であるので，防ごうと思って防げるものではない。むしろ，治療者自身の感覚を振り返りながら，"いま，ここ"の関係で生じている何かをつかむことが肝要である。

　このときの治療者の逆転移とは，クライエントの話を聞こうにも，話のテーマがあちこちに飛んでしまうので，「煙に巻かれる感覚となってしまって，結局理解できない」というものであろう。治療者のこの感覚は，母親が彼女に対して抱くものと同質である可能性がある。

　治療者は，これらの転移／逆転移に基づく関係性をクライエントに伝達する。これを「転移解釈」という。

5　架空事例（治療の展開）

　毎回のセッションでクライエントは，治療者に対して日々の生活の不満を訴え続ける。それは，ほとんどが被害的な訴えであったが，治療者には理解されないという感覚をふくらませた。彼女は，治療者にわかってもらえないという気持ちが積み重なると，高額な衣服などを買って気をまぎらわせていた。彼女は，物質的な満足によって，自身の欲求不満を満たそうとしていた。

　いっぽう，治療者はいっこうに治療が展開しないことを気にするようになり，それまで週1回だった精神分析的心理療法の頻度を増やすことを考えはじめた。しかし，それは治療者自身がクライエントと同様に“物質的な”解決を求める態度でもあった。そのことに気づいた治療者は，「物質的条件による解決は行わない」とクライエントに告げた。

　クライエントの話は，以前よりもまとまりをみせるようになり，内容がよく伝わってくるようになった。同時に，クライエントは治療者に対する直接的な不満を述べはじめた。それは，とても辛辣なものだった。

　治療者は，「どうしてわかってくれないのか」，「わかってくれないことで自分を一人ぼっちにさせている」といったクライエントから向けられる不満を受け止めつづけた。治療者は，「私が母親と同じように，話を聞くことができないと感じているのだろう」と解釈した。クライエントは，いつの間にか治療者は話を聞いてくれない人，と認識していたことに気づき，「実際には毎回のセッションできちんと耳を傾けてくれていたかもしれない。なぜ自分はそんな

ふうにしか考えられないのだろうか」と自分の考えに疑問を持ちはじめた。そして，治療者と母親は異なった存在であることに気づいた。

　その後，クライエントは「母親もまた，子育てと事業経営を両立させるために多忙だったかもしれないが，女性として必要な教育を施してくれていた。自分のことを考えてくれていた」と母親の別の側面に気づき，同時に，「自分はこれまで母親を傷つけてしまっていたかもしれない」と罪悪感を抱くようになった。

　クライエントは自分を攻撃してくると思っていた相手が，じつは自分のことを心配していたことに気づき，加えて自分は相手に対する気づかいが足りなかったかもしれない，と内省するようになった。クライエントは，母親との関係だけでなく，通常の人間関係にもストレスを感じることが減った。

6　架空事例（治療の展開）への考察

　自分のなかにある感情を相手に投げ入れる，という現象のことを“投影同一化”という。経過のなかで，クライエントが高価な品物を購入することで得ていた刹那（せつな）的な満足は，物質的な条件に頼った方法であった。これがクライエントから治療者に投げ込まれ，治療者もまた，セッション頻度を増やすという物質的な対応をしようとしていたのだった。

　また精神分析的心理療法においては，転移解釈を経て，治療者をクライエント自身の内的対象（多くの場合，主要な養育者）かのように見なすというある種の幻想から脱することで展開する。クライエントは，これまで一面的にしか見ていなかった内的対象の別の側面が視野に入るようになる。すると，相手を誤解していたことによる罪悪感が生じ，一時的に抑うつ的にもなる。抑うつから回復する過程で，相手に対する慈悲の心が育（はぐく）まれ，相手や状況を多面的に見ることができるようになる。このようにして心的成長がなされると考えられている。

【参考文献】

Freud, S. (1905). *Fragment of an analysis of a case of hysteria. SE* XI, Hogarth Press.

Greenson, R. (1965). The working alliance and the transference neurosis. *Psychoanalytic Quarterly. 34.* 155-181.

Strachey, J. (1934). The Nature of the Therapeutic Action of Psycho-Analysis. *International Journal of Psycho-Analysis. 15.* 127-159. (ストレイチー, J. 山本優美 (訳). (2003). 精神分析の治療作用の本質. 対象関係論の基礎――クライニアン・クラシックス――. 4-58. 新曜社)

2

ユングの理論と技法

富田悠生

1 はじめに

　万人に当てはまる一般的な治療技法があるわけではなく，個々のケースに適した一回的なものが探索されてゆかねばならない（大場登，1992）。これがユング（Jung. C. G.）派の基本的な考え方である。同様のことは，夢分析についても強調されている。つまり，夢のなかにあるイメージが出てきたとしても，それは夢をみた人（夢見者）がどのような問題を抱え，どのような性格傾向を持ち，どのような生活史的な背景を持っているのか，どのような意識状態でいるのかによって，多種多様な解釈可能性が存在しているとユング派では考える。

　自身がユング派の分析家である河合隼雄（1967）は，分析について，「ユング派の人たちは，まったく個性的で自分に応じ，患者に応じて方法がまったく一定していない」と述べている。河合によれば，ユング派の夢分析では積極的に夢を報告するよう求められるが，解釈はほとんどなされず「夢の材料がそのまま，意識の状態に照らして慎重に組み立てられる」という。

2 ユングの夢分析

(1) 連想

　「夢見者」の意識状態に注意を払う意味でも，夢分析にあたっては，まず夢の個々のイメージに対して，夢見者にどのような連想が浮かぶのかを問う。

(2) 夢のシリーズ性

　夢を夢見者なしに検討していくことが困難であることと同様に，たった1つの夢だけを取り上げることはできないとされている。夢のなかに同じテーマが連続して現れた際は，その意味がつかみやすくなる。

(3) イニシャル・ドリーム

　心理療法や分析の初期に報告された夢は，その治療過程の全体を予見的に表現していることがある。したがって治療初期に報告される夢は，イニシャル・ドリームとして重要視される。いっぽう，治療の終結のころにこれまでの治療過程を振りかえったり，治療者からの独立を暗示したりするような夢が現れることがある。これはターミナル・ドリームと呼ばれている。

(4) 補償と現実直視

　補償は，ユングの無意識論および夢理論において重要な位置を占める考え方である。意識はともすれば偏った傾向をもつものであるが，無意識にはこの意識の偏りを補償・修正する機能が蓄えられているとする考え方である。ユングによれば，夢には無意識がもつ補償機能が表現されることが多いという。

　また，夢は夢見者の意識的傾向を拡大して反映することがあり，夢を通じて意識化された事項を吟味することによって，夢見者は自分の態度や行動を顧みるという現実直視がなされることもある。

(5) 客体水準と主体水準

　夢のなかにある人物像が出現した場合，この人物像を夢見者の実際の外界に存在する人物そのものとして検討していく場合，夢の人物像は客体水準の解釈によって表現されているとみなす。一方，夢の人物像を，その人物像によって象徴されるような，夢見者自身のこころのなかの傾向として捉える場合を主体水準の解釈とみなす。ユングは，心理療法における夢の理解に際しては，クライエントの主体水準の解釈を重視した。

(6) 転移

　クライエントの内的な対象関係が，治療関係に現れるという考え方である。治療経過のなかでクライエントの内的な母親／父親像が治療者と重なって表現されたり，夢に登場する人物として現れたりする場合がこれにあたる。転移の視点と上記の主体水準／客体水準は合わせて検討される。

(7) 増幅（拡充法）

　夢に現れてきたイメージに対して，治療者の方がこれに対応するような神話や昔話のようなモチーフを導入して，夢のイメージを増幅，拡充することをいう。増幅（拡充法）は，夢分析に特徴的な技法であるが，知的な作業となって，クライエントの内的表現とは離れてしまう可能性もあり，注意が必要である。

3　ユングの分析心理学

(1) 個人的無意識と普遍的無意識

　ユングは，無意識を層に分けて考え，個人的無意識と普遍的無意識とに区別している。個人的無意識とは，意識内容が強度を失って忘れられたか，あるいは意識がそれを回避した（抑圧した）内容，および意識に達するほどの強さは持っていないが，なんらかの方法でこころのうちに残された感覚的な痕跡の内容で成り立っている。いっぽう，普遍的無意識とは，個人的ではなく人類に，むしろ動物にさえ普遍的なものであり，個人のこころの真の基礎であるとする。

　人間の無意識の奥深くに，このような人類に普遍的な層があると考えるのは，ユングの特徴であるが，このことはユングがフロイト（Freud, S.）と訣別する原因となったと考えられている。この普遍的無意識の内容は，神話的なモチーフなどから成り立っているが，それは神話やおとぎ話，夢，精神病者の妄想，未開人の心性などに共通に認められるものである。

（2）元型

　ユングが元型について初めて言及したのは，1919 年であった。それ以前はそれを原始心像と呼んでいた。しかし，後年ユングはこの二者を区別して使用するようになり，元型は仮説的な概念であって，こころの奥深く隠されている基本的要素であり，原始心像はそれの意識への効果，すなわち意識内に浮かび上がってきた心像を指しているとした。つまり，元型そのものは意識化されることがなく，不可視の接点のようなものであり，その表象としての原始心像と区別することが必要であるとした。

　多くの元型のなかで人の個人的な心的内容と関連が深いものに，影（シャドウ）がある。影は，その個人の意識によって生きられなかった反面，その個人が認容しがたいとしている心的内容であり，その人の暗い影の部分をなしている。たとえば他者を攻撃するとか，下品な言動をするとかといった行動やその動因となるこころの要素は，社会的に悪とされているが，それが影としての部分である。このように，ある程度万人に共通する影もあるが，個人的な色彩が濃い影もある。ユング（1972）が「生きた形態は，塑像として見えるためには深い影を必要とする。影がなくては，それは平板な幻影に過ぎない」と述べているように，人は影によって立体的な人らしくなると言えるだろう。

（3）ペルソナとアニマ・アニムス

　ユングは，人は外界のみならず内的世界に対しても適切な態度をとらなければならないとし，それらの元型として存在する根本的態度を想定した。そして，外界に対するものをペルソナ，内的世界に対するものをアニマと定義づけた。

　ペルソナとは，仮面を意味する。人は社会で生きるために仮面を必要とするが，その意味で仮面は，社会適応のための元型と考えられる。ペルソナは外界適応のために必要なものであるが，あまりに強すぎると内的に疲労する。ペルソナは，一面的で硬化したものではない。環境が変化するにしたがって，外界から期待される役割も異なるのであるから，それにしたがってペルソナの種類も変えていかねばならない。ペルソナを発達させることを怠る人は，外界と摩

擦を起こしやすくなってしまう。

　アニマ（アニムス）は，ペルソナと相補的に働き，こころの内面の適応と関連する。男性においてペルソナは力強さや論理性，冷静さといったいわゆる男らしさとしての性質をもつ。非常に男性的な強い男が，内的にはいちじるしい弱さを持っていることがある。一般的に男性に望ましいとされる外的態度から閉め出された面が心像として現れるとき，女性像としての形をとる。これがアニマである。いっぽう，女性では，女性に対して期待される優しさや従順さ，母性などがペルソナとなるが，そこから閉め出された男性像がアニムスとされている。アニマとアニムスは，こころの内にあって人間の行動に影響を及ぼす。それらは，意識的な態度に欠けている機能を含んでいるので，思いがけない働きをすることになる。

【参考文献】

Jung. C. G. (1956). Two essays in analytical psychology. *The collected works of C. G. Jung.* vol. 7.

河合隼雄 . (1967). ユング心理学入門. 培風館

大場　登 . (1992). 氏原　寛・成田善弘・東山紘久・山中康裕（編）. 心理臨床大辞典. 培風館

3

ロジャーズの理論と技法

小山　望

1　ロジャーズのカウンセリング理論

　カール・ロジャーズ（1902-1987）のクライエント中心理論，マズロー（1908-1970）の自己実現理論は，人間性心理学の開拓に貢献した代表的な理論である。人間性心理学は，精神分析と行動主義に対抗して「第三勢力の心理学」として旗揚げされた，人間性を重視した心理学である。ロジャーズはクライエント（来談者）とカウンセラーの「リレーション」を重視した立場で来談者中心理論を提唱したアメリカの心理学者である。ロジャーズは人間（有機体）は先天的に成長，自律性，独立への欲求を持っており，自己実現に向けて成長していくと考えている。彼の人間に対する見方は，楽観的であり，フロイトにみられるような原罪的な悲観論とは対照的である。カウンセリングの使命はこの成長と可能性の実現を促す環境をつくることである。自分自身を受容したときに，人間には変化と成長がおこる。彼はクライエントをあるがままに尊重し受容的・共感的な態度をとることこそが大切だと強調している。

ロジャーズの唱えた3つの条件　（カウンセラーのとるべき姿勢）

(1) 無条件の肯定的関心：相手の存在をそのまま，条件をつけずに，そのまま肯定し尊重すること。
(2) 共感的理解：相手の立場にたって，相手の心の内側で生じている感情を聴きとろうとする聴き方である。相手の主観的体験を尊重し，相手の内的枠

組みをあたかもその人自身であるかのごとく，相手の感情と意味を正確に感じとることである。

(3) 自己一致：カウンセリングは，カウンセラーが共感的理解をして，クライエントが自己不一致の状態から，自己一致できるように支援することがねらいである。しかし，カウンセラーがクライエントの話を聴きながら，すべて肯定的になれるものではなく，自分の感情が否定的になったときに，クライエントへの尊重をもちつつ，それを注意深く表現することである。カウンセラーの自己一致とは，自分の感情と体験の不一致をクライエントに隠しごとをせずに，透明にすることである。しかし，その感情をすべてクライエントにぶつけてしまうことではない。

2　自己不一致と不適応のパーソナリティ

　ロジャーズは自己概念と経験の不一致の状態は，不適応に陥ったパーソナリティであると考えた。自己概念と経験の不一致の状態は，経験に合うように自己概念を柔軟に変えていくことが，適応的なパーソナリティであると考えた。図 5-3-1 で説明する。

　自己概念とは，自分で思っている自己のイメージや自分で意識している自分である。たとえば，自分は仕事には自信があり，仕事ができるという自己概念があるとする。しかし，取引先との関係で自分のミスで会社に大きな損害を与えてしまった。この失敗経験は，仕事ができるという自己概念と合わなくなってしまった。しかし自己概念は変えずに，経験のほうを否認してしまえば，自分は失敗していないし，失敗は認めないという A の領域の否認になる。また自己概念と合わない経験は，事実を歪めて認識される。C の領域の否認で，自分のミスではなく，取引先の相手のミスでそうなったと思うことである。自己概念と経験が一致しているのは，B の領域である。また成績が優秀であるという自己概念を持っている大学生が試験で不合格になり単位を落としてしまったとする。この学生は，試験を受けなかったので，単位を落とした（否認），試

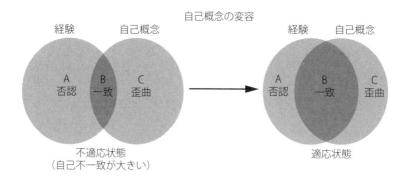

自己概念の変容

図 5-3-1　自己不一致と自己一致（Rogers, 1951）

験は受けたが，体調悪く途中で退席してしまった（歪曲）などと思いこむこと
で，自己概念に固執してしまうのである。そのことで自己不一致状態になって
しまう。自己不一致状態を自己一致状態にいたらしめることがクライエント中
心理論におけるカウンセリングの目的である。自分の経験と自己概念が一致で
きるように，自己概念を見つめなおして，自己をありのままに受けいれるよう
にすることである。不適応の状態はBの領域の自己一致状態が狭く，自己不
一致状態がほとんどで，心理的に不安が高く，苦しい状態である。この状態か
ら自己一致状態を広くするために，自己体験に応じた自己概念をもつようにな
れば，自己一致状態が広がり，健康的なパーソナリティとなるのである。

　自己一致状態は，体験に対して開かれていることが条件である。自分は仕事
ができるという思いこみがあったが，失敗したことで，人生において失敗する
こともあることを経験し，より人間的な成長したパーソナリティに変化してい
くことができる。クライエントはカウンセラーの許容的な雰囲気のなかで自分
と向き合い，自己が経験した内容を自己概念に受け入れるようになり，自己一
致しやすくなるのである。「自分はこうあるべき」「自分はこうしたい」という
理想の自我はあっても，現実の自我はそうではない。現実の姿や状況を直視し
て，それを受け入れた自己概念に変化していけるようにカウンセラーはクライ
エントを批判せずに受容していくことで，クライエントも自分への気づきや洞

察がうまれてくる。

　クライエント中心理論のカウンセリング技法は以下のとおりである。

(1) 受容

　クライエントの話を批判せずに，許容的な態度で話を傾聴する。自分の考え
や価値観をいったん置いて，相手の世界に入っていく。「そうですね」「そうな
んですね」「なるほど」などの応答になる。以下は相談室に来談したクライエ
ントとカウンセラー（Co.）の会話である。

　　　クライエント：最近，会社に行こうとすると，頭痛がして，行きたくなく
　　　　　なってしまうんです。
　　　Co.：そうなんですね。会社に行こうとすると，頭痛がしてしまうのです
　　　　　ね。
　　　クライエント：会社の上司が私にきつく責めるような言いかたをするので，
　　　　　会社に行こうとすると上司の顔が浮かんできて行きたくなっててし
　　　　　まうんです。
　　　Co.：なるほど，会社の上司の方が，責めるような言いかたをするんです
　　　　　ね。確かにそうだと会社に行きたくなくなりますね。

(2) 繰り返し

　繰り返し　クライエントの話を聞いて，ポイントを投げ返す，クライエント
の話で，重要と思われるポイント，単語，フレーズをもう一度繰り返す。繰り
返しは，カウンセラーが話を聴いていることを相手に伝えることになる。クラ
イエント自身も自己理解が進んでいくのである。

　　　クライエント：私は，将来のことを考えると，この会社にいるのが不安で
　　　　　たまらないんです。
　　　Co.：不安でたまらないのですね。
　　　クライエント：先日も同僚が退職して，別の会社に移ってしまいショック
　　　　　でした。売りあげが落ちているので部署によってはリストラが始まる

というううわさです。

Co.：リストラが始まるというのは，それは不安になりますね。

(3) 支持

　支持　クライエントの話に肯定や承認を与えることである。相手の気持ちや感情に同調する気持ちを伝えることである。その際に同調できないことまですべて同調することではない。相手の気持ちを肯定していることは態度や雰囲気でも伝わるものである。肯定してもらうことで，相手も前向きな気持ちになれる。

　　クライエント：私は大勢の前では，あがってしまうんです。

　　Co.：誰でも人前にでると，緊張してしまいますよね。

(4) 質問

　質問　クライエントの気持ちや感情，思考の展開を助けるために，質問をする。質問には，オープン・クエスチョンとクローズド・クエスチョンがある。オープン・クエスチョンとは，クライエントが自由にいろいろな表現をすることが可能な聞き方である。日曜日はどんなことをして過ごしますか，どうしてそう感じられたのですかなど，カウンセラーがクライエントの気持ちを理解するために行う質問である。クローズド・クエスチョンは，はい，いいえで答えるような質問である。スポーツは好きですか，食欲はありますかなどの質問である。

　質問によって，相手に関心を示すことになり，リレーションをつくるきっかけになる。いっぽうで質問ばかり続くと，取り調べられているようになり，相手を追いつめてしまうので，留意する必要がある。

オープン・クエスチョン（開かれた質問）

　　Co.：昇任試験に落ちて，どんな気持ちですか。

　　クライエント：がっかりして，情けない。

　　Co.：会社ではどんなふうにふるまっていますか。

クライエント：仕事していても，落ちたことが，気になって集中できないのです。

Co.：上司とぶつかったのはなぜです。

クライエント：僕のことを馬鹿にしたからです。

Co.：上司はあなたになんて言ったのですか。

クライエント：仕事上のミスをみんなの前で言いふらし，無能呼ばわりをしたのです。

Co.：それはひどいですね。そんなこと言われたら誰だって腹も立ちますね。

クローズド・クエスチョン（閉じられた質問）

Co.：毎日睡眠はとっていますか。

クライエント：いいえ。

Co.：食事はちゃんととっていますか。

クライエント：いいえ。

(5) 明確化

明確化　クライエントの感情や思考を整理して，明確にする。クライエントが，まだ自分の感情を表現することができない部分をカウンセラーが，先取りして「あなたの感じている気持ちは……ということでしょうか」と確認をこめて伝えることである。そうすることによって，クライエントは，カウンセラーにどこまで伝わっているかを確認することもできる。クライエントが漠然としていて，意識化していない感情をカウンセラーが的確にクライエントに伝えることは，クライエントの信頼感を高めることになる。

クライエント：先生は，いつも明るいですが，なにか秘訣がありますか。

Co.：なにか心配事でもありますか。

クライエント：私の友だちのご主人は奥さんが忙しいと，自分から進んで家事をやるそうです。

Co.：あなたのご主人は，あなたが忙しいときでも，家事に協力的でないのですね。

【参考文献】

小山　望（編）．（2009）．わかりやすい臨床心理学入門．福村出版

Rogers, Carl. (1951). *Client-Centered Therapy: Its Current Practice, Implications and Theory.* London: Constable. (ロージァズ, C. R.　伊東　博（編訳）．（1967）．ロージァズ全集第8巻——パースナリティ理論——．岩崎学術出版社)

下山晴彦（編）．（2003）．よくわかる臨床心理学．ミネルヴァ書房

4

認知行動療法

小山　望

1　はじめに

　認知行動療法は，行動療法と認知療法をイギリスの臨床心理学者のデビッド・クラーク（Clark, David A.）やポール・M・サルコフスキス（Salkovskis, Paul M.）らが統合し，うつ病の治療として普及した心理療法である。行動療法は 1950 年代にスキナー，アイゼンクらによって体系化された行動変容を目的とした心理療法である。

　アメリカの精神科医のアーロン・ベック（Beck, Aarlon. T.）は 1970 年代に，うつ病の治療に認知療法を創始した認知療法家として有名である。長年精神分析療法を試みていた彼は，ある女性の患者に自由連想法を実施しているうちに，報告されない思考の流れがあることに気づいた。その観念の注意を向けて患者に報告をしてもらううちに，患者自身が面接中に感じていた不安を理解できるようになったことから，自動思考（automatic thought）の存在に気づいたのである。ベックは患者に「あなたが不快な気持ちを体験したときは，必ずその気持ちの直前に体験した考えを思い出すようにしてください」という指示を与え，こうした思考を自動思考と名づけた（ベック, 1990）。

　認知行動療法は，人間の思考（認知）が感情と行動に影響を与えることから，感情の混乱をコントロールするために認知を変容させる心理療法である。これはアメリカ，イギリスでは，うつ病や不安障害の治療に最も選択されている心理療法である。わが国でも 1990 年代から認知行動療法に関心をもつ臨床心理

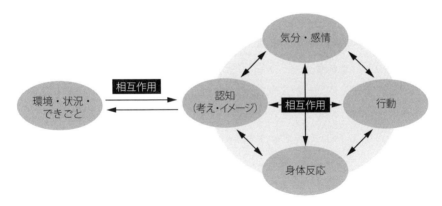

図 5-4-1　認知行動療法のモデル図　（伊藤絵美，2005）

の専門家が増えて，2000年以降一気に広まってきた。認知行動療法は心の病だけではなく，ストレス対応のスキルとして，心の健康のために用いられている。

2　認知行動療法とは

　認知行動療法とは，不安やうつなどのネガティブな感情状態に大きく影響を与える考えや信念，態度を変容させるためのシステマティックな心理療法である（図5-4-1）。基本的な考え方は，「私たちの考え方が私たちの感じ方に影響をする」ということである（クラーク，ベック，2013）。つまり考え方を変えることによって感じ方も変えることができるということである。就職面接を控えた学生が，同じ環境に置かれても考え方によって，感情が異なることがわかる。考え方がネガティブなものだと，不安や緊張が高まるが，考え方次第では感情

表 5-4-1　できごと－考え－感情

人生のできごと	考え	感情
就職面接がある	落ちたらどうしよう。	不安が出て，体が緊張してきた。
就職面接がある	面接の準備はしっかりできている。	いつもどおり，落ち着いている。 やるだけの準備はした。大丈夫であろう。

にも影響が出る（表 5-4-1）。

　まず，その個人が置かれた状況でどうして，何が起きたかである。その個人に起きたできごとはどういうものか，それをどう認知して，その結果，どんな感情が起こり，身体反応がどうなったか，どんな行動が起きたかである。できごとをどう認知したかで，どんな感情が生じて，同時に身体反応も起こり，結果としてどんな行動が起きたかである。

　例で示す。

　採用面接の日に電車が事故で遅れて，面接に間に合わないというできごとが起こったとする。認知に「もう間に合わない，ダメだ，落ちたという，運が悪い」などの考えが浮かんだとする。その結果，感情は焦って不安になり，身体反応はお腹が痛くなり，行動はトイレに駆け込むという結果になったとする。しかし，認知が「電車の遅れは自分のせいではなく，やむを得ない，面接する会社にすぐに連絡をして，指示を仰ごう」となった場合は，感情は少し不安が収まり，行動では電話連絡をするということになる。

3　自動思考とは

　自動思考とは，何か起こったときに，ぱっと浮かぶ考え（心の声ともいう）である。この自動思考が歪んだ思考であると，感情や行動に悪い影響を与える。自動思考の根底にあるネガティブな中核的な信念をスキーマという。スキーマとは，考え方の癖である。自動思考について，クライエントとカウンセラーが対話しながら，その根底にある中核的な信念を探りだすことをソクラテス的質問法という。いろいろなできごとに起きる自動思考を手がかりにして，クライエント自身で自分の考え方の癖や歪みに気づくようにすることがねらいである。

　例で示す。

できごと：26 歳の男性会社員　有名大学卒。大手の会社に勤務している。ある日の会議で，企画を提案したところ，上司にさんざんに叩かれ，落ち込んでしまった。会社も休みがちになって，会社をやめたいと思っている。

表 5-4-2　コラム表の例

できごと	自分の企画を上司にひどく批判された。
感情	落ち込んだ。腹が立った。
自動思考	上司に批判されたので，自分はもうだめな人間だ。みんなもだめなやつだと見ているだろう。
より適切な考え	上司が批判するのは，私だけではない。ほかの部下を批判しているのも見た。批判したのは，期待しているからかもしれない。一度批判されたからといってもダメでない。準備不足もあった。次回は反論されても対応できるようなデータを用意しておこう。次回はがんばろう。

自動思考：上司に叩かれ，もう終わりだ。自分はダメな人間だ。みんなも俺を馬鹿にしているだろう。

感情：恥ずかしい，めげた，みんなの前で批判された。

行動：会社に行きたくない，会社をやめたい。

スキーマ：批判されるなんてダメな人間だ，低い評価は耐えられない。自分はダメな人間だ。

自動思考を変える：一度上司に批判されたからといって，ダメなわけじゃない。上司が批判するのはよくあること。上司も期待しているから批判する。失敗したのは明らかに準備不足だから。反対される意見も想定して準備しておこう。説得できるデータも用意して次回は準備して臨もう。

感情：気分がふっきれた。次回はがんばろう。

4　認知構成法

　自分の考えや感情をコラムに書き込んで，認知の流れを整理したり，検討したりする方法。

　コラムとは，シートに書かれた枠のことで，認知構成法で用いるコラムは2つ，3つ，4つ，7つなどさまざまある。4つぐらいで始めるのがよいであろう。

　4つのコラム法を練習してみる（表5-4-2）。

5 歪んだ思考（認知）の例

(1) 白か黒かの思考

白か黒か，全か無かの考え方。物事の中間的な考え方はできない。ある部分をみて，毎回，全部などと判断してしまう傾向がある。

(2) 自責思考

何かうまくいかないときに，自分に非があると受け止めてしまう。自分の原因でないことも自分に責任があると考え，自分を責めてしまう。電車が事故で遅れて取引先との商談の時間に遅れても自分のせいだと責めてしまう。

(3) べき思考

自分や他人に「こうあるべきである」「こうすべきでない」という考えがあり，自分や相手の行動を厳しく批判する。柔軟な思考ができない。

(4) 破局化思考

否定的な未来を予測して必ず悪いことが起こると信じている思考。不安障害の人に多くみられる。こういう思考をする人は，どんな状況にあっても，考えるなかで，もっとも悪い結果になることを疑わない。

(5) 過度の一般化

あることが1回起きたら，いつも起こると思い込む。ある1回の状況に基づいたことを，過度に一般化してしまう。ある一人の女性にデートを申し込んで断られると，すべての女性にデートを断られると思い込んでしまう。

(6) 拡大視・過少評価

失敗したことは，過大評価して，うまくいったことは過少評価してしまう。会社の企画会議で，多くの人からすばらしい企画と褒められたが，たった一人の同僚から否定的な評価をもらったことで落ち込んでしまう。多くの人によい評価をもらってもそのことに注意を払わずに，ダメな自分を感じてしまう。

(7) 読心術

他人の考えをわかっていると思い込んでしまう。一度思い込んでしまうと他の可能性を考慮しない。

何の証拠もなく，他者の考えを思い描くこと。今日彼女がメールを送ってこないのは，自分を嫌いになったからと考える。

(8) 選択的抽象化（心フィルター）

事実はどうであれ，マイナス思考にとらわれていること。よい部分やポジティブな部分をみないこと。

(9) レッテル張り

あるできごとから自分はダメな人間だとレッテルを貼ってしまうこと。

6　論理療法

アメリカの心理学者アルバート・エリス（Ellis, Albert）は論理療法の創始者であり，彼の理論は ABCDE 理論と言われている。論理療法とは，できごとの受けとめ方次第で，結果が変わるという心理療法である。エリスの論理療法について説明する。

エリスは，できごとが結果を招くのではなく，できごとをどう受けとめるか（認知）で結果が変わるとする。非合理的な信念（IB）が結果を生じさせていると考え，この非合理的な信念をより合理的な信念に変えることで結果も変わると考えている。

A　きっかけとなるできごと　（Activating Event）

B　思い込み　信念

非合理的な信念（考え）　IB（Irrational Belief）

合理的な信念（考え）　RB（Rational Belief）

C　結果　（Consequence）

D　論破　（Dispute）非合理的な考えを論破する。非合理的な考えから合理的な考えに修正する。IB を RB に修正する。

E　効果（Effectiveness）効果として感情が適切で安定したものになる。

7　マインドフルネス認知療法

　マインドフルネスは仏教でいう瞑想のことで，「いまここで」に集中することで，「あるがままに」受け入れることである。いまこの瞬間を意識的に観察し感じることで，評価も判断もせずに，この状況を「ありのままに」うけとめることである。マインドフルネス認知療法は，うつ病に対する認知行動療法とマインドフルネス・ストレス低減法との統合をめざすものである，認知を変化することを目的とせず，思考や感情，身体感覚への気づきやそれらとの関係性の変化を目的とする。この療法では脱中心化を促進することを求められる。脱中心化とは，自分自身の凝り固まった考えに固執せずに，そこから脱することである。マインドフルネスは，ストレス対処法としての心理療法としてその有効性が注目されている。

【参考文献】

クラーク, D., ベック, A. 坂野雄二（監訳）. (2013). 不安に悩まないためのワークブック. 金剛出版

伊藤絵美. (2005). 認知療法・認知行動療法カウンセリング. 星和書店

伊藤絵美・丹野義彦（編）. (2008). 認知療法・認知行動療法. 星和書店

ニーナン, M., ドライデン, W. 石垣琢磨・丹野義彦（監訳）. (2010). 認知行動療法100のポイント. 金剛出版

小山　望・早坂三郎（監修）. (2017). 人間関係ハンドブック. 福村出版

5

ロールプレイングの理論と技法

小山　望

1　ロールプレイングとは

　ロールプレイング（心理劇）は，ルーマニアのブカレスト生まれの精神科医モレノ（Moreno, J. L., 1889-1974）が創案した集団心理療法である。それはシナリオ（台本）のない即興劇である。モレノは心理劇のなかでさまざまな役割を自発的に演じることをロールプレイングと呼んでいる（本節では心理劇（サイコドラマ）のことをロールプレイングとする）。ロールプレイングの監督は場面設定や進行を司りながら，ドラマが心的な解放感や癒しとして効果を生むように治療者としての役目をもっている。ロールプレイングは大人の遊戯療法ともいわれ，自発性のない人や遊べない人を遊べるようにすることがねらいである。モレノはフロイトに出会ったときに「私はあなたが止めたところから始めます。あなたは夢を分析しますが，私はふたたび夢見る勇気を人々に与えます」と言ったという。モレノがドラマのイマジネーションの役割を重視している言葉である。

2　ロールプレイングの重要な要素とは

「自発性」「創造性」があるということ

　自発性とは，突然予想もしないときに現れる創造的な力や，さまざまな困難や壁を乗り越えていこうとする力である。モレノの言葉を借りていえば，「自

発性とは個人を新しい状況に適応させ，古い状況には新しく行動させる力である」。これが欠如したときはマンネリズムに陥っている状態である。ロールプレイングを行うことで自発性が高まり，日常生活での人間関係を見直したり，問題解決へ糸口を発見したりすることができる。「人間はいかに自発的存在でありえるか」がモレノのテーマである。

「役割をとれること」

　モレノは「役割とは個人的なもの，社会的なもの，文化的なものが明らかになるような総合的なユニットである」と述べている。マンネリ化した役割をとれない人は，人間関係でつまずきやすい。健康的な人は自発的に役割をとれる人である。環境に順応する人は場面の変化に応じていろいろな役割をとることができる人である。ある男性はある大手の会社の重役を定年退職して，地域の趣味のサークルに入った。そのサークルでその男性はかつての会社の仕事の自慢話をしたり，周囲の人を見下したりするような言い方をするので，周囲から嫌がられてしまったという。かつての役割に固執して地域の人と対等な人間関係を築けないため避けられてしまった例である。役割も環境によって変化するので，いろいろな役割をやっていくことが求められる。ロールプレイングでは，主役の問題の解決に導くために他の参加メンバーはいろいろな役割をとり進行していく。参加者がいろいろな役割をとることがロール・トレーニングとなり，人生で出会うさまざまな役割のシーンでも柔軟に対応できるようになるのである。アクションのなかで演者がいままで経験していなかったような未知の役割を経験する（たとえば，ある男性が女性の上司の役割や，おばあちゃんの役割を演ずる）ことで，自分の未知の可能性を広げる機会となる。

「余剰現実」surplus reality

　ロールプレイングでのアズ・イフ（as if）技法は，人生の現実ではありえないことをドラマのなかで実現して癒しを得る方法である。たとえば，別れも言えず突然アメリカに渡ってしまった男性が，どうしても元恋人に会って話した

いという感情が湧きあがってきたので，それをアクション（ドラマ）のなかで実現するのである。つまり元恋人と会って話す場面を設定する。アズ・イフ，もしもこれが現実になったなら，どうなるであろうか，それを可能にするのがロールプレイングという心理療法である。現実には起こりえないことを体験できる仮想現実をドラマで実現することを余剰現実という。余剰現実の効果は，主演者のいままでできなかった行為について，代償的行為を果たすことにより，過去の自分と折り合いをつけることができることである。そして日常生活において感情の安定や自我の調整能力を取り戻すことになる。

3　ロールプレイングの構造

　ロールプレイングを実施するには，次の5つの仕掛けが必要である。

(1) 演者（主役）：人間関係の悩みや心理的葛藤を表現する人。過去のできごとでもいいし，現実社会のなかで悩んでいる問題でもいい。自発的に自分を演じる場合と脇役になって演じる場合，自分の役を他人にしてもらい，自分は見ている場合もある。

(2) 監督：ディレクター，精神科医，セラピスト，ケースワーカー，ロールプレイングの進行と運営を司る役割の人である。

(3) 補助自我：演者の気持をくんで，適切な働きかけをする役割の人，演者が自分の気持ちがうまく表現できないときに代わって表現したり，適度に刺激を与えたりする，演者を二人で演じる（補助自我がつく場合）ことを「ダブル」という。副治療者の役割（監督を助ける役割）もある

(4) 観客：舞台にあがっている演者の動きを見ている人。演者と同じ気持ちでロールプレイングを見ているが，ときには舞台にあがって演じる場合もあるし，演者が舞台におりて，観客に回る場合もある。

(5) 舞台：フロアより一段高くなっている所で，演者の動くスペースである。

4 実施法

(1) ウォーミングアップ：参加者の心理的抵抗をとり，自発性を高めるエクサ
サイズ。スポーツでいえば，準備体操にあたる。身体運動，言語活動，感
情表現活動などを行って，参加者が演じやすくなるようにする。
例：体操，スポーツ遊び，空気のボール，お店屋さんごっこ，ポーズ遊び，
マジック・ショップ

(2) 主役の決定（テーマ選択）：参加者から主役を選び，主役のテーマを決め
る。主役をやりたい人がいれば優先して決めるが，いない場合には，参加
者の意向を尊重して決める。参加者がやってみたいテーマが選ばれると参
加者の動機づけが高まる。

(3) キャスト：主役以外の登場人物を参加者の希望を聞きながら，参加者にそ
の役をやってもらう。主役は自分の役を見る（ミラー法）であれば，主役
の役とその補助自我を参加者から選ぶ。

(4) アクション（ドラマ）：アクションの目的は，主役の個人の内的葛藤状態
の解決，あるいは解決の糸口の発見である。それと同時にアクションに参
加したメンバーの心的解放（カタルシス）もねらっている。監督の場面設
定と演技者集団の自発性活動の総合的な発展がドラマの展開に必要である。

(5) クロージュア（終結）：提示された課題が解決したと参加者が感じた時点
で終結となるが，明瞭に示されない場合もある。時間的制約からドラマが
解決にいたらなくても解決へのヒント（糸口）が得られ，現実生活への改
善へのヒントを得ることができれば，意義はあったといえる。筆者の場合
はドラマの終わりはいつも楽しい気分で終わるようにしている。たとえば，
エンディングは，参加者全員が楽しく踊っている場面で終わりとする。

(6) シェアリング（分かち合い）：アクションの終了と同時に演者，演者集団，
観客の全員でいまのドラマ（アクション）を振り返る。演者として役割行
動したときの気持ち，自分の気づき，観客としての自分の気づきなどを相

互に分かち合うのである。シェアリングの際に演者のなかで役割上の消化不良やもやもや感が残っているようであれば，それを解消するために簡潔なドラマの再現，エンプティ・チェア，ロール・リバーサルなどを行うこともある。このシェアリングでは，主演を含め参加者全員が何らかの認知の転換（気づき）や参加メンバーへの共感，自分の内面の気づきなどが起こることが期待されている。またシェリングの終了時に，演者全員の役割解除をすることが大事なことである。

5　ロールプレイングの技法

(1) ロール・リバーサル（役割交換法）

他者の感情を理解することが必要なときに役割を交換する。たとえば，母親役を演じている人に子ども役を，子ども役を演じている人に母親役を交代して演じてもらう。これにより，たがいに相手の感情や気持ちを理解することが目的である。

(2) ミラー法

主役が自分自身を演じるのではなく，補助自我が代わりに演じることである。演者が自分を演じている人の行動を鏡に映る自分を見るように，自己客観視をして，自己の気づきや洞察へと導くためである。

(3) ダブル（二重自我法）

主役の演者に補助自我を取る人がいて，二人で一人の主役を演じる。主役にもう一人の自分（ダブル）がいることで，主役の気持ちを代弁したときには，主役の気持ちを述べることもある。

(4) 独白

演者は自分の感情や考えを監督や参加者に伝える。

(5) 傍白

わき台詞ともいう。演劇中に，相手役には聞こえないという約束事のうえで，観客だけに知らせるかたちでしゃべる台詞。内面の感情，つぶやきな

どを表す。

(6) 場面展開法

監督は，必要に応じて場面を展開していくことである。場面が停滞したり，葛藤したり，新たな旅立ちが必要なときは，新たな場面を展開して適切に対応していく。

(7) 自我分割

自分の心のなかの葛藤を演じる自分がいくつかでてきて，それぞれが自分の主張をする。たとえば，会社員の男性が，会社を辞めようか，続けるか悩んでいたとする。

辞めたい自分は，上司がひどい人間で，自分に対していつも見下すような言い方をすると言う。しかし，続けたい自分は，給料はまあまあ満足しているので，このまま辛抱するかなどと言う。二人の自分の葛藤が登場してたがいに意見を言うのである。

(8) エンプティ・チェア

ドラマ中に心のなかに生じた葛藤状態にある他者を空の椅子に座らせて対話する方法である。

たとえば「いま，ここに父親を座らせてください。父親にどんなことを言いたいですか」

また「ここに上司を座らせてください。上司になんて言いたいですか」と対話する。

【参考文献】

ケラーマン，P. F.，増野 肇・増野信子（訳）．(1998)．精神療法としてのサイコドラマ．金剛出版

小山 望（編著）．(2009)．わかりやすい臨床心理学入門．福村出版

小山 望・早坂三郎（監修）．(2017)．人間関係ハンドブック．福村出版

台 利夫．(2003)．ロールプレイング．日本文化科学社

6

カウンセリングの留意事項

富田悠生

1　はじめに

　カウンセリングでは，実施するための適切な枠組みが認定されている。この治療構造と呼ばれる外側の枠があってはじめて，内的な事柄を扱うことができる。つまりある程度固定化された恒常的な枠のなかにこそ，心の変化や動きを認めることができるのである。

2　部屋

　松木（2005）は，面接空間のための条件として，以下の2点を挙げている。

(1) クライエントと治療者の二人だけがいる，落ち着いた雰囲気の部屋であること
(2) クライエントのプライバシーが保護され，外からの侵入がなく安全なこと

　心理療法を行うための個室は，あまり大きすぎず騒音がなく，基本的に他者の出入りがない部屋であることが条件である。クライエントが安心して，個人的な話ができるようにしておく必要があるといえよう。室内には，時計やカレンダー以外に華美な装飾品は置かないことが多い。治療者の趣味趣向が反映された装飾品を置く際には，そこに治療者の非言語的なメッセージが込められて

しまうため，注意を要する。

3　面接契約

　インテーク面接（初回面接）あるいはアセスメント面接を終えた後，治療者
は，クライエントになんらかの見立てを伝えるとともに，面接契約を結ぶ。面
接契約では，以下の点について取り決めを行う（松木, 2005）。

(1)　面接セッションの場所と頻度，セッションの曜日と開始時間，1回のセッ
　　ションの時間，この枠組みの変更に際しては両者で話し合うという約束。
(2)　治療者の定期休暇と臨時休暇についての伝達とその伝達方法。
(3)　クライエントが面接セッションを欠席した場合の連絡方法，キャンセルの
　　場合の料金の取り扱い。
(4)　面接料金の形態（保険診療，自費，無料）とその支払い方法。
(5)　クライエントの自害，他害行為についての責任の所在（原則，クライエン
　　ト自身が責任をもつこと）。
(6)　クライエントの状態によっては，治療者が望ましい医療機関を紹介する可
　　能性があること。
(7)　クライエントは面接をやめてよい権利をもつこと，またクライエントの状
　　態によっては，治療者の判断で面接が中止されることがあること。
(8)　クライエントのプライバシーは保護されること。
(9)　面接の終結について，あらかじめ取り決めておかず，その判断を両者がも
　　ちよること。

　このような取り決めは，文書として残しておくことが望ましいとされている。
面接が開始されたばかりの初期には，まったく気にならない事柄であっても，
経過のなかで面接関係に影響を及ぼす可能性があるからである。また一時的に
であっても，契約を守ることができない事態が生じた際には，その意味を探索

することで，クライエントの内的なメッセージを受けとることも可能である。面接時間や頻度，料金，場所といった事柄は，通常毎回同じように維持されることが望ましい。これは治療構造における外的な設定と呼ばれている。

4　治療者の内的設定

　セッション時において治療者が留意すべき点は，以下のとおりである。

(1)　受身性

　　治療者は，クライエントの発言に受身的に耳を傾けるのが基本である。クライエント自身が面接セッションにおいて，主体性を発揮できるようにしておく必要がある。治療者自身が積極的に発言し，コーチングを行う立場もあるが，その際はクライエントとのポジティブな関係を維持しておくことが重要である。

(2)　中立性

　　治療者は，倫理的，政治的，宗教的な価値観に左右されず，クライエントの話を聞くことが求められる。仮に治療者が特定の価値観をクライエントに示してしまうと，クライエントは自由な発言を阻害され，クライエントが伝えようとするメッセージを受け取りそこねるおそれが高まってしまうのである。しかし，実際の面接場面において，治療者が中立性を揺さぶられる場面が訪れることもしばしばである。このようなとき，治療者は関係性のなかで生じている意味を模索する必要がある。

架空事例

　社内での異動を機に抑うつ的となり，来談した20代の女性クライエントは，アセスメント面接を経て治療面接を希望し，週1回の定期的なセッションが持たれるようになった。

　5回目のセッションで，クライエントはセッション終了後，「持ち合わせがないので，支払いは次回にしてほしい」と申し出てきた。この日は，面接料金

を支払わず，次回に2回分支払うことを約束し，クライエントは帰宅した。

　6回目のセッションの冒頭でクライエントは，セッション時間の変更を希望した。「この時間では間に合わないことがありうるので，開始時間を10分か15分遅らせてほしい」というのだった。治療者は，他のクライエントの都合もあるので，時間変更には応じられないと伝え，クライエントもその場は了承してくれた。クライエントは，翌7回目のセッションをキャンセルした。

　クライエントは，日本人の父と中国人の母をもつ，いわゆるハーフであった。彼女は幼少期，父の仕事の都合により中国の都市部で，きょうだいとともに親戚と生活していた。日本に一時帰国することはあっても，長期ではなかったので，日本語を覚える機会もなかった。ふだんは中国語によってコミュニケーションをとっており，彼女ときょうだいは生涯，中国で生活するものだと思っていた。しかし小学生のころ，両親と親戚との間でトラブルが生じて，彼女たちは両親に引き取られ，日本で生活することになった。日本に帰国すると両親は数か月の間，徹底して子どもたちに日本語を教え込んだ。次年度から彼女たちは地元の小学校に編入するが，言葉の壁は厚く成績は悪かった。また，日本人と外国人とのハーフという出自をからかう学友も多く，彼女は徐々にふさぎ込みがちになった。しかし厳しい両親のもとで，学校を休むことはなかった。彼女にとって，初めての原家族での生活であったが，両親に対して親という感覚がなかなか生まれず，困ったことがあってもなかなか相談できなかった。

　中学校，高校と彼女は親密な友人を作らず，表面的な関係のみを維持していた。しかし大学では，困ったときに相談しようと思う相手もいない自分に疑問を持ち，積極的にサークル活動に参加した。

　大学卒業後，入社した会社では上司が彼女の面倒をみてくれた。彼女は，その上司を尊敬し信頼を寄せるようになった。しかしあるとき，その上司が彼女の仕事ぶりに不満を持ち，異動させようとしていると同僚から聞かされた。彼女は裏切られた感覚を抱き，抑うつ的状態となり，精神科クリニックを受診したのだった。

架空事例への考察

　クライエントは，早期から両親と離れて暮らしており，適切な愛着を経験することがなかったものと思われる。おそらく親戚のなかに，母親代わり，父親代わりといった人物はいたのかもしれないが，それも日本への帰国に合わせて分離を余儀なくされている。日本での学校生活に困ったことがあっても親に相談はできなかった，とあるように不安定な対象関係しか内在化させることができなかったことが推察される。両親からは，規則やルールを厳格に守るという部分が取り入れられ，それを頼りに現実適応を果たしてきたのであろう。

　このように愛着の問題を抱えている場合，しばしば治療関係も不安定なものとなる。治療経過において料金を忘れたり，面接時間を変更しようとしたり，キャンセルしたりする行為は，アクティング・アウトと呼ばれている。アクティング・アウトは，本来言葉のメッセージとして伝達されれば，重要な意味をもつにもかかわらず，行動（アクション）の形態で伝えられる行為である。彼女のアクティング・アウトは，治療者が自分にとって安定した存在であると認識できない，あるいはそれを確認する意味をもつものと考えられる。このとき，治療者はクライエントの不安に焦点を当て，適切な介入をすることが求められる。クライエントのアクティング・アウトの内容は，治療構造を維持しているからこそ，浮かび上がって来るといえる。治療構造が曖昧であると，クライエントの非言語的なメッセージをつかむことがむずかしくなってしまうのである。

　また，治療者はクライエントによるアクティング・アウト（時間変更への申し出やキャンセルなど）に対しては，“そうすべきではない”と注意を与えるのではなく，クライエントが何を伝えようとしているのか，受身的・中立的な態度（治療者の内的設定）を維持しながら探求しなければならない。

【参考文献】

松木邦裕. (2005). 分析空間の創り方——私説対象関係論的心理療法入門——. 金剛出版

7

心理アセスメント

富田悠生

1　はじめに

　心理アセスメントの定義は，以下のとおりである。

　「クライエントに対する心理的援助の方針決定および援助過程とその効果に関する評価に必要な情報を収集する営為である」（岡堂, 2003）

　「心理臨床の対象となる人々について，その抱えている問題の内容は何か（問題の同定），その問題には身体的要因，生活史とそれに伴う環境的要因，本人の生き方や性格的要因などがどのように組み合っているのか（形成因および形成過程），それによって本人の内的世界や対外的態度はどのように形成されているのかについて推定し，問題の性質や程度を明らかにし，解決のための方針を呈示すること」（馬場, 2003）

　心理アセスメント（心理査定）とは，心理的援助（心理療法，コンサルテーション，心理リハビリテーションなど）に先立って，あるいは心理的援助の経過のなかで実施される。心理アセスメントをとおして，クライエントの悩みや困りごとが環境調整や福祉的・法的サービスによって解決する種類のものなのか，精神医学的・身体医学的アプローチが優先されるべきものなのか，あるいは心理的援助が望ましい事例であるのかといった判断がなされる。このようにまず，広くどのようなタイプの支援が適切であるかという点が確認される。

　クライエントに対して心理的援助が適切であると推定でき，またクライエントもまた心理的援助を求めている場合，心理的援助に関するアセスメントが展

開されることになる。どのような心理的援助であっても，クライエントの悩みが記述精神医学的にどう位置づけられるのか，という視点は必要である。それに加えて，クライエントのパーソナリティの類型，不安や恐怖の病理的水準，現実検討力の程度，象徴機能の有無，心理的援助に対する動機といった臨床心理学的なアセスメントを行う。

　実際の心理アセスメントは，観察や心理検査，心理面接が組み合わされる形で実施される。

　そして実際にはクライエントもまた，支援者や援助者を"アセスメント"していることも忘れてはならない。

2　観察によるアセスメント

　言語的なコミュニケーションがむずかしいクライエントに対しては，観察によるアセスメントが主体となる。また言語的コミュニケーションによって行う心理面接や心理検査においても，面接者／検査者はクライエントの様子をつぶさに観察している。この場合は観察によるアセスメントが副次的に行われているといえよう。

　観察によるアセスメントでは，なんらかの刺激に対するクライエントの反応を観察し，それにどのような特徴があり，なにを意味しているのかを検討する。

（1）架空事例

　小学校に入学したばかりのクライエント（男児，6歳）は，自宅以外では言葉を発することができない場面緘黙を主訴に来談した。初回面接にてプレイルームの前に着いた男児は，なかなか入室しようとはしなかった。面接者が先に入室し，「入っておいで」と声をかけると，ようやく入室した。部屋に入ると男児は，面接者の顔をじっと見つめ，面接者の発言を待っていた。面接者は自己紹介をしたのち，今回の面接の目的を説明した。男児は黙ったままうなずき，近くにあった野球ボールを手に取って面接者に投げ，キャッチボールを始

めた。

　母親によれば，男児の緘黙が始まったのは転居が決まった小学校入学前であった。学区の都合で幼稚園時代の友人と同じ小学校に通うことができないことが直前になって判明したために，友人との別れを説明する時間がなかった，と母親は言った。

(2) 架空事例への考察

　プレイルームへの入室渋りは，来談動機が不十分であるか，よほど慎重な性格であるか，ということを示しているかもしれない。面接者の発言をうながすように見つめるという行為は，自然な非言語的交流である。またキャッチボールという相互作用のある動作を選ぶことができるという点は，クライエントの健康な一面を示唆していると思われる。

3　心理検査によるアセスメント

　心理検査とよばれるテストは，出版されていないものまで含めると非常に数が多い。しかし実際の臨床場面で使用されるものは，実施する専門機関の特色はあるものの，ある程度限られている。心理検査は，質問紙法と投影法に大別することができる。またパーソナリティ全般やその一部を測定しようとするものと，能力全般あるいはその一部を測るものに分けられる。

　質問紙法には，Y-G性格検査や東大式エゴグラムのようにパーソナリティ全体を測定するものと，MAS（顕在性不安尺度），STAI（状態・特性不安尺度）のように特定の神経症的性質を測ろうとするもの，AQ-J（日本語版自閉症スペクトラム指数）やLSAS-J（リーボヴィッツ社交不安尺度）のように精神障害の特性を測ろうとするものなどがある。これらのうち1つの検査のみを使用することは少なく，実際には複数の心理検査を組み合わせる（これを"テストバッテリー"という）ことが多い。

　投影法とは，ロールシャッハ・テストやSCT，描画テストに代表される曖

昧刺激の呈示を特徴とする検査のことである。刺激に対して，被検査者がこころの一部を"投影"すると仮定している。検査に対して意識的な統制が働きにくいことから，より深層心理的な所見が得られると考えられている。

　近年，自閉症スペクトラムへの関心の高まりを受け，ウェクスラー式知能検査や田中・ビネー式知能検査といった知能検査も，使用頻度が増している。これは，全体的な知的能力の高低だけでなく，言語理解力や表現力，手指の巧緻性，情報の記銘力などの能力のバランスを理解することが重要視されているからである。被検査者の能力的な特徴をつかみ，より効果的な支援計画を立てることが知能検査の目的である。

4　心理面接によるアセスメント

　心理面接によるアセスメントは，アセスメント面接またはインテーク面接（受理面接の場面で行われる。アセスメント面接はクライエントを総合的に理解し，"見立て"を作ることが目的となり，インテーク面接は当該相談機関でクライエントを受け容れることが可能か否かに重点があるが，実際には両者は区別されずに使用されることも多い。

　アセスメント面接では，まずクライエントの"主訴"を確認する。主訴とは，来談のきっかけとなった悩みごとや困りごとを指す。その後，語られた主訴の背景，すなわちどのような（内的・外的）環境のなかで，なにが契機となって，どういった状態（症状）が引き起こされたのかを尋ねていく。そして，"現病歴（問題歴）"を確認していく。ここでは，主訴で語られた悩みごとに類似したできごとが過去になかったか，あるいは以前に社会不適応やなんらかの症状形成がなかったかを尋ねる。つまり，クライエントの悩みの歴史をかたちづくるのである。加えて"生育史"，"家族歴"によって，現病歴から推察される仮説を確かめる。

(1) 架空事例

上司からの厳しい叱責を受け，意欲の減退と食欲不振を生じさせた30代の女性会社員は，3か月の休職が決まったのち，休職期間に自分のことを見つめてみたいと考え，心理療法に申し込みを行った。

初回のインテーク面接では，面接者が休職にいたった経緯（現病歴）を尋ねた。彼女が上司の叱責によって会社を休むのは3回目であった。以前の2回はともに1週間程度の病欠によって休養していた。彼女には，みずからの仕事を完璧にこなそうとして，担当する仕事の関連資料をくまなくチェックする傾向があった。彼女の過去の病欠を知る上司は，彼女にもう少し手を抜くようにと注意を与えていた。しかし彼女は，それでは取引先に迷惑がかかるから，と言って自分のやり方を変えなかった。完璧を求めるあまり，彼女は納期に間に合わせることができなくなり，課内全員で彼女の仕事を手伝うことになった。その直後，上司は仕事のやり方について厳しく叱責し，彼女は休職にいたったのだった。

彼女の両親はともに学校教員であり，しつけも厳格であった。彼女は，小学校時代から模範的な児童であり，児童会長にもなった。中学生のころに取り組んだ自由研究は，居住する地区の測量を自力で行うという壮大なものだった。しかし期限に間に合わせるために，両親やきょうだいに協力を仰ぐことになった。大学生のころはボランティアサークルで献身的に活動し，学業成績も優秀であった。

(2) 架空事例への考察

優等生だったクライエントは，与えられた仕事をまっとうすることで周囲から賞賛を得て，自己評価を保っていたものと思われる。この適応の方法は学生時代までは通用したものの，社会人となり仕事の種類が多岐に及ぶようになると破綻せざるを得なかったのであろう。クライエントにとって，上司からの叱責は，自分が評価されていないことを意味していたと考えられる。クライエントは，ありのままの自分を認めることができず，他者からの評価によって自分

を支えていたと理解することができるかもしれない。また，他者を巻き込んで自分の仕事を手伝ってもらうことで，自分への愛情を確かめようとしている可能性もある。

【参考文献】

馬場禮子.（2003）. 臨床心理アセスメント（1）総論. 馬場禮子（編）. 臨床心理学概説. 放送大学教育振興会

岡堂哲雄.（2003）. 臨床心理査定総論. 岡堂哲雄（編）. 臨床心理学全書2──臨床心理査定学──. 誠信書房

組織のなかの人間関係

内城喜貴・編

　「コロナ禍」はさまざまな形で「組織のなかの人間関係」に影響を与えている。組織も，個人も何らかの対応や備えをする必要に迫られた。新型コロナウイルス感染症が拡大して，テレワークやテレビ会議が増加した。テレワークを導入できる職場は限られるが，導入された職場ではたがいが対面で話す機会は少なくなった。上司と直接やり取りする煩わしさが減ったいっぽう，直接向き合って説得する場面は減少した。人間関係が微妙に変化する可能性がある。メンタルへの影響も不可避だと考えられている。外出自粛の期間は一時的な「引きこもり」を余儀なくされ，外出はままならないことから，「コロナうつ」が増えたと指摘された。経済が悪化して失業者が増えれば深刻なうつ患者も増えることが懸念される。「コロナ時代」のメンタルヘルスはいっそう重要である。失業率が上がればキャリアカウンセリングの重みも増していく。厳しい状況のときこそ，おたがいの存在を思いやり，尊重し合う「共生社会」の理念が大切になる。

（内城喜貴）

1

上司と部下の人間関係

　人と人との関係，すなわち人間関係はいつごろから作られるのであろうか。自身の記憶をさかのぼって考えると，3歳，4歳の幼稚園のころのように思われる。2歳の記憶があるという人もいる。人間関係は，自身の記憶を保持する大きな役割を担っている。幼稚園，保育園の入園はいつであったか。幼稚園，保育園に連れて行ってくれたのは誰か。教えてくれた先生は誰であったのか。小学校以降ではどうであったのか。とても重要な人間関係が「その場」「その時」にあったはずである。

　生活を支えるためには，就職が必要である。就職先には上司がいる。職場によっては，先輩や同輩がいるかもしれない。職場の仲間とはどのような人間関係を築けばよいのであろうか。

1　権威勾配とは

　人間関係を示す用語として，「権威勾配」という用語がある。権威勾配は，Cockpit Resource Management（CRM）において考えられている概念であり，もともと航空機の操縦室におけるクルー間の相対的な力関係を示す要素である操縦室内権威勾配（Trance-Cockpit Authority Gradient；TAG）から出てきた概念である（Hawkins, 1992）。チームリーダーとメンバーとの権威，権力の力関係を勾配という形で示したもので，この勾配が急であるならば，リーダーが絶対的な力をもって，他のメンバーを圧倒している状態といえる。この勾配が緩いならば，他のメンバーと同じ位置，地位でいることになり，リーダー不在の

集団であるといえる。この権威勾配が適当であれば，航空機で言えばクルー間の自由なコミュニケーションが保たれ，航空機の運航もモニターも改善される。この勾配が急すぎると，副操縦士，機関士は積極的に機長に話しかけなくなり，機長の行動をモニターする副操縦士，機関士の役割はおろそかになる。逆にこの勾配が緩すぎると，機長は自分の権威，権限を行使できなくなる。これを会社内に置き換えてみると，勾配が適当ならば，職場内の自由なコミュニケーションが保たれ，意志の疎通がよくなるといえる。しかし，勾配が急すぎると，リーダーがミスを起こしたときにメンバーは指摘ができなかったり，自分自身の考えを進言することができにくくなったりすることがある。逆に勾配が緩すぎると，緊急の際にリーダーが決定を下すのに支障をきたすおそれがある。ここからも，勾配を適正にする必要があるように思われる。以下では，権威勾配の理解のために研究例を紹介しておこう。

　航空機墜落事故は，全世界で毎年複数回発生している。航空機の性能は年々進化しているにもかかわらず，事故がなくなることはない。航空機事故の8割程度は人間が原因となるヒューマン・ファクターによるものである。人間が原因の大部分ということから，操縦室内の人間を含めた資源を有効に活用し，事故を最小限に抑えようとする試みが Cockpit Resource Management（CRM）である。

　権威勾配は，CRM における概念であり，航空機の操縦室におけるクルー間の相対的な力関係を示す操縦室内権威勾配（Trance-Cockpit Authority Gradient；TAG）を縮めたものである（Hawkins, 1987）。チームリーダーとメンバーとの権威の力関係を勾配という形で示したのが図6-1-1である。権威勾配の不適切さがこれまで大きな事故を引き起こした可能性があると考えられてい

急な権威勾配　　　ゆるい権威勾配

図 6-1-1　権威勾配

る。

　これを一般の会社組織に置き換えることが可能である。職場内の権威勾配が急であるならば，リーダーが他のメンバーを圧倒している状態といえる。この勾配が緩いのであれば，他のメンバーと同じ地位にいることになり，リーダー不在の集団であるといえる。組織または職場の権威勾配を適切にすることは，組織内，職場内の事故やミスを防ぐだけでなく，良好な人間関係を維持し，業績の向上にも有効であると考えられる（古澤, 1999）。

　以下に，権威勾配の研究を航空機に関連するものと航空機以外に分けて，紹介する。

2 航空機関連の研究

　ユナイテッド航空のコックピットを模したシミュレーション実験では，機長は微妙な程度の機能喪失のふりをした。このとき，試行の約3分の1が墜落をしてしまった。これは副操縦士の引き継ぎが悪かったことが原因とされている（Foushee, 1982）。海軍のパイロット間の権威勾配と事故との関係についての研究（Alkov, Borowsky, Williamson, and Yakavone, 1992）では，11年間の資料により，操縦士と副操縦士の階級差が大きいほど事故の割合が多くなることを確認した。この結果から，権威勾配が急であるほど，事故率が多いと解釈できる。権威勾配が急であることによって，コミュニケーションがうまくいかず，事故に結びつくと考えられる。このことは，上述の事例からも示唆される。

3 航空機以外の研究

　原子力発電所中央制御室運転員のチーム内の権威勾配を測定した研究がある（古澤・藤家・河野, 1994）。チームは複数のメンバーで構成されているが，権威勾配の急なチームよりも緩いチームの方が「チームワーク」や「職務適合」のようなモラールが高いという結果が得られた。また，新たな経験を求めるなど

を概念にもつ刺激欲求（古澤, 1989）も権威勾配の急なチームよりも緩いチームの方が高かった。権威勾配の急なチームでは，メンバーの欲求が抑制を受けたと考えられる。メンバーが無気力化する可能性を示す結果である。

　古澤（1999）は，大学生を被験者としたチームにおける権威勾配について，国内の複数の研究を紹介している。研究によって確認されたのは，チームの権威勾配が急であることによる，チームの成績の低下，チームのモラールの低下，チーム内の相手との主観的相性の低下，チームへの満足度の低下，刺激欲求の低下である。航空機以外の研究では，急な権威勾配がチームや個人にも影響を与えることが示された。

4　権威勾配の新しい尺度

　古澤・横田・新井・濱田（2000）は，リーダーが権威勾配を一時的にコントロールする力についての尺度を権威勾配尺度に加えて作成した。警察，消防，自衛隊などの組織では，緊急時において上司の指示により，すぐに動かなくてはならない。そのため，つねに急な権威勾配を維持しようとする傾向にある。しかし，急な権威勾配を維持することは，職場内のいじめにもつながりやすくなる（古澤, 1999）。その点でも，ふだん，権威勾配は緩やかであるが，緊急時には急にする能力を上司がもつことも必要であろう。古澤他（2000）の尺度は，権威勾配についての新しい仮説を提供するものである。

　権威勾配は，事故だけではなく，チームの成績やチームワーク，個人の意欲や欲求などにも影響を与えることを確認した。近年，投薬ミスなどの医療ミスも権威勾配による影響が大きいと考えられている。医師と看護師，または医師と薬剤師の間の急な権威勾配により，看護師や薬剤師が医師に疑問点の確認を行えないということがある。権威勾配の問題は，コックピット，医療現場，原子力発電所だけではなく，一般企業の上司と部下の間にもある（古澤・張・村田・平野, 2011）。権威勾配は，上記で述べたように，職場内のいじめにも関連すると考えられる概念である。権威勾配は，組織や職場以外のあらゆる集団に

存在する。権威勾配の適切な利用は，職場の改善，組織の発展のためにも重要になるであろう。

【引用文献】

Alkov, R. A., Borowsky, M. S., Williamson, D. W., Yacavone, D, W., (1992). The effect of trans-cockpit authority gradient on Navy/Marine helicopter mishaps. *Aviat Space Environ Med. Aug*；*63*（8），659-61.

Foushee, H. C.（1982）. The role of communications, sociopsychological, and personality factors in the maintenance of crew coordination. *Aviation, Space, and Environmental Medicine, 53*（11），1062-1066.

古澤照幸.（1989）. 刺激欲求尺度抽象表現項目版（Sensation Seeking Scale-Abstract Expression；SSS-AE）作成の試み. 心理学研究, *60*, 180-184

古澤照幸.（1999）. 権威の構図——権威主義から権威勾配まで——. 産能短期大学紀要, *32*, 17-28

古澤照幸・藤家美奈子・河野龍太郎.（1994）. チームパフォーマンス向上のための訓練手法の研究. その4日本原子力学会秋の大会, 190

古澤照幸・横田　環・新井幸子・濱田弘史.（2000）. 権威勾配尺度の作成と心理統計的特徴の検討. 産能短期大学紀要, *34*, 339-350.

古澤照幸・張　英莉・村田和博・平野賢哉.（2011）. 中国企業組織の従業員の権威勾配. 埼玉学園大学紀要. 経営学部（編）. *11*, 39-49.

Hawkins, H. F.（1987）. *Human Factors in Flight*, Gower Technical Press Ltd.（ホーキンズ, F. H. 黒田　勲（監修）. 石川好美（監訳）.（1992）. ヒューマン・ファクター. 成山堂書店）

2

メンタルヘルス

内城喜貴

1　メンタルヘルスとは

　「メンタルヘルス」という言葉を毎日のように見聞きする。メンタルヘルスとは「心の健康」のことであり，「精神の健康」「精神保健」などと同義語である。世界保健機関（WHO）は，メンタルヘルスとは，単に心の健康を害していない状態ではなく，自己の可能性を実現して共同体に貢献できるという健康的な心の状態，と定義している。つまりメンタルヘルスは，心が病気になっていないことだけでなく，社会の一員としての役割を果たし，貢献できるに十分な健康的な心の状態をさす。メンタルヘルスは，「基本的な人権」として捉えられており，関係するさまざまな問題を考えるうえで重要な視点である。

　日本でも精神保健福祉法（精神保健及び精神障害者福祉に関する法律）が1950年に制定された。同法の第１条には，その目的が国民の精神的健康の増進であることが明記されている。その後同法は何度も改正されて今日の精神保健対策の基本になっている。メンタルヘルスに関しては，1988年に「事業場における労働者の健康保持増進のための指針」が，2000年に「事業場における労働者の心の健康づくりのための指針」が，また2006年に「労働者の心の健康の保持増進のための指針」がそれぞれ策定されるなど，関連指針や手引きが整備されている。これらはその後の職場のメンタルヘルス対策の基本になっている。

　メンタルヘルスは一人ひとりが健康で安定した心，気持ちを持ちながら生き生きとした生活をするうえでの基本である。また，メンタルヘルスにかかわる

さまざまな問題はきわめて今日的で重要な社会問題である。経済のグローバル化のなかで企業を取り巻く経営環境は大きく変化した。多くの企業が生き残りをかけてさまざまな組織・制度改革を行っている。個人は組織のなかでさまざまなストレスにさらされている。インターネットの普及によりコミュニケーションのあり方が大きく変化し，人間関係にも影響を与えている。こうした社会の環境がうつ状態，うつ病といった心の病気を増やし，職場不適応例を増やしている。心の病気や不調は職場や家庭に負担を強いることになり，社会的な負担となっている。

2 ストレス管理

　心の健康に大きな影響を与えるストレスは，環境が心や体に負荷をかけている状態をいい，ストレスの原因となる物理的・心理的因子をストレッサーと呼ぶ。ストレッサーが心身のストレス反応を起こし，心身の不調を起こす。日本産業精神保健学会は，ストレッサーは物理的，化学的，生理的，心理的の4つの要因に分けられるとし，心理的要因として恐怖，怒り，不安，不満，葛藤，緊張などをあげている。物理的要因には暑さや寒さ，騒音といった日常生活で避けにくいものが多くある。私たちは程度の差はあっても多くのストレッサーに囲まれストレス反応をしながら生きている。心身の不調につながるようなストレッサーを上手に管理することがストレス管理の基本である。

　職場で心身の不調を起こすストレッサーは多岐にわたり複雑である。その多くに上司や同僚などの人間関係が関与しているが，それだけではなく長時間労働，職場が狭い，暗いなどといった環境や仕事内容そのものの負荷，仕事の裁量の程度，さらに感情に直接影響する職場内の評価などが複雑に絡んでいることも多い。心の不調を起こした場合は，職場や組織内外のカウンセラーや相談者の面接を受けて，不調を起こす要因を知ることが大切である。厚生労働省はメンタルヘルスの関連サイトで，心の病気について，それが誰もがかかるものであり，回復し得るものであることを理解して，可能な限りストレスと上手に

つきあうことが重要であると指摘している。

　そして明らかに不調であることを自覚した場合や病気の初期症状に気がついたときは無理をせずに組織内外の相談窓口に相談することをアドバイスしている。そのなかで「症状があるからといって病気とは限らない。大きなできごとがあれば眠れないこともある。これは自然な反応で，何かの症状や変化が出てもストレスが去れば元の状態に戻る力がある」としている。そのいっぽうで「症状が長く続いたりすれば，生活上支障が大きく，辛く苦しい場合は病気の可能性がある」と自分自身の心の状態をなるべく知ることの重要性を指摘している。こうした不調に本人が気づいて行動することが大切だが，本人が気がつかないことも多く，家族や職場の人間の「気づき」が重要とされる。うつになりやすい性格には，生真面目，几帳面，責任感が強い，などの特徴がある。自分はそうした性格であると自覚した場合は現在の環境中での心の状態を観察しながら考え方や行動を変えるなどといった，日常的な「うつ予防」が大切である。

3　増えているうつ病とは

　厚生労働省は，「こころの病気」は種類も症状もさまざまであり，診断や対処法・治療のしかたもそれぞれ異なるとしている。そのうえで「こころの病気」として，依存症，うつ病，解離性障害，強迫性障害，睡眠障害，摂食障害，双極性障害（躁うつ病），適応障害，統合失調症，認知症，パーソナリティー障害，発達障害，パニック障害・不安障害，PTSD，性同一性障害，てんかんの16種を挙げている。うつ病については，日本では100人に3〜7人の割合でうつ病を経験した人がいるという調査結果を紹介しながら，うつ病が増えている背景として（1）うつ病の認識が広がって受診機会が増えている，（2）社会・経済的な環境の影響で抑うつ状態になる人が増えている，（3）うつ病の診断基準の解釈が広がっている，の3つをあげている。

4　職場不適応

　職場不適応は職場で働く個人とさまざまな労働環境との間の不適応で生じる。職場不適応の要因としては個人の側の要因と職場側の要因とに大別できる。個人的要因としては，年齢などのライフステージ，性差，個人の価値観や仕事観，そして個人の性格傾向，さらに職場外のストレスなどがある。職場不適応を訴える相談の多くは職場だけでなく，家族や知人との人間関係などが絡んでいるケースが多いとされている。職場不適応における職場側の要因としては職場の環境，職場のなかでの役割や処遇，雇用状態，周囲の支援の有無などがある。

　うつ病が重症になると自殺につながることがある。厚生労働省の 2016 年統計では，2013 年の自殺者数のうち原因が特定できたのは約 20, 300 人であり，そのうち，2,300 人の原因は仕事・勤務問題であった。この数字を減らすためには職場のメンタルマネージメントが重要になってくる。同じ統計によれば，メンタルヘルス対策に取り組んでいる事業所の割合は，2002 年には約 24%だったが 2012 年には約 47% に増加した。その割合はその後も増えている。また不調がわかった経緯についての調査では，上司や同僚からの情報が一番多く約 64%，ついで健康診断時の問診票によるものが約 26%，相談窓口を経由したものが約 18% であった。このことは，職場内の態勢づくりに課題があることを示している。

5　職場のメンタルヘルスマネージメント

　2000 年にできた「事業場における労働者の心の健康づくりのための指針」（その後 2005 年に「労働者の心の保持増進のための指針」に移行）では「四つのケア」が示された。四つのケアとは，事業・企業内で「心の健康づくり計画」を立案したうえで（1）労働者自身がストレスに気づき対処する「セルフケア」，（2）管理監督者が職場の具体的なストレス要因を把握し改善する「ラインによ

るケア」，（3）産業医などの産業保健スタッフが，セルフケア，ラインによる
ケアを支援する「事業場内産業保健スタッフ等によるケア，（4）メンタルヘル
スケアに関する専門機関を活用する「事業場外資源によるケア」である。これ
らのケアの実践のためには相談体制の充実，職場環境の改善，教育・研修と情
報提供，健康診断・健康相談の活用をバランスよく実施することが大切である
と厚生労働省は指摘している。

【参考文献】

厚生労働省労働基準局．（2014）．平成 26 年度地域・職域連携推進事業関係者会議資料　職場におけるメ
　ンタルヘルス対策の推進について．厚生労働省

3

キャリアカウンセリング

若杉博雄

1 キャリアとはなにか

　キャリア研究の第一人者スーパーは「キャリアとは，生涯において個人が占める一連の立場─ポジション─である」とし，「ある個人の職業生活の過程における一連の職業，職務，職位を示し，就職前と退職後に経験する立場を含むものである」としている。その後スーパーはキャリアとは「生涯においてある個人が果たす一連の役割，およびその役割の組み合わせである」と再定義している。

　エドガー・H・シャインはキャリア・アンカー理論を提唱した。アンカーとは船の錨のことである。船が停泊するときに錨がないと波で流されてしまうように，キャリアにおいても自分の拠り所の判断基準を明確に意識することが重要だという考え方である。

　また，ジョン・D・クランボルツは，計画された偶発性理論（プランドハップンスタンスセオリー）を提唱した。一般的にキャリアデザイン・キャリアプランというと，目標を決めてそれに向けて最短経路で進んでいくというイメージがある。しかし，人生には実際には計画できないことも多く，夢や理想を実現することができる人は珍しい。この理論では，キャリアの8割は予想できない偶然に依存するとして，そういった偶然を活かせるための態度を好奇心，持続性，楽観性，柔軟性，冒険心の面から分析している。

　一般にキャリアの定義には，狭義のキャリアと広義のキャリアの2つがある。

狭義のキャリアとは「職業，職務，職位，履歴，進路」を示し，これから進むべき進路・方向性であるととらえられている。職業とそれに付随するさまざまな要素，経験，地位，取得した資格，業績，学歴，学位，能力，技能，知識など総合的に含むものがキャリアとされる。また，広義のキャリアとは「生涯，個人の人生とその生き方そのものと，その表現のしかた」であると考えられている。このように，近年ではキャリアの概念を「個人の人生・生き方とその表現法」であるとし，単なる職業・職務内容・進路のみにとどまらず幅広く全体的・統合的にライフキャリアをとらえるようになってきた。キャリアは単に職業・職務を意味するだけのものではなく，人生と深くかかわる「人の生き方そのもの」であるという定義に拡大された，幅広い包括的概念に発展してきている。

2　キャリアカウンセリングとは

　キャリアカウンセリングとは，人生の職業・仕事の部分に焦点をあてるもので，同時に個人の生き方，生きがいなど人生全般を視野に入れたカウンセリングであると位置づけられる。

　終身雇用制度が崩壊しているなか，長い人生の過程の途中には，進路や方向性に関する選択をしなければならない機会がしばしばあり，選択の岐路に立たされるたびに，迷いや葛藤，不安がともなうこととなる。近年では急激な社会経済環境が変わっていくなかで，みずからが立てた計画が予定どおりに進むことは少ない。計画を変更したり，まわり道をしたり，ときには計画を断念しなければならないこともある。企業では雇用調整によるリストラ，倒産による解雇などがあるので，個人はそのつど柔軟にライフキャリアの設計図の見直しと変更をせざるを得ない。そのようなときに，柔軟に考えられるように援助するのがキャリアカウンセリングの役割である。また，自分が育った国の文化や社会環境，そのなかでの経験など，個人を取り巻く人間関係，それら全体とのなかでキャリアをとらえることが重要である。そのような関係のなかで人間が生

まれて成長に向けて進もうとする存在の中核概念として「自己概念」の成長を促すのも，キャリアカウンセリングである。

3 キャリアカウンセリングの方法

キャリアカウンセリングの方法については，多くの心理学者たちがかかわった結果，数多くの方法が存在するようになった。数多くあるカウンセリングのなかから代表的な3つの手法を紹介する。

(1) 来談者中心的カウンセリング

カール・ロジャーズによって開発された来談者（クライエント）中心的カウンセリングは，これまでのアセスメントテストによる診断と指示を中心とした指示的カウンセリングを脱し，来談者の生来的な適応・成長能力を信頼し，カウンセリングを来談者主導のもとに進めるものである。これはカウンセラーが治すというよりも，来談者がみずからもつ潜在的な力で治癒していくもので，その過程をカウンセラーが側面から援助するものである。ただし，この手法は感情の表現が苦手な人には不向きで，またカウンセリングの終了までに時間がかかるというデメリットがある。

(2) 行動主義的カウンセリング

行動主義的カウンセリングは，「学習理論」（人の行動は経験によって獲得され，環境の変化に適応することにより形成されており，環境要因や遭遇したできごとに刺激を受け，行動がおこり，強化され，一連のプロセスが繰り返される）に基づき行動科学的なアプローチを行うカウンセリングである。来談者の具体的な行動に焦点をあて，症状自体への働きかけを行い，行動科学的方法を用いて問題行動を修正（除去）し，不適応状態を改善するものである。ただし，来談者が抱える「恐怖」を克服することにたとえると，「恐怖」に直面する機会が増え，慣れるまでは努力が必要となることから来談者によっては負担が大きくなって

しまうことがある。

(3) 論理療法・認知療法によるカウンセリング

　論理療法では，人の感情はそれに先行するできごとによって直接引きおこされるのではなく，そのできごとをどう受け止めるかという信念によって生じると考える。そして，問題の原因は「非論理的な思考（イラショナルビリーフ）」にあり，「こうありたい」を絶対に「こうあらねばならない」と考え，自分自身を強くしばりつけ，その思考を柔軟に変えることができないことが原因となって問題が起きると考える。

　認知療法は，ものの考え方や受け取り方（認知）に働きかけて，気持ちを楽にしたり，行動をコントロールしたりするもので，思考の背景には一貫した認知の構え「スキーマ」があり，「……でなければならない」「……であるべきだ」などという信念として人のなかにあるとする。このため事実やできごとを歪んで認知することで，不快な感情を持つと考えられる。

　来談者の「非論理的な思考（イラショナルビリーフ）」による誤った思い込みなどを修正し，問題解決を前向きに現実的に行う場合に有効なものとして論理療法がある。また，認知療法では，認知の歪みなど認知的側面に働きかけることにより，来談者の不快な感情を修正する方法と行動面に直接働きかける方法がある。

4　キャリアカウンセリングの活用

　学校教育におけるキャリアカウンセリングは，「職業指導」として始まり，その後「進路指導」「キャリアガイダンス」となって現在にいたっている。中学校・高等学校ではまだまだ学校により取り組みに差があるものの，ほとんどの大学では入学直後からキャリア教育を導入している。ある大学では，社会で活躍できる実践力と人間力を備えた人材の育成を目的として，4年間のキャリア教育プログラムを組んで実践している。このように現在では，教育課程の重

要場面においてキャリア教育の一環としてキャリアカウンセリングが実施されている。

　また，企業においては，産業界全体の経済変動が会社・個人・家庭へ影響をもたらすことから，企業でも単独あるいは外注先にキャリア相談窓口が設けられ，社員の悩みやキャリア形成などについて，キャリアカウンセリングが実施されている。それに加え年代別にキャリア研修を実施し，その研修の一環としてキャリアカウンセリングを実施しているところもある。

【参考文献】

木村　周.（2018）. キャリアコンサルティング──理論と実際──. 一般社団法人雇用問題研究会
宮城まり子.（2002）. キャリアカウンセリング. 駿河台出版

4

キャリアコンサルティング

若杉博雄

1　キャリアコンサルティングとは

　キャリアコンサルティングとは，労働者がその適性や職業経験などに応じてみずから職業生活設計を行い，これに即した職業選択や職業訓練などの職業能力開発を効果的に行うことができるよう，労働者の希望に応じて実施される相談その他の支援（援助）のことである。

　2000年代に入って，技術革新の急速化，産業・職業構造の変化，労働者意識の多様化，非正規労働者の拡大，転職の増加，職業能力のミスマッチの拡大などが急速に進展している。これら環境の変化に対応するために，国の施策として職業能力開発の重点を「労働者の職業生活設計に即した自発的な職業能力開発（キャリア形成）と，これに資する職業能力評価制度の整備」におくこととなり，2001年に「雇用対策法」，「職業能力開発促進法」の大改正が行われた。この新たな職業能力開発政策の中心をなすものが，労働者に対するキャリアコンサルティングである。

　このなかで，事業者は労働者に対してキャリアカウンセリング，さらに自己理解，職業理解，職業を経験してみる啓発的経験，職業訓練を受けるなどの方策の実行，職場への定着支援などのキャリアガイダンスを行うこととしている。すなわち，事業主が，自分の会社で働く労働者が自分の職業生活設計を立て，職業経験や職業訓練を受け，キャリアを形成するように支援する「労働者に対するキャリアカウンセリングとキャリアガイダンス」を行うように求めている。

キャリアコンサルティングは，このように，わが国の社会・経済の変化によるニーズに対応するための職業能力開発政策，広くは雇用政策の一環として開始された。そのためキャリアコンサルタントには共通の知識とスキルが国の基準として求められ，その養成が行われてきた。熟練レベル（キャリアコンサルティング技能士2級），指導者レベル（キャリアコンサルティング技能士1級）は，厚生労働大臣が直接試験と認定を行う技能検定制度により資格認定が行われている。標準レベルのキャリアコンサルタントは，従来民間の自由と自主性を重んじ，民間の養成機関が養成と資格の認定を行ってきたが，勤労青年福祉法，職業能力開発促進法，職業安定法など関係法の一部が改正され，2016年にキャリアコンサルタントの国家資格化が実現した。これにより，キャリアコンサルティングの対象は，企業などで現に働いている人だけではなく，これから働く人となる生徒や学生，失業者，転職を考える潜在失業者，引退後地域活動や福祉活動をする高齢者などにまで広がり，その活動範囲はいままでとは比べものにならない「厚さと広がり」を持つこととなった。

2　キャリアコンサルタント国家試験（標準レベル）

　キャリアコンサルティングを担うキャリアコンサルタントは，2016年4月より国家資格になった。キャリアコンサルタントは登録制の名称独占資格とされ，コンサルタントには守秘義務・信用失墜行為の禁止義務が課されている。キャリアコンサルタントでない人はキャリアコンサルタントやそれと紛らわしい名称を名のれなくなった。キャリアコンサルタント試験は，学科試験と実技試験（論述および面接）で行われる。試験は個別の受験が可能であり，学科試験と実技試験の両方に合格し，キャリアコンサルタント名簿に登録することによりキャリアコンサルタントとして名のることができる。また，キャリアコンサルタントは5年ごとに資格の更新を要し，最新の知識・技能を身につけることが義務づけられている。

3　キャリアコンサルタントの活躍の場

　キャリアコンサルタントの活躍の場として，企業のなかでは，従業員のキャリア形成支援者がある。ここでは，従業員のキャリアプランを明確にし，そのために必要な知識・資格の習得や仕事の選択を行うことを支援する機会が増えている。また，大学のキャリアセンターには就職活動中の学生が訪れ，ハローワーク・人材紹介・人材派遣・再就職支援には一般の求職者がやってくる。これらの方の就職，再就職のために効果的な自己分析を行い，エントリーシートの作成を支援し，面接の指導などのキャリアコンサルティングサービスを行うなどの需要へのニーズが高くなっている。

4　キャリアコンサルティングのメリット

(1) キャリアについて相談できる

　身近にキャリアもしくはライフプランについて相談できる人を持っている人は少なく，もし転職や退職，起業などで迷ったときに相談できる人が見あたらないという現状に突きあたることがある。たとえば，将来に対して漠然とした不安がある場合や，転職しようか？　起業しようか？　などいろいろと考える場合，企業内でのキャリアをどのように作っていくかを考える場合など長い職業人生のなかでは思い悩むことが多々ある。そのような際にキャリアコンサルティングを受ければ，自分がどのように今後進んでいきたいかなどの漠然とした不安を解消することができる。

(2) 客観的意見を聞くことができる

　昨今，社会情勢が急激に変化するなかで，キャリアコンサルタントはたえず勉強をする必要がある資格となっている。資格を取得した後も更新が義務づけられた資格であり，つねに新しい知識やスキルの習得が義務づけられて，キャ

リアコンサルティングを行ううえで，たゆまなく学んでいく姿勢が求められている。相談者はそのような専門職であるキャリアコンサルタントから客観的な意見をアドバイスとして受け取る機会を得ることができる。

（3）自分の適性がわかる

自分はいったいどのような職に向いているのか？　また何に興味があるのか？　など自分自身が漠然としているなかで，アセスメントなど分析ツールを使って適職分析を行うことができる。

【参考文献】

木村　周.（2018）.キャリアコンサルティング――理論と実際――.一般社団法人雇用問題研究会

5

職場とハラスメント

杉浦浩美

1　職場のさまざまなハラスメント

　本節ではハラスメントの問題を手がかりに，日本の職場がどのような排除の仕組みを持っているのかを考察し，共生社会における職場のあり方について考えてみたい。日本では，セクシュアル・ハラスメント，パワー・ハラスメント，マタニティ・ハラスメントが職場の3大ハラスメントと呼ばれている。以下，簡単に整理してみよう。

　セクシュアル・ハラスメントはアメリカで生まれた概念で，日本では1980年代の終わりころから用いられるようになった。当初は「セクハラ」という略称を揶揄的に用い，問題そのものを矮小化しようとするメディア報道もあった。しかし，働く女性たちが経験してきた「被害」が各種調査によって明らかにされると，セクシュアル・ハラスメントは職場の性差別を背景に生じる構造的な問題であることが社会にも理解されるようになる。1997年には改正男女雇用機会均等法にセクシュアル・ハラスメント防止が義務づけられるなど，法的な整備や職場のルール作りがすすめられてきた。しかし防止法制定から20年以上を経た現在もなお被害はなくなっていない。非正規雇用など弱い立場で働く女性が増えたことによって，むしろ問題は深刻化しているとの指摘もある。

　2000年代に入るとパワー・ハラスメントという言葉が生まれる。パワー・ハラスメントは，職場の権力関係を背景に強い立場にいる者が弱い立場にいる者に対して行う人権を侵害するような行為である。上司が部下を執拗にいじめ

る，達成不可能な業務を要求し心身ともに追いつめるといったケースが典型例とされる。2010年代になるとマタニティ・ハラスメントが社会問題化する。マタニティ・ハラスメントは働く妊婦に対して組織的に，あるいは個人的になされる嫌がらせや抑圧的な行為のことで，妊娠を理由に退職を迫る，減給したり降格したりするといった不利益取り扱いのみならず，上司や同僚が暴言を浴びせる，こころない態度を取る，妊娠期の就労に必要な母性保護制度の利用を認めないなど，その被害内容は多岐にわたる。パワー・ハラスメントとマタニティ・ハラスメントはセクシュアル・ハラスメントとは違い，日本で生まれた言葉（和製英語）であるが，これらの概念によってそれまで見逃されてきた職場のさまざまな行為が告発されることになった。その意味では，日本の職場固有の問題を映し出す鏡ともいえる。2016年の改正均等法に「妊娠・出産ハラスメント」の防止措置が規定され，2019年にパワー・ハラスメント防止法が成立するなど，法制度上での取り組みもすすめられている。

　それらに加え，パタニティ・ハラスメント（働く父親への嫌がらせ行為）やケア・ハラスメント（介護を抱える労働者へのさまざまな圧力）など，新たなハラスメント概念も生まれている。最近では就活ハラスメント（就職活動をしている学生へのセクシュアル・ハラスメント），カスタマー・ハラスメント（顧客からの理不尽なクレーム）といった言葉も使われるようになった。このように「ハラスメント」が多用される状況について，「なんでもかんでもハラスメントと言うな」「たいした問題でもないのに騒いでいるだけではないのか」といった批判もなされるようになる。ではなぜ「ハラスメント」という表現がこれほどに必要とされているのか，ハラスメント概念を用いることで，職場のどのような問題があぶり出されてきたのかを確認したい。

2　ハラスメント概念が「見える化」した問題

　スペクターとキツセは，「社会問題は，なんらかの想定された状態について苦情を述べ，クレイムを申し立てる個人やグループの活動である」（Spector &

Kitsuse 1977=1990. 119）と定義しているが，クレームを申し立てるためには「現象」を「問題」としてとらえるための認識枠組みが必要となる。そこにある事象を「問題」として社会に告発するために有効な，新しい言葉や概念である。たとえば，「child abuse（子ども虐待）」や「domestic violence（ドメスティック・バイオレンス）」は，それまで，家族という関係性のなかで「しつけ」や「愛情」という名のもとに隠されてきた行為を，「虐待」や「暴力」として告発することを可能にした。

　ハラスメント概念もまた，職場で「あたりまえ」とされてきた現象や行為を「問題」として「見える化」してきた。セクシュアル・ハラスメントは，職場で男性労働者が「あたりまえ」としてきたさまざまな行為が，女性にとっては「不快」であったり「理不尽」であったりすることを明らかにした。セクシュアル・ハラスメントは厚生労働省の指針では「対価型」（「職場において行われる性的な言動に対する女性労働者の対応により当該女性労働者がその労働条件につき不利益を受けるもの」）と「環境型」（「性的な言動により女性労働者の就業環境が害されるもの」）の2つに分類されている。雇用継続や昇進などを条件に性的な関係を強要するといった「対価型」の悪質さや被害の深刻さはいうまでもないが，「環境型」もまた，長く女性労働者を苦しめてきたものだ。性的なからかいや不要な身体的接触，女性の容姿を話題にすることなど，女性たちはこうした日常的な行為を「少々のことはしかたない」「これくらい我慢しなければ」とやり過ごしてきたのではなかったか。セクシュアル・ハラスメントは，そうした男性中心の職場文化で容認されてきた慣習的行為を「就業環境を害する行為」として問題化したのである。そもそも，なぜこれらの行為が職場で容認されてきたのか。それは，男性が女性を「仕事をともにする対等なパートナー」とみなしてこなかったからである。職場という公的な場において女性を性的な対象としてみること自体が，女性排除であり性差別であることを，セクシュアル・ハラスメントという概念は明らかにした。すなわち既存の職場文化そのものを問い直すことが迫られたのである。

3　ハラスメントは事情を抱えた労働者を排除する仕組み

　マタニティ・ハラスメント，パタニティ・ハラスメント，ケア・ハラスメントの3つは，すべて「家族の事情を抱えた労働者」に向けられるものである。妊娠・出産，育児，介護といった家族的責任を果たそうとする労働者に対して，職場で生じるさまざまな圧力や嫌がらせ行為を「ハラスメント」と名づけ，問題化したのである。なぜなら，そうした「事情を抱えた労働者」への差別や排除もまた，職場で容認されてきたのであり，この3つのハラスメント概念はそれを「見える化」したのである。

　女性労働者が妊娠や出産をきっかけに，退職においこまれる，降格される，たとえ就業継続ができたとしても職場でこころない言葉を浴びせられる，などといった状況が，なぜ許されてきたのか。育児休業を取る男性労働者に対して「仕事を優先すべき」「育児休業は女性がとるもの」といった圧力がかけられ，望んでも育休がとれない，とっても左遷されるなどという行為がなぜまかりとおるのか。介護を抱えた労働者が周囲の理解や支援を得られず離職にいたることを，なぜ防げないのか。それは日本の職場が長らく「仕事だけに専念する」，すなわち「事情を抱えない労働者」を基準としてきたからではないだろうか。高度成長期につくられた，性別役割分業に基づく男性労働者の働き方とは，育児や介護といった家族的責任はすべて「妻」にまかせ，自分は「仕事だけに専念する」というものだった。そうした働き方を「よい」とする価値観が，社会や職場に色濃く残っているとすれば，仕事だけに専念できない労働者は「お荷物」，「邪魔者」とされてしまう。妊娠や育児や介護といった事情は「職場にとっては迷惑」とされ，両立を望む労働者は「一人前に働けないくせに権利だけ主張する」という批判にさらされてしまう。そう考えるとマタニティ・ハラスメントもパタニティ・ハラスメントもケア・ハラスメントも，職場に仕事以外の事情を持ち込ませないための圧力装置であり，「事情を抱えた労働者」を排除しようとする仕組みなのである。

　だからこそ，それらを告発し社会に訴え，社会問題として共有することは，これまでの労働者モデルや働き方そのものを問い直すことにつながる。現実に目を向ければ「仕事だけに専念する」という働き方は，多くの人にとって，もはや不可能なものとなっている。共働き家庭が専業主婦世帯の2倍になり，主たる介護者の3人に1人は男性であるといったように，いまや誰もが家族の事情，すなわちケアを抱えている。少子高齢社会では，誰もが何らかの事情を抱えながら，それでも働ける仕組みを作ることが何より求められているのだ。この3つのハラスメント概念はその意味で，これまで職場で認められることが困難だった労働者の「ケアする権利」を主張するためのものであり，職場のありようそのものを変えていく力をもつものである。

【参考文献】

Spector, Malcolm., Kitsuse, John I., (1977). *Constructing Social Problems*, Cummings Publishing.（キツセ, J. I., スペクター, M. B.　村上直之・中河伸俊・鮎川　潤・森　俊太（訳）．(1990)．社会問題の構築──ラベリング理論をこえて──．マルジュ社）
杉浦浩美．(2009)．働く女性とマタニティ・ハラスメント──「労働する身体」と「産む身体」を生きる──．大月書店

第**7**章

SNS時代のコミュニケーション

内城喜貴●編

　本章ではインターネットの普及で大きく変化したコミュニケーションの課題を取り上げる。「ネットコミュニケーション」のプラスマイナスや課題については各節で触れられているが，すでに「ネット時代」に入ってしまった以上，インターネットやＳＮＳといった現代のツールをいかに上手に賢く日々の生活に使うか，が極めて大切になってくる。そのためには個々人や組織がネットコミュニケーションの課題をしっかり理解することが求められる。「コロナ禍」にあってテレワークやテレビ会議の機会が増えてインターネットの利便さがあらためて注目された。新型コロナウイルス感染症については可能な限り正確な情報を得ることが大切だが，風評被害につながる不正確な情報や無責任なデマも流布されている。医療現場で奮闘する従事者への心ない偏見も一部で露呈した。新型コロナウイルスと対峙するためにも現代のツールの特性を理解して，正しく，賢く使うことが必要だ。　　　（内城喜貴）

1

インターネット時代のコミュニケーション

内城喜貴

1 劇的に変化したコミュニケーション

　人類は，狩猟社会，農耕社会，工業社会，そしてインターネットの世界である情報化社会とその社会を進化させてきた。現在，日本ではその情報化社会がさらに進化し，現実空間と仮想空間が融合し経済・社会課題を解決すると謳う「Society5.0」社会が提唱されている。こうした社会構造の根本的な変化のなかでも人間のコミュニケーションは人間存在の基盤である。

　インターネット，特にソーシャルメディアの普及は日常的なコミュニケーションや情報共有，情報発信の在り方を劇的に変化させた。Facebook やLINE, Twitter などの SNS（ソーシャル・ネットワーキング・サービス）は国も年代も関係なく，若い世代だけでなく，高齢者にも日常生活で利用される時代になっている。ネット環境，オンライン環境は日々変化している。人々がその変化のスピードについていけず，しばしば翻弄される状況も生まれている。インターネット世界の課題は今日，社会心理学のきわめて重要な対象である。

　インターネットが普及するまでは，新聞やテレビ，雑誌といった旧来のマスメディアが情報収集の主な手段であった。距離が離れた人同士の日常的なコミュニケーションは固定電話や，手紙・はがきといった郵便制度によって行われていた。1990 年代に入りインターネットが世界的に普及すると，誰もが参加できる情報発信技術によって双方向的なコミュニケーションが可能になった。インターネット上で展開するメディア，それがソーシャルメディアである。

ソーシャルメディアは旧来のメディアと比べ，利便性や即時性が際立って優れていた。代表的なソーシャルメディアはSNSであるが，SNSのほか，ブログや動画共有サービスなどもソーシャルメディアに含まれている。

人々は個人同士，個人と組織，組織と組織との間のコミュニケーション，すなわち情報の共有，発信，交換をSNSなどを通じて行うようになった。ソーシャルメディアという用語が盛んに使われ始めたのは2000年代半ばからだった。やがてスマートフォン（スマホ）が登場し，スマホの普及によってその活用の場が爆発的に広まった。2019年現在，ソーシャルメディア利用者は全世界で30億人とも40億人ともいわれている。

ネット世界にはほぼ無限ともいえる膨大な情報がある。人々は自分にとって必要な情報をそこから選択している。さまざまな「調べもの」はいまや多くの場合「検索」と呼ばれる行為により行われている。パソコンやスマホによるグーグル検索は多くの人々にとって日常的な行為になっており，それが人々の情報収集に大きく貢献している。だが人々がこうした検索を活用するいっぽうで，そのSNS行動から個々人の趣向や嗜好，価値観といった個人データが「アルゴリズム」技術によって「パーソナライゼーション」をされている。つまり個人ごとにカスタマイズされているのだ。パーソナライゼーションがどのようなしくみなのかは「ブラックボックス」になっていて，私たち自身はそれを知ることができない。つまりネットの世界では個人データが知らないうちに管理化されているのである。このことも私たちは忘れてはならない。

2　インターネット特有の心理傾向

SNSなどのソーシャルメディアの即効性や利便性は人々の感情表現にも影響する。インターネットの心理を研究するいくつかの行動観察によると，人々はネット上では相手と向き合う対面コミュニケーションの場に比べて，感情の抑制がより効かない傾向にあるという。それはときに攻撃的な心理に発展して，「ネット炎上」の引き金にもなる。いっぽう，ソーシャルメディアは友情や愛

情といった人間にとって大切な感情を表現するうえで有効でもある。ネット社会は情報の流通ばかりでなく，感情の伝達方法や伝達効果にも大きな影響を与えた。ソーシャルメディア用のプロフィール設定や投稿，インスタグラムや画像公開といった行為は自己愛傾向を増長すると指摘する心理学者もいる。自己愛が自己内省につながればよいが，ネット上で自己を「修飾」することで自己愛が肥大化し，その結果「本当の自分」を失うこともあるという。

　新たなオンライン環境は他者に対する距離感も変えている。たとえばFacebook を使うことで，知人や友人，恋人や家族が最近なにをしたか，なにを考えているかという情報を入手することが容易になった。そのことがさまざまな感情を呼び起こす。その情報が自分らの行動の指針になることもあるが，情報が嫉妬や妬みといったネガティブな感情を増幅させて，自分自身を翻弄することもある。

3　向き合うコミュニケーション

　コミュニケーション手段としてのソーシャルメディアの登場は人々のコミュニケーション行動に決定的な影響を与えた。職場の人間や友人・知人ばかりでなく，見知らぬ遠方の人間とも Facebook や Twitter などで簡単に会話できるようになった。いっぽう，職場の同僚や家族など，対面コミュニケーションできる人間のあいだでも SNS による情報交換をすることが日常的になっている。こうした人々のコミュニケーション手段の革命的な変化は人々のつながり方にも大きく影響し，必然的に人と人が向き合うコミュニケーションの機会を減らしている。

　この変化は人々の日々の行動や認知のあり方にも影響を与えている。インターネットの登場は人々の社会心理に多大な影響を与えた。個人は対面的な人間関係にあっては言葉のやりとり，つまりコミュニケーションを通じて相互理解や問題解決を図っている。やりとりのなかで，妥協や中庸的選択をして人間関係を維持する場面も多い。いっぽう「顔が見えない」ネット環境では，人々

はしばしば自分の意見や考えを「極端化」する傾向が指摘されている ⁽¹⁾。

　多くの人間はストレスやフラストレーション，コンプレックスを抱えて生きているが，通常これらの感情の多くは抑制されている。「匿名」が可能なネット上ではこうした抑制は効きにくい。Facebook や Instagram は自己中心的ツールであり，接し方によって，否応なしに自己顕示が強い他者の投稿の波に流される。自己を見失わない主体性の維持が大切である。

4　行動を左右する認知バイアス

　私たちの行動は自分たちが持っている情報やその情報に対する評価によって規定される。だが，膨大な情報環境のなかで人間の認知能力には限界がある。正確な，正しい情報を的確に判断し，的確な意思表示をして人間として望ましい行動ができるかどうかは実際にはなかなかむずかしい。人々の情報は「感情」や「認知」により，多くの場合，意識されないうちに取捨選択されている。やっかいなのはしばしば起こる認知のゆがみである。「認知のゆがみ」はカウンセリングやメンタルヘルスの文脈で語られているが，ここではインターネット時代，ソーシャルメディア時代という日々大量の情報が氾濫するなかでの問題に触れたい。

　社会心理学的には，人々は大量の情報のなかから自分の価値観や先入観，直観によって情報を選択し行動している。つまり無意識のうちに「認知のバイアス」を通じて行動しているのだ。社会心理学の分野で有名な格言に「人は見たいように見る」という古代ローマの政治家ユリウス・カエサルの言葉がある。つまり人は昔から自分にとって都合がいい情報を集める傾向があるといえる。

　的確な行動をするためには，自分に都合のいい，自分の価値観に合う情報だけでなく，ときに自分の価値観や考えに反した情報とも向き合い，公正な行動に生かすことが求められる。しかしソーシャルメディアでは「認知バイアス」を起こすことが多くある。情報源があやふやな不正確な情報でも人々の感情や特にコンプレックスを軽減するような刺激的な情報ほど拡散される危険性があ

る[2]。

　「バンドワゴン効果」は「流れに乗る」「勝ち馬に乗る」人々の行動傾向である。選挙戦などでも話題になることだが、ソーシャルメディアによる不正確な情報やフェイクニュースがこのバンドワゴン効果に絡むとやっかいなことになる。事実や実態と異なる情報が意図的に流され、それが「大勢」との印象を人々に与え、行動を変化させ、結果的にそれが「事実」とされてしまう。こうした傾向は選挙の世界だけでなく、広告戦略などにも意図的に利用されている。

【注】

(1) (2) ウォレス, P.　川浦康至・和田正人・堀　正（訳）．(2018)．新版インターネットの心理学. NTT 出版

2

ツールとしての SNS

内城喜貴

1　ソーシャルメディアの課題

　いまや Facebook あるいは Twitter によってスマホ上で SNS を操作すれば友人・知人や遠く離れた人々と簡単に情報発信や情報交換をすることができる。また，文章だけでなく動画や音声も簡単に共有することができる。SNS はすでに日常生活に深く入り込んでいる。私たちは，SNS のなかに自分のプロフィールを書き込み，登録し，そしてさまざまな他者とつながっている。SNS のなかではときに虚偽や誇張も含めた「オンライン人格」が発生し，それが社会や世界に伝播されていく。

　ここで重要な問題が生じる。ソーシャルメディアを通じた情報伝達や拡散は，同じような価値観や考えを持つ人々の間で行われ，それが大きな情報の"塊"となっていく傾向にある。情報は正確・不正確にかかわらず，広く拡散していく。偽の情報であってもその内容が人々の関心や好奇心を喚起するものであれば，事実に立脚した正しいニュースよりも速く，遠くまで拡散するというアメリカの研究が報告されている。

　ネット環境，オンライン環境での言語は通常の儀礼的な会話や，比較的公的な文書での言語とは異なる言葉遣いになる傾向がある。ネット環境では，言葉遣いに抑制が効かず，感情がおもむくままに乱暴な言葉が飛び交うことがある。Twitter やチャットの場ではほかにはない略語や短縮表現も用いられる。また，特定の価値観を共有する集団特有の言葉が用いられる傾向もある。

SNSではTwitterの世界を中心に「ネット炎上」がたびたび起きる。炎上自体が悪である，とはいい切れないが，多くの場合，特定の人物や組織の言動や行動がネットを通じて広められた結果，それに接した人々の反発や怒りに触れて，その言動や行動に非難が集中し，個人や組織の自由な言動，行動を委縮させる。非難する根拠に合理性がない場合でも，個人や組織に実害がおよぶケースも増えている。ネット上で「匿名」の隠れ蓑をまとって発信を続け，ネット上で多数派の集団，つまりネット集団をつくって個人などを集中的にたたく行為は「ネット暴力」であるといえる。消費者でもあるSNS利用者が意図的に間違ったメッセージや画像を投稿し，それが拡散されてメーカーやコンビニ運営会社に多大な実害を与えたケースが報告されている。ソーシャルメディアを通じた発信は誰でも簡単に自由にできるものだが，その功罪をしっかり認識し，発信内容を吟味できる「ネット倫理」が重要になっている。

2　フェイクニュースの危険性と情報・メディアリテラシー

　フェイクニュースが拡散しやすいことはいくつかの研究から明らかになっている。フェイクニュースを拡散する人々はそのニュースが「事実にもとづいているか」「正しいか」ではなく，喜怒哀楽や同調・反発といった感情に訴え，「意外性」や「新奇性」に惹かれるから，拡散に参加するのだという。フェイクニュースの最大の問題点は事実を尊ばず，事実を軽視することである。それが人々の行動を惑わし，間違えさせることにつながるならばフェイクニュースをはじめとするネット，ソーシャルメディア上の偽情報対策は今後ますます重要になってくる。

　情報過多時代に生きる私たちはフェイクニュースに代表されるサイバー空間の偽情報により行動選択を誤らないことが求められる。そして膨大な情報のなかから正しい情報を選択する能力，「情報リテラシー」（本章3で解説）が重要になってくる。さらに新聞やテレビ，雑誌といった既存メディアに新たなソーシャルメディアを加えた新旧すべてのメディアの情報の中からみずからの行動

を惑わす偽情報を見抜く「メディアリテラシー」（本章3で解説）が重要になる。メディアリテラシーを高めるためには成長期の教育が重要であるとされる。ソーシャルメディアのさまざまな特徴や課題，ジャーナリズムの可能性や限界などもその教育対象に含まれてくる。求められるのはそうしたリテラシーの大切さを共有できる社会づくりである。

3　ネット拡散による価値の分断を避けるために

　SNSでさまざまな情報や動画などのコンテンツを発信すると似かよった情報がまとまりながら拡散する傾向がある。SNSでの「いいね！」やシェア，リツイートによる情報拡散だ。たとえば，誰かの行為を批判するツイートを発信すると同様な批判が続いて，それが拡散され，増幅されていく。そうした批判を逆に批判する内容のツイートをすると，それが猛烈な反発を受けることがある。こうした状況は「エコーチェンバー」現象の一つでもある。こうしたネット時代の現象は同じ価値観を持つ集団の形成を促進するいっぽう，価値観が異なる集団と交流する機会や，情報を共有し，共感する機会を失わせるおそれがあり，価値観の異なる集団の集合からなる社会全体を分断する可能性があることを認識する必要がある。そのいっぽうでソーシャルメディアの効用を理解することも重要である。ソーシャルメディアには，利便性や，即効性にすぐれていること以外にも多くの利点がある。たとえば，地域活動やボランティア活動，支援グループの編成，「クラウドファンディング」と呼ばれる資金調達への活用や，同じ価値観や目標を持つグループをつくって行動を起こす際にもソーシャルメディアは有効であるといえる。

4　信頼できる情報とメディア

　ソーシャルメディアが選挙運動で大きな役割を果たすことを広く印象づけたのは2016年の米大統領選挙であった。共和党候補のドナルド・トランプ氏が

予想を覆して民主党候補のヒラリー・クリントン氏を破って当選した。この選挙戦では信頼性に乏しい不正確な情報やデマ，意図性を持った政治的プロパガンダがソーシャルメディアを通じて大量に拡散された。不正確な情報がSNSを通じて流され，それが大量の「いいね！」を集めて「世論」として無秩序に拡散された。こうして形成された「世論」は有権者の投票行動に多大な影響を及ぼしたといわれている。

　信頼できるメディアは何であるかを明確にし，そうしたメディアと市民がニュースの「ファクトチェック」（本章3で解説）を行うというような社会的な取り組みも必要になってくる。「紙メディア」としての新聞はやがて消滅するといわれる。そうしたなかで米国にはフェイクニュースと戦う，CNNやニューヨークタイムズのように徹底的に事実にこだわり，またファクトチェックの試みを続けるメディアが存在する。新聞などによる従来の「調査報道」は，政府など情報操作も可能な権力が隠蔽（いんぺい）しようとする情報を時間と手間をかけて明らかにするものだった。フェイクニュースに対峙するファクトチェックの試みはネット時代，オンライン時代における，調査報道の新しい形ともいえる。ネットに流布されている情報が，人々を惑わす「フェイク」「偽」であることを証明し，的確な行動につながる正しい情報を伝えるには「事実」を根気よく集め，それらを論理的に説得力ある形で人々に提示するしかない。

5　終わらないネット時代

　家族が食卓をかこんでも，それぞれがスマホを操作するだけでおたがいに会話もしないという事例がしばしば語られている。家庭でも学校・職場でもスマホから離れられずに人間関係や日常生活に支障をきたすネット依存の症例も数多く報告されている。ツールとしてのスマホやSNSが悪いのではない。ネット依存はそれを使う人間や人間社会のあり方に起因するケースが多いのである。

　インターネットの時代は終わることがない。今後ソーシャルメディアやSNSをどのように使うかについての「知恵」が問われている。インターネッ

トは中産階級を空洞化し，貧富の差をいっそう拡大するという指摘がある。他方，そうした見方を否定する指摘もある。ネット世界の未来予測は，バラ色の世界から悲観的社会にいたるまでさまざまである。はたしてどうなるのか。これからの社会のあり方は個人のリテラシーに基づく主体的な行為と知恵によって決められることになるだろう。

【参考文献】

笹原和俊 . (2018). フェイクニュースを科学する . 化学同人

3

情報リテラシー

鎌田光宣

1 共生社会における情報リテラシー

　スマートフォンなどのモバイル情報端末が普及している。多くの人が情報端末を持ち歩いて利用し，また活用している。情報端末は今後さらに進化し，人々のコミュニケーションの道具としてますます身近で重要な存在になってくることだろう。また IoT（Internet of Things：モノのインターネット）により身のまわりのあらゆるモノがインターネットにつながることで，生活がより便利に快適になることが予想される。しかし，それは必ずしもよい面だけではない。たとえば，私たちの行動履歴や購買履歴はビッグデータの一部として知らないところで収集され，取り引きされている。私たちは自分たちの行動が記録されていることを認識し，その情報が適切に管理されていることを確認する必要がある。さらに，ICT（インターネットなどの情報通信技術）の利活用能力が高い人とそうでない人との間で格差（デジタルディバイド）が広がっていくことが懸念される。

　また，情報について正しい理解がないままそれを利用することで，人々がトラブルに巻き込まれる可能性も高くなるだろう。

　そのため，あらゆる世代に対する情報リテラシー教育が今後ますます重要になってくる。情報リテラシーとは，みずからの目的を達するために適切に情報を活用するために求められる基礎的な知識や技能である。ここでは，メディアを通じた情報の適切な表現や発信に関する「メディアリテラシー」，コン

216

ピュータやデジタル機器の利用に関する「IT（ICT）リテラシー」，インターネットを適切な利用に関する「インターネットリテラシー」も含めて考えたい。以下に，SNS時代のコミュニケーションに必要なスキルとして，情報リテラシーの一部である「情報モラル（情報倫理）」，「情報セキュリティー」，そして「ファクトチェック」について述べる。

2　情報モラル

　近年，Facebook，Twitter，Instagram，YouTubeなどのソーシャルメディアの普及に伴い，若者を中心に，新聞やテレビを見ない人が増えている。個人でも手軽に写真つきの文章や動画を世界に向けて配信できるようになり，また，小中学生が将来なりたい職業の上位に「YouTuber（ユーチューバー）」が登場するなど，これまでマスメディアが独占してきた動画の配信が個人の手に渡ったことで，人々とメディアの関係に大きな変化が起きている。個人が簡単に情報発信をできることにはメリットも多くあるいっぽう，デメリットも少なくない。とりわけ大きな問題として挙げられるのが「炎上」および「フェイクニュース」（後述）である。

　IT用語としての「炎上」とは，あるユーザーの言動が他のユーザーの反感を買い，ウェブ上で集中的に批判や悪評が飛び交う騒ぎを表す言葉である。企業の場合には，問い合わせ先の電話や公式Twitterアカウントに非難の声が殺到する。その際に対応を誤ると，騒ぎが拡大発展することもある。個人の場合には，住所や氏名が特定されてウェブ上に晒されることもある。それだけでなく，風評被害を受けることも少なくない。非常識な行動や悪ふざけ，真偽不明な情報の発信，あるいは政治的な発言や思想・信条にかかわる言動・行動が炎上につながることが多い。これは，ソーシャルメディアを利用する際に最大限に注意すべき事項であり，その危険性は広く周知される必要がある。また，知名度を上げる目的で自発的に炎上を起こそうとする者もいる。そのような振る舞いは「炎上マーケティング」と呼ばれている。

被害者を生まないためにも，気づかないうちに自分が加害者にならないためにも，情報モラル（情報倫理）の教育が必要である。情報モラルとは，インターネットの利用によって，みずからを危険にさらしたり，他者を害したりしないようにするための考え方や道徳上の規範のことである。

3　情報セキュリティ

　個人で使う PC や携帯情報端末にもさまざまな個人情報が入っている。個人情報は，電子マネーの取引や銀行口座の管理にも使われる。また PC や携帯端末にパスワードなどを入力する機会も数多くある。PC や端末の紛失や盗難を避けるのはもちろんのこと，利用時に特に注意しなければならないのは，「コンピュータウイルス」「スパイウェア」「フィッシング」である。

　「コンピュータウイルス」は，電子メールや Web ページ，USB メモリなど，さまざまな経路から侵入し，情報漏えい，情報の改ざん，情報の破壊，他の PC への攻撃の踏み台にされる，といった大きな被害をもたらす。

　「スパイウェア」は，有益なソフトウェアを装って，ユーザーに気づかれずに，あるいはユーザーの承認を得ずにコンピュータにインストールされ，ユーザーの行動や個人情報を収集し，悪意のある第三者に送信するソフトウェアのことである。

　「フィッシング（Phishing）」とは，銀行やクレジットカード会社，通販会社などを装った電子メールを送り，住所，氏名，銀行口座番号，クレジットカード番号などの個人情報を詐取する行為である。最近では，携帯電話の SMS（ショートメッセージ）にメッセージを送り，本物の Web サイトに偽装した Web サイトに誘導して個人情報を得ようとする手段もめだっている。

　これらの被害に遭わないようにするには，ウイルス対策ソフトの導入や，スパイウェアやフィッシング詐欺を検知するサービスの利用が不可欠である。そのうえで，ウイルス対策ソフトの検知用データをつねに最新の状態にしておき，知らない人から来た電子メールの添付ファイルを不用意に開かないようにする

といった日ごろからの注意も必要である。さらに，これらの攻撃の手口を理解し，つねに最新の情報を得る努力をすることが大切である。

4　ファクトチェック

　インターネット上では残念なことに，フェイクニュースや不正レビューが横行している。「フェイクニュース」は，虚偽の情報でつくられたニュースのことで，おもにネット上で発信・拡散されるうその記事を指すが，誹謗・中傷を目的にした個人発信の投稿などを含む場合もある。フェイクニュースの事例を一つ挙げる。2016年に英国がEU離脱の是非を問う国民投票を行った際，離脱の大きなメリットを数字で示していたものの，国民投票後にそれらの数字が根拠のないものであることが判明した。フェイクニュースが国民投票を左右したことは国を揺るがす大きな問題となった。

　このような環境においては，「ファクトチェック」を行っている団体の情報を参考にし，あるいは利用者それぞれが「ファクトチェック」のスキルを身につけていく必要がある。ファクトチェックとは，社会に広がっている情報・ニュースや言説が事実に基づいているかどうかを調べることである。その日本語の訳語としては「真偽検証」があてはまる。ファクトチェックは，情報のなかに含まれる「事実として語っているにもかかわらず事実かどうか怪しい内容」を見つけることから始める。その後，インターネットでその出処を確認し，統計については政府機関などに確認するといった検証作業を行う。そして，それらの結果を，評価基準にあてはめるのである。

　また，フェイクニュースとはやや異なるものの，同じく虚偽の情報で消費者を苦しめているのが「不正レビュー」である。「不正レビュー」とは，オンラインショッピングサイトで商品を販売している業者が，自分たちの商品に高評価をつける目的で書いた自作自演のレビュー，いわゆる「やらせレビュー（ステマレビュー，さくらレビューとも呼ばれる）」をさす。競争相手を陥れるために相手商品に故意に低い点数をつける場合もある。このような不正レビューは業

者がみずから書き込んだり，少額の謝礼と引き換えに個人に書き込みを依頼したりといった，さまざまな手法で行われている。消費者でもあるわれわれは，不正レビューを見抜き，SNS などを活用して悪質業者を排除する取り組みに積極的にかかわっていく必要がある。

【参考文献】

堀田龍也・西田光昭. (2018). だれもが実践できるネットモラル・セキュリティ. 三省堂
立岩陽一郎. (2019). ファクトチェック最前線——フェイクニュースに翻弄されない社会を目指して——. あけび書房

4

SNS を活用した「婚活」への新たな試み

阿部美幸

1　男女とも上昇する「50 歳時未婚率」

　50 歳時に結婚していない人の割合は「50 歳時未婚率」と呼ばれている。5 年に 1 度の国勢調査に基づき，厚生労働省の研究機関である国立社会保障・人口問題研究所はこれまでの男女の 50 歳時未婚率の推移を公表している。それによると 1985 年まで生涯未婚率の割合は 5% 以下であった。50 歳時未婚率は 1990 年代に入ってからは少しずつ上昇に転じて 2010 年には男性で 24.2%，女性で 14.9% であった。この比率は将来推計では 2010 年以降も増加を続けるとみられ，2035 年には 50 歳時未婚率は男性で 29.0%，女性では 19.2% になると予測されている。

2　結婚相談所における出会いの現状

　「50 歳時未婚率」の上昇には男女ともに現代社会における経済的・社会的変化，人口動態，ライフスタイルの変化，女性の社会進出などの要因が複合的に影響していると考えられる。未婚率が高まり結婚を意識しない人もいるが，一般的には未婚率が高まれば，結婚を意識する人も増えている。国立社会保障・人口問題研究所の「未婚者が現在の交際相手と出会ったきっかけの構成（第 15 回調査，2015）」によれば，既婚者の約 95% は「職場や仕事で」，「友人兄弟姉妹を通じて」，「学校で」，「見合い結婚で」などといった身近な地域社会のなか

で出会うことから結婚にいたっている。これらをのぞく「その他」の約5%中に結婚相談所などの利用が含まれている。

　経済産業省が実施した「結婚情報サービスに関する利用者調査」（2009）によれば20〜40代の結婚情報サービスの利用経験者は20人に1人であった。これに対し「結婚情報サービス業調査に関する報告書」（神林龍・児玉直美，2018）では，結婚情報サービスの利用経験者は9人に1人であった。10年前と比較すると結婚相談所の利用者は大幅に増えているといえる。このような現代の結婚相談所には（1）民間の結婚相談，（2）公的機関の取り組み，（3）街コン・婚活パーティ，（4）SNSを利用するものがある。

（1）民間の結婚相談

　大手といわれる結婚相談所は現在19社存在している（2019年）。他方，中小の結婚相談所は全国に無数に点在しており，その数は5,000社を超えている。相談所の入会金は10〜30万円程度，月会費1〜2万円程度で，その他，成婚料は1人10〜20万円程度が一般的である。実際の利用にはこのほかにお見合い料やデート代などの費用がかかることになる。会員登録にあたっては情報の信頼度を高めるために登録者は「独身証明書」，「勤務先証明書」，「卒業証明書」などを相談所に提出し，同時に年齢，職業，学歴，趣味などを登録する。各相談所はほとんどがいずれかの連盟もしくは協会に所属しており，所属先の情報をネットワークで共有しあうことで男女会員のマッチングの効率を高めることが広く行われている。現在，大手と中小の結婚相談所の会員数はあわせておよそ30万人と推定されている。また，このようなシステムで結婚が決まっていくのは登録された会員の15〜20%程度であると推定される。

　民間の結婚相談所の長所は相談員を有することであり，短所は料金が高額となることである。2人の直接的な見合いやデートにいたるまでのプロセスを「事前プロセス」と呼ぶ。結婚相談所の事前プロセスでは，男女相互の客観的条件での検索やマッチングが中心になりがちである。男女それぞれのデータが優先されることになる。

(2) 公的機関の取り組み

　内閣府は日本の人口減少に鑑み，少子化対策として，結婚支援など多様な対策を講じている。これを受けて各地方自治体もさまざまな結婚支援を行っている。大都市では，民間の結婚相談所が多いので公的な支援は少ないいっぽう，地方では積極的に結婚支援が行われている。たとえば農林漁村部などの過疎地での婚活イベントや民間の結婚相談所の入会に対し，地方自治体が補助金を出すことも行われている。また公的機関が民間の結婚相談所と共催で婚活イベントを企画することもある。その場合の長所として民間の結婚相談所に比べて料金が安いことや，地元の人と出会いやすいことがある。他方会員数が少ないこともあって，実際の出会いの機会は必ずしも多くないといえる。

(3) 街コン，婚活パーティ

　街コンとは，都市部の飲食店が地域振興のために男女の出会いの場を提供することをいう。参加者の年齢や卒業大学を限定したり，食事，ワイン，ゲームなどのイベントを中心に企画している例もあり，その参加者の多くは20代の若い世代である。

　婚活パーティには，おもに結婚相談所が会員のために行うパーティと，一般の人向けに行うパーティがある。パーティの参加者は20歳代後半から40歳代が多い。また婚活パーティでは異性相互が全員と話せるように，5分程度の会話をしては，次の人と会話をするサイクルを繰り返すといった形式が多い。

　街コンや婚活パーティの長所は，気軽にいつでも参加できることと，実際に複数の人と会話ができるという点である。短所としては人物を証明する根拠が少ないことと，相互理解のための会話がイベント中心に進められることである。このためおたがいに表面的な会話をしてその場が終りになりがちである。その結果，心の通い合う会話がなされることはむずかしい。

(4) 婚活へのSNSの利用と課題－登録は多いが結婚にはなかなかいたらない

　SNSはおもにインターネットを活用したコミュニケーションを総称する言

葉である。SNSでは好きな時に多数の個人とコミュニケーションをとることができる。この利便性から，SNSは結婚相談所のシステムに広く浸透している。SNSの活用例は大きく2つに分かれる。一つは結婚相談所でのSNSを利用した条件検索であり，もう1つは「婚活アプリ」としての活用である。

結婚相談所のSNSでは，会員自身がデータ検索をすることによって，書き込んだメッセージを事前のコミュニケーションツールとして活用することが多い。

婚活アプリを利用する場合には必要項目を記入して料金を支払えば会員になることができる。会員になれば自由に相手を検索しコンタクトができる。現在，約20以上の婚活アプリがあり，登録人数は1つのアプリあたりで100〜1,400万人ほどになる。これはたいへんな数である。登録料は3,000円程度と手軽な金額に抑えられ，登録人数も増加傾向にある。結婚相談所では登録に各種の証明書が必要であり，また個人情報を厳しく管理しているが，婚活アプリでは年齢，職業，収入などの記載についての管理は厳しくなく，その記載内容は必ずしも信頼できるものとは限らない。

SNSを使った婚活の長所はいつでもどこでも自分の希望条件に合う相手に申し込みをすることができる点である。これに対して短所は，客観的条件の整った人に申し込みが集中する傾向があって，実際にお見合いにいたるまでの件数が非常に少ないことだ。登録数は多くても実際には結婚までなかなかいたることはない。これがSNS婚活の大きな課題である。以上の4つの結婚相談に共通しているのは，お見合いにいたるまでの事前プロセスに人間的，人格的な触れ合いの機会が欠如している点であろう。

3　データ優先の結婚相談に欠けているもの

結婚はそれに続く長い結婚生活の入り口にすぎない。結婚生活においては出産，子育て，仕事，病気，家族，夫婦の関係，親の介護といった，さまざまな問題や課題が次々にやってくる。これらの問題や課題を夫婦二人で協力して乗

り越えていくには，相互の人間的な思いやりと受容や共感に基づく関係が非常に重要になる。そのためにもお見合いや最初のデートにいたる事前プロセスの段階から，単なる属性や身体的特徴といったデータを優先させたさまざまな条件によるマッチングだけでなく，おたがいに関心のある人たちとグループ状況で率直かつ内面的な交流をする機会を持つことも必要であると考えられる。

　臨床心理学の分野では，グループ状況によって人と人との豊かな出会いを可能にするさまざまなワークが研究されてきた。こういった人間的な出会いの効果が確かめられたグループワークを婚活の事前プロセスに活用することの意味は大きいと考えられる。

4　構成的グループエンカウンターの婚活へのささやかな試み

　臨床心理学の分野で広く行われ，よく知られているものに構成的グループエンカウンター（以下 SGE と略記する）と呼ばれるグループワークがある。SGEとは集団のなかで話し合うことによって人間的な心の触れ合いを体験し自己理解，他者理解，リレーション作りを深めていくワークである。この SGE は婚活のための事前プロセスに役立つと考えられる。国分康孝（2004）が提唱したSGE は，さまざまな心理学的なエクササイズを体験しながら参加者の心理面の発達と成長を促すものである。

　筆者は婚活の事前プロセスにおいてそれぞれの状況に合わせて1時間のSGE，3時間の SGE，1日の SGE，宿泊を伴う SGE を実施してきた。また参加者の状況に添った心理的エクササイズを厳選して SGE の全体を構成した。その結果，メンバーの一人ひとりが，深く自分の気持ちに気づくようになり，メンバーが相互の間で感じられた体験の自己開示が促進され，さらにメンバー同士の関係が深まることが確認された。同時に SGE の参加体験が増えることにより，いっそうの心の成長が見られる傾向があった（阿部美幸, 2017）。SGEは SNS に代表される現在の結婚相談所に欠けている要素を補う重要なグループワークになると思われる。SGE の他にも臨床心理学の分野ではクルト・レ

ヴィンの「Ｔグループ」，カール・ロジャーズの「ベーシックエンカウンター
グループ」，村山正治の「PCAGIP」，清水幹夫の「自己生成プロセスワーク」
などのグループワークがある。これらのグループワークを婚活の事前プロセス
に役立てていきたいと筆者は考えている。

【参考文献】

阿部美幸.（2017）. 婚活への構成的グループエンカウンターの試み（1）日本人間関係学会第25回全国大
　　会

神林　龍・児玉直美.（2018）. 平成29年度. 結婚情報サービス業調査に関する報告　一橋大学経済研究
　　所　Discussion Paper Series. A. No. 687.

国分康孝.（2004）. 構成的グループエンカウンター辞典.　図書文化

国立社会保障・人口問題研究所.（2015）. 人口統計資料集2015年版　生涯未婚率推移

Rogers, C. A.,（1972）. *Becoming Partners; Marriage and Its Alternatives.* Delacorte Press.（ロジャーズ，
　　C. R.　村山尚子・村山正治（訳）.（1982）.　結婚革命──パートナーになること──. サイマル出版
　　会）

第 **8** 章

地域住民との共生教育

勅使河原隆行・編

　地域社会において，誰も排除せずにともに生きるという「共生社会」を実現するためには，地域住民一人ひとりの意識を変えていく必要がある。そのための方法の一つとして，学校現場をはじめ，地域における福祉教育があげられ，多様性の尊重や共生社会に関する知識を身につけること（共生教育）や，地域福祉の推進や地域活性化を促すことなどが期待されている。

　本章では，地域住民との共生教育について，大学と地域社会が連携した取り組みについて紹介する。これらの取り組みとは，大学と障害者福祉法人が連携して，さまざまな人たちとの共生社会を推進することを目指して実施した福祉イベント，大学が東日本大震災の被災地支援，避難者支援，復興支援を目的とした実施したイベントや商品開発，大学と地域住民が連携して地域活性化を目的として実施した田んぼアートなどである。さらには，実際に活動を行った学生に，多様性や共生社会についてどのような学びがあったのかについて，経済産業省が提唱している社会人基礎力を取り上げて分析している。

（勅使河原隆行）

1

共生社会に向けた福祉教育

勅使河原隆行

1　はじめに

　誰もが自分らしく生き，地域のなかで差別や排除されることのない「共生社会」を実現するためには，法律や制度といった仕組みを変えるだけではなく，一人ひとりの意識を変えていくことが必要である。そのためには学校現場をはじめ，地域においても福祉教育が重要な意味を持つ。ここでいう福祉教育とは，誰もが社会福祉に興味関心を持ち，今日のさまざまな福祉的課題に主体的に取り組むことができるように育てることを目的とした教育活動のことである。この福祉教育について全国社会福祉協議会では，「地域福祉とは福祉教育にはじまり，福祉教育におわる」という言葉を用いて，地域住民が主体的に活動できるように育むことが地域福祉の推進には不可欠であるとしている。さらには，住民一人ひとりに対して社会福祉に関する偏見や誤解を取り除き，地域社会において誰も排除せず，ともに生きるという「共生社会」の実現に向けた意識を共有させることを促していくこととしている。

2　福祉教育とは

　福祉教育については，これまでさまざまな研究者がその概念や目的を考えてきた。全国社会福祉協議会では，「福祉教育とは，平和と人権を基盤にした市民社会の担い手として，社会福祉について協同で学びあい，地域における共生

の文化を創造する総合的な活動である。」[1]とし，地域を基盤として社会福祉に対する情報を発信して興味関心を持ってもらうことや，講演会やイベントを通じた広報・啓発活動を実施している。また各種講座では，住民がみずからの手で地域の問題や課題を発見し，その解決方法を導き出す方策について共有するプロセスなどを提供している。この教育活動を通じて，住民が主体となって共生社会の実現に向けた地域福祉の推進を行うことができるようになることが期待されている。大橋謙策は，「福祉教育とは，憲法13条，25条等に規定された人権を前提にして成り立つ平和と民主主義社会を作りあげるために，歴史的にも，社会的にも疎外されてきた社会福祉問題を素材として学習することであり，それらとの切り結びを通じて社会福祉制度，活動への関心と理解をすすめ，自らの人間形成を図りつつ社会福祉サービスを受給している人々を，社会から，地域から疎外することなく，共に手をたずさえて豊かに生きていく力，社会福祉問題を解決する実践力を身につけることを目的に行われる意図的な活動である。」[2]としている。すなわち福祉教育とは，地域において人と人とのつながりを大切にしながら社会福祉に関する問題解決に向けて学び合うことなどを基本として行われるものである。福祉教育では多様性の尊重や共生社会に関する知識を身につけ，地域福祉の推進を促すことが期待されている。

3　学校と福祉教育

　1990年代以降，学校教育においては個性を重視する教育や，国際化・情報化への対応などが目標とされてきた。個性を重視する教育では，これまでの画一性や閉鎖性ではなく，個性の尊重，個人の尊厳などを重視するようになった。これらは，各科目をはじめ学校行事やクラブ活動やボランティア活動等を通じて，たとえば障害の有無にかかわらず，さまざまな人々と地域のなかで関わることにより，多様性や価値観を尊重することで福祉のマインドを身につけさせようとの趣旨からである。このことについて1989年（平成元年）の学習指導要領改訂では，総則において「学校の教育活動を進めるに当たっては，自ら学

ぶ意欲と社会の変化に主体的に対応できる能力の育成を図るとともに，基礎
的・基本的な内容の指導を徹底し，個性を生かす教育の充実に努めなければな
らない。」と規定されている⁽³⁾。

　その後，1998年（平成10年）の学習指導要領改訂では「総合的な学習の時
間」が創設され，各学校が特色ある教育活動を展開できるようになって，福祉
をテーマとした学習を実施する学校が増えていった。具体的な福祉教育として，
小学校や中学校においては，地域の養護学校や福祉施設との交流会，高齢者体
験，車いす体験などが行われた。その他にも，高齢者施設や障害者施設等での
ボランティア活動などの取り組みが行われた。

　高等学校においては総合的な学習の時間に加え，教科「福祉」が設置され，
「社会福祉に関する基礎的・基本的な知識と技術を総合的，体験的に習得させ，
社会福祉の理念と意義を理解させるとともに，社会福祉に関する諸課題を主体
的に解決し，社会福祉の増進に寄与する創造的な能力と実践的な態度を育て
る。」ことを目標とし，社会福祉に関する知識と技術の習得にとどまることな
く，体験を通じて総合的に学ぶとしている⁽⁴⁾。

　大学においては，社会福祉専門職養成のための福祉教育をはじめ，地域社会
と連携をしてより実践的な福祉教育が行われている。さらには，共生社会の実
現に向けたソーシャルアクションを実践できる人材を育てることを目的とした
福祉教育など，各大学がアクティブ・ラーニングなどさまざまな手法を用いて
福祉教育を行っている。具体的な取り組みの事例については次節以降において
紹介する。このように共生社会の実現に向けた学校教育における福祉教育は，
ボランティアや総合的な学習，教科「福祉」，地域との連携などによって行わ
れている。

4　地域と福祉教育

　近年，福祉教育は学校だけではなく，地域で生活するすべての人を対象とし
て行われている。これは，共生社会の実現や地域福祉を推進するためにも，地

域を基盤とした福祉教育の必要性が求められているためである。地域における福祉教育では，住民自身が自分の地域の福祉課題や社会問題を発見し，その解決に向けて主体となって動けるように，住民を育てることが大切である。地域住民が自分の住む地域の現状について知ることはもちろん，多様性を理解し共生社会の実現に向けて，個人の意識や行動を変化させて地域全体での福祉意識を変えていくことが望まれている。

　また社会福祉法においては，市町村が包括的な支援体制を整備することについて規定がされている。同法第 106 条の 3 の 1 では，「地域福祉に関する活動への地域住民の参加を促す活動を行う者に対する支援，地域住民等が相互に交流を図ることができる拠点の整備，地域住民等に対する研修の実施その他の地域住民等が地域福祉を推進するために必要な環境の整備に関する事業」を行うこととされている。これまでもボランティア養成を目的とした講座をはじめ，住民がみずから企画した地域交流イベントの開催などが行われてきた。また，地域においては，サークル活動やサロン活動が行われていることもあり，これらの住民同士のつながりを用いて，住民主体となって動けるようなネットワーク作りをしていくことも考えられる。しかし地域のなかでも意識が高い住民が参加するだけにとどまっている現状があり，福祉に対して興味が薄い住民や，無関心な住民，地域の福祉に興味関心はあるとしても，時間的な制約によってボランティアなどに参加できない住民や，参加方法を知らない住民も存在する。さらには，地域におけるさまざまなニーズや問題が，多様化，複雑化していることを踏まえて，子どもから大人までが福祉教育を受けられるようにすることが急務である。そのためには，学校，地域，行政が一体となって，どのように福祉教育を行うのかについて考える必要がある。

　このように地域における福祉教育では，住民が主体的に活動できるように働きかけをすることが大切であるが，共生社会の実現に向けた福祉教育の手法やプログラム内容については，その地域の状況や特性に応じて決定し，常に中身の見直しをすることが特に大切である。

【注】

(1) 社会福祉法人全国福祉協議会.（2005）. 社会福祉協議会における福祉教育推進検討委員会報告書. 5. 全国福祉協議会

(2) 大橋謙策.（1995）. 地域福祉論. 80-81. 放送大学教育振興会.

(3) 下記の小学校・中学校・高等学校の各学習指導要領に規定されている。

・文部省.（1989）. 小学校学習指導要領 全文と改訂の要点―平成元年（1989）改訂版. 6. 明治図書出版

・文部省.（1989）. 中学校学習指導要領 全文と改訂の要点―平成元年（1989）改訂版. 6. 明治図書出版

・文部省.（1989）. 高等学校学習指導要領 全文と改訂の要点―平成元年（1989）改訂版. 5. 明治図書出版

(4) 文部省.（2000）. 高等学校学習指導要領解説福祉編. 10. 実教出版

2

大学と地域社会の連携

勅使河原隆行

1　はじめに

　近年，全国各地で大学と地域社会が連携した，さまざまな取り組みが行われている。これは，大学が持っている教育や研究のノウハウや成果を地域社会に還元することや，地域課題を解決することが大学に期待されているからである。また地域にとっては，若い世代が地域に入り住民とともに地域課題の解決に取り組んだり，地域を盛り上げたりすることで地域活性化につながる可能性がある。大学にとっては，それが学生に対して教育や研究の場（フィールドワーク）の提供となり，さまざまな人とかかわることで多様性や共生社会について学生が理解することにもつながる。そして両者にとって，地域社会で活躍する人材育成にもつながることなどが期待されている。ここでは，大学と地域社会の連携について取り上げる。

2　福祉ライブカフェ

　2019年3月より定期的に「大学と地域と施設のごちゃまぜ文化祭」をテーマとして，千葉県知的障害者福祉施設協会と千葉商科大学人間社会学部が連携をして，千葉県内の42の障害者福祉の法人が参加するイベントを開催している。このイベントは，学生が主体になって企画して，地域のカフェや施設で作っている商品の販売などを行うこととし，福祉業界に対するイメージや人材

図 8-2-1　福祉ライブカフェの様子

不足が問題となっている現状を踏まえ，学生や地域の方に障害者福祉の魅力を伝え，さまざまな人たちとの共生社会を推進することをめざしたものである。もちろん，福祉人材確保の観点からの就職に関するイベント（就職説明会）という要素も含まれるが，堅苦しいイメージを取り除くことを第一に考えた。そのためこのイベントへの参加にあたっては，学生はもちろんのこと，施設の職員（人事担当者）もスーツではなく私服で参加することを条件とした。会場内にはカフェや体験コーナーを設けて，障害者自身がふだんの施設のなかで行っている活動内容を再現することによって，参加者と障害者が直接交流を持てるようにした。その他，障害者自身によるダンスパフォーマンスや，施設職員と学生とによるトークセッションなどを行い，多様性の理解や共生社会の推進に向けた取り組みを行った。企画を行った学生からは，「準備段階の企画会議の実施場所が毎回異なる福祉施設で開催されたため，施設や利用者についても理解を深めることができた」，「障害者福祉も面白いかもと思うことができた」，「ただの就職説明会に参加するだけでは築けないような関係性を，いっしょに運営した職員さんと築くことができた」などの意見が挙がった。さらには，参加した一般の方からは「障害者本人のパフォーマンスが会場を盛り上げていた」という前向きな感想があったほか，障害者本人からも「ぜひまた来年も来てがんばりたいなぁ」という声があった（図 8-2-1）。

　このイベントを通じて，地域・障害者・施設職員・学生といったそれぞれの立場の方たちとの交流をすることができ，それぞれが多様性の理解や共生社会について理解をすることにつながったと思われる。

3　ままカフェ@千葉商科大学

　東日本大震災後より，避難者同士の交流などを目的とした交流イベント「ままカフェ@千葉商科大学」を千葉商科大学にて定期的に開催している。これは，大学のある千葉県市川市近隣に避難された方々のうち，とくに子育て中の親子たちの避難先での悩みや，子育ての悩みなどについての相談を行いながら，避難者同士の交流を行うものである。主に自主避難者の支援活動として行うもので，千葉県市川市周辺の避難者への交流会や支援が少ないことから，ふくしま子ども支援センター（NPO法人ビーンズふくしま）や，福島県庁避難者支援課の協力を得て開催しているものである。

　このままカフェでは毎回多くの親子が参加して，交流を深めるきっかけとなっている。参加する親たちには，ゆっくり語り合って交流を深めてもらえるように，学生が地域の珈琲店で指導を受けたドリップコーヒーを提供したり，子どもたちの遊び相手となっていっしょにアニメを見たり，お絵かきをしたり，消しゴムハンコや缶バッジを作ったりといった作業を行っている。

　避難者自身もさまざまな交流会などに参加することによって，少しずつ地域の仲間として生活をしてきている。震災直後は行政が主導で行ってきた支援活動が多かったが，近年ではその活動も縮小されるもしくは打ち切りになっている。しかし災害が不断に発生している現状を踏まえて最近では，地域住民や避難者自身が，みずからの手で地域での交流会などを企画・実施している場合もある。それによって，避難者自身が地域への定着を図るとともに，その地域に溶け込み，今後も起こりうる災害に備えて地域での連携の強化にも取り組むこととなる。

　なお，これらのイベントの企画・運営にあたっては，大学生のような若い世代が行うことも期待されている。これは，若い世代が持つ柔軟な発想や積極的な行動を，地域の活性力として活かそうとしているからである。また参加対象者に避難者だけではなく，すべての地域住民を対象としていることも多い。学

生にとっては，この「ままカフェ」の企画・運営を行うことは地域社会において
さまざまな人々との交流をすることにつながり，地域社会での要望やニーズ
に応じた環境づくりを実践的に学ぶ機会にもつながっている。

4　オリジナルコーヒーの開発

　ままカフェの参加者や，福島県内に住む子育て世代のママ，学生，地域の珈
琲店と共同でオリジナルコーヒーの商品開発に取り組んだ。これは，ママたち
からの今後は自分たちが発信する側になっていきたいという思いや，社会にも
貢献してきたいというニーズから始まったものである。発信の方法として，形
として存在する何らかの商品を開発することになった。また，東日本大震災に
よる福島県の風評被害を払拭するとともに，地域活性化につなげたいという思
いが共有された。いくつかの案が検討されたが，ままカフェでいつも飲んでい
たコーヒーのことを思い出し，ままカフェといえばコーヒーという発想からオ
リジナルコーヒーの商品開発に挑戦することになった。このプロジェクトは
2017年から始まり，2019年12月現在，三種類のコーヒーが誕生している。商
品の開発にあたっては，地域の珈琲店のアドバイスを受けながら，福島のママ
と学生が試飲を繰り返してコーヒー豆の選定やブレンド割合の調整を行った。
　第一弾は2017年7月に発売を開始し，コンセプトはママたちが安心して
ゆっくりと時間を過ごせるようなコーヒーとした。ブラジル産の豆をベースと
して酸味と苦みが少なくスッキリとした味に仕上げられた。ママも学生も，自
分たちがかかわったものが商品になるという喜びを知り，コーヒーをきっかけ
に積極的に社会とかかわることや社会に貢献する意識の向上につながった。
　第二弾は2018年2月に発売を開始し，基本的なコンセプトは第一弾と同様
であるが，東ティモール産の豆を採用することにした。これは，コーヒー豆の
輸出を基盤とした東ティモールの経済的自立を支援することが，社会的課題の
解決という共通の願いとして合致したことによる。
　第三弾は2019年9月に発売を開始した。この回のコンセプトはこれまでと

は異なり，東日本大震災の時に多大な支援をしてくれた台湾の人々への恩返しをテーマとした。実際に台湾の人々にも試飲してもらい，東日本大震災当時を振り返りながら味を調整した。そして商品名を「友好珈琲（ユーコーヒー）」とした。この商品名には心を尽くしてくれた台湾の人々への感謝の気持ちと，これからも仲よくしていきたいという親愛の気持ちが込められている（図8-2-2）。

図 8-2-2　友好珈琲（ユーコーヒー）

【参考文献】

千葉商科大学.（2017）. 人間社会学部生×ふくしまのママこだわりの味オリジナルコーヒー『CUC ブレンド』新発売　千葉商科大学プレスリリース　（2017 年 7 月 13 日）

千葉商科大学.（2018）. ふくしまのママの声に応えた新商品!!　オリジナルコーヒー『CUC ブレンド』第 2弾　千葉商科大学プレスリリース（2018 年 2 月 21 日）

千葉商科大学.（2019）. あの時の「ありがとう」の気持ちを込めてオリジナルコーヒー開発　第 3 弾「友好珈琲（ユーコーヒー）」台湾＆日本国内で販売開始　千葉商科大学プレスリリース（2019 年 9 月 25 日）

3

地域活性化と被災地支援

勅使河原隆行

1 はじめに

　近年，東日本大震災や熊本地震をはじめ，台風や豪雨による災害などが日本全国で発生している。被災地では建物をはじめ生活に必要な水道，電気，ガスといったインフラも甚大な被害を受けており，避難所生活を余儀なくされている人々が多く存在する。被災後は復旧復興が急務であることから，数多くのボランティアが被災地に出向きさまざまな支援を行った。それが心の支援にもつながることもある。

　ここでは東日本大震災後の被災地支援の取り組みとして，宮城県石巻市と，千葉県山武市の地域活性化と被災地支援について取り上げる。

2 宮城県石巻市での取り組み

　石巻市は水産加工業が中心であり「水産加工業が復興しなければ，石巻は復興しない」といっても過言ではない状況であった。そのため，石巻市での復興支援活動に関しては，被災した水産加工業関連の企業の支援を行うことが，地域活性化にもつながるという思いがあった。2016年2月に千葉商科大学人間社会学部の学生は宮城県石巻市を訪れ，東日本大震災で被災した水産加工企業などでインターンに参加した。インターンに参加するほとんどの学生は，被災地を訪れる前は「復興はかなり進んでいるだろう」と想像していた。これは，

メディアなどで復興が進んでいるという話題が多く報道されるようになったことと，ある程度月日が経って被災地への関心が薄れつつあったことが原因と思われる。そのため学生たちは，直接現地を訪れ，メディアなどで報道されていない現状を把握して，解決策を探ることが必要であるという思いからインターンに参加した。なおこのインターンの目的は，被災地において復興の進捗や復興の課題などをみずからが体験して学び，その体験を広く情報発信することにより，震災の風化や風評流布を抑制し，被災地産業および被災地全体の活性化に貢献することである。

　インターンを行う水産加工会社では，おもに石巻漁港で水揚げされた魚を加工して缶詰の製造を行っている。ここでは，学生は缶詰の製造工程の説明を受けて学んだ後に，生産ラインに立って缶詰に具を詰める作業や計量作業を行った。その他にも，企業の社長や社員の方などから震災当時の状況から今日にいたるまでのこと，今後の展開などを聞くことができた。現在の工場は震災前よりも規模を縮小して再建することができたが，工場で働く人をはじめ，石巻の人々の心にはまだまだケアが必要だということなど，現地を訪れたからこそわかったことも多かった。

　被災企業でのインターン後には，自分たちが被災地のためにできることを考え，被災企業が製造した商品を使用した復興支援メニューとして，復興支援丼と復興支援サンドを考案した。復興支援丼は，石巻港で水揚げされたサバ，鯨の大和煮，カレイのしょうゆエンガワ煮込みなど，いずれか1つと，養殖された銀鮭を組み合わせた二色丼とした。また，ウナギのたれをご飯にかけ，さらには辛みの効いた高菜炒めを添えることにより全体の味を引き立てる豪快な丼とした。もう一つの復興支援サンドは，金華〆サバと野菜，鯖を練りこんだマヨネーズをピタパンに挟んだサンドイッチである。

　千葉商科大学には，キャンパス内の食堂スペースで飲食店を出店し経営する「学生ベンチャー食堂」がある。ここは学生だけではなく地域の一般客の利用も可能である。この食堂で復興メニューの販売を行った。復興支援丼の二色丼の組み合わせは日替わりとし，期間限定，数量限定とした。販売期間中，食堂

図 8-3-1　復興支援メニュー販売の様子

の開店前から復興支援丼を求めて列を作る学生もあらわれ，発売から数分で完売する日もあった。復興支援メニューを食べるだけでも，復興支援に貢献しているということが伝わった。

この復興支援メニューの販売については新聞にも掲載され，それにより一般の人にも復興支援活動について情報発信をし，それぞれの思いを共有することにつながった（図8-3-1）。

3　千葉県山武市での取り組み

東日本大震災により山武市内で被災された方をはじめ，東北から避難された方，支援をする住民ボランティアなどを対象とした交流の場として 2013 年 7 月より「森のじかん」という交流事業をはじめた。この事業は，情報交換や仲間づくり，リラックスできる場を提供することを目的としたものであり，事業では山武市の事業として月に 1 回のサイクルで交流会を開催してきた。会では参加者同士の情報交換などを通じて，同郷の方や地域の方と交流することができ，また東北や山武市等の情報に触れ，福島県の地元新聞や情報紙を読むことができた。また新しい生活や地元のことなどで困っていることの相談を受けて，専門家につなげるなどの活動も行った。具体的な活動内容は，市民団体が調理した健康食ランチを食べながらの交流や，地域住民によるハンド・フットマッサージ，地元の特産品である山武杉を使用した足湯や，貸切バスで山武市内を巡るツアーなどであった。

震災から 5 年が経過したことを契機に 2016 年 4 月からは事業は山武市の主管を離れた。代わってこれまで交流事業を行ってきた地域住民や避難者自身が

主体となり，継続して事業の運営を行っていくことになった。この「森のじかん」には，福島県飯舘村から142頭の牛とともに避難している小林牧場の小林将男氏も参加している。飯舘村の肉牛は，「飯舘牛」としてブランド化された同村の特産品であるが，小林

図8-3-2　山武和牛ソーセージ

氏はこの血統を受け継ぐ肉牛を生産し，飯舘牛をルーツとするブランド牛の復活に取り組んでいる。この「森のじかん」を通じて，小林氏が育てる牛の認知度が広まり，地域住民らからもこの肉牛を応援しようという声が大きくなってきた。千葉商科大学人間社会学部の学生は，被災者支援活動をするなかで小林氏と交流を続けてきた。そのなかで，時間の経過とともに変わる避難者への支援の形と環境づくりについて理解を深めてきた。2016年6月には，小林氏が震災直後より5年の期間で借りていた牛舎が期限を迎え，6月から同市内の別の場所に移転することを機に，学生たちは新しい小林牧場からデビューする和牛をPRすることで復興支援につなげようとイベントを企画した。イベントはこの和牛を新たな山武市の資源として活用し，地域ぐるみで地場産業の振興と観光活性化に役立てることも目的としている。当日は，スネ肉を使ったカレーやサーロインステーキなどを提供した。

　このような活動を続けているうちに小林氏は，かかわってくれた地域の方々に対して恩返しがしたいという気持ちから，地域や学生たちといっしょに新しい商品を開発して喜んでもらいたいとの思いを強くした。そして2017年8月には「山武和牛ソーセージ」を発売し，学生も商品のパッケージデザイン制作をはじめとする商品開発にかかわった。この商品は，山武市のふるさと納税の返礼品にも採用されている（図8-3-2）。

　学生にとっては，地域社会においてさまざまな人々と交流することが，地域

社会での要望やニーズに応じた環境づくりを実践的に学ぶ機会にもつながっている。震災から時間の経過とともに，避難者が抱える悩みや支援のありかたが変わりつつある。避難者が帰還するまで，避難先では，避難者も地域の住民としてその地に溶け込んでいくことも必要だ。避難者への支援の形では避難者も一体となって考えていくことが必要である。

【参考文献】

千葉商科大学. (2016). 『復興支援丼』販売決定！　人間社会学部生が東日本大震災被災企業の商品を使ったメニューを考案　千葉商科大学プレスリリース（2016年6月10日）

千葉商科大学. (2016). 人間社会学部×山武市 連携活動第2弾！　避難者支援を通じた地域の活性化　被災地ブランド牛の復活を肉フェスで支援　千葉商科大学プレスリリース（2016年6月1日）

千葉商科大学. (2016). 人間社会学部生による復興支援メニュー第2弾 10月17日（月）・18日（火）販売決定!!　千葉商科大学プレスリリース（2016年10月11日）

千葉商科大学. (2017). 千葉県山武市ふるさと納税特典「山武和牛（100%）ソーセージ」人間社会学部生が商品開発に協力!!　千葉商科大学プレスリリース（2017年10月10日）

4

地域の人とのかかわり

勅使河原隆行

1　はじめに

　今日の日本では，全国的な少子高齢化により，地方において過疎化が進んでいることが社会問題になっている。そのため地域の住民のなかにも，人口が減少して活気がなくなることに対して不安を抱く方々が数多く存在し，地方創生や地域活性化を目的として自分たちの手で地域を盛り上げようとさまざまな取り組みを行っている事例がある。たとえば，地域の課題に取り組もうとする目的で地域ボランティア団体を形成したり，地域活性化を目的としてさまざまなイベントを開催したり，子どもから高齢者まで，そして外国人も交えた交流を行うための国際交流に関するセンターを立ち上げるなど，住民がみずからアイデアを出し合って活動を行っている例がある。これらの活動を行うにあたっては，地域住民が共通の問題意識を持って取り組むことが大切である。

2　さんむ田んぼアートプロジェクト

　千葉県山武市では，田んぼに稲で絵を描く「田んぼアート」の取り組みを行っている。これは東日本大震災の再生のシンボルとして，2014 年に福島県相馬市の住民が主体となって始まった「大地を繋ぐ田んぼアートプロジェクト」がきっかけとなり，2015 年には同プロジェクトのメンバーらの発案で，山武市でも「田んぼアート」を実施する計画が持ち上がった。そして，山武市の地域

住民が中心となって「さんむ田んぼアートプロジェクト」を立ち上げた。この田んぼアートは，世代や地域，国籍の垣根を越え，たくさんの人々が一つになって農を体験し，食やアートを通じて交流することをめざすもので，多様性の理解や共生社会の推進を目的とした。

　2019年からは道の駅「オライはすぬま」と連携をして，田んぼアートを実施することになった。道の駅がある山武市蓮沼地区は海水浴場が近いことから，夏のシーズンは観光客が多く訪れる。しかしそれ以外のシーズンはあまり観光客が訪れないことが地域の課題であった。そこで田んぼアートを通じて地元の良さをPRすることとした。それだけではなく，近年全国で問題となっている農家の人手不足においては山武市も例外ではないことから，農業に興味を持ってもらうきっかけになることも目的の一つである。さらには，この取り組みを通じて，地域住民同士がコミュニケーションを図りながら社会課題を解決することも期待されている。

　田んぼに描くアートのテーマには，子どもから高齢者まで，そして外国人にとっても日本を連想しやすいものとして，「日本昔ばなし」を採用している。2015年は「鶴の恩返し」，2016年は「浦島太郎」，2017年は「おむすびころりん」，2018年は「かぐや姫」，2019年は「ねずみの嫁入り」をテーマにした（図8-4-1）。

　さんむ田んぼアートプロジェクトでは，地域住民が参加して交流するイベントを，5月の田植え時期には「はじめる田植え」，7月のアートが見ごろを迎える時期には「めでる鑑賞祭」，9月の収穫の時期には「いろいろ稲刈り」とそれぞれ題して開催している。その他，日ごろの草取りなどのメンテナンス作業でも，学生は地域住民といっしょに田んぼにかかわっている。

　イベントの内容は毎年少しずつ変化する。これまでは地域のレストランから1品ずつ料理を提供してもらい，それをお好みで組み合わせてどんぶりにした「幸せ丼」の提供を行ったり，さまざまな団体が飲食店や物産店を出店したり，地域で活躍するバンドサークルの演奏会を開催したりするなどで地域住民との交流を行っていた。近年では，田んぼでの結婚式を企画し，実際に2組のカッ

図 8-4-1　浮かび上がった田んぼアート「ねずみの嫁入り」

図 8-4-2　田んぼ結婚式の様子（左より藤田夫妻，武田夫妻）

プルが挙式を行った。結婚式は，地域の方の前で結婚を誓う人前式のスタイルで行い，集まった地域の方が結婚の証人となった。また，新郎新婦に記念の苗を植えてもらい，道の駅の駅長による誓いの言葉と結婚証明書を発行するなどの演出を行った（図 8-4-2）。

　これらの田んぼアートの企画から運営に関しては，道の駅，地域住民，そして千葉商科大学人間社会学部の学生がかかわっており，地域住民などさまざま人と交流することによって，地域での人脈作りや共生社会の理解につながって

いる。

3　あららぎフェス

　千葉県山武市の「さんぶの森交流センターあららぎ館」は，「市民，市民活動団体及び事業者が相互に信頼関係のもとに連携し，協働と交流によるまちづくりを推進する場所並びに地域振興の活動拠点とすること」を目的としている施設である。地域住民がこの施設を活用して地域福祉の推進や地域活性化を図ることが期待されている。このあららぎ館を地域住民が積極的に活用するために市民活動団体が「あららぎフェス」という地域交流のイベントを2015年から毎年開催している。このイベントでは，地域の物産・人・業種・活動の情報発信を軸に共有し，交流と地域の活性を図ることをめざしている。子どもから大人までが1日楽しめるイベントにするため，体験・グルメ・物販・発表・アクティビティーの5つのブースを設けた。「体験ブース」では，癒し・マッサージ・セラピー・占い・クラフト製作などの体験ができ，「グルメブース」では，飲食店の出店や模擬店の参加をつのった。「物販ブース」では，地元商店や企業の物品販売，クリエイター作品の展示販売，個人・団体の作品展示販売を行い，「発表ブース」では，地域住民によるダンスなどのパフォーマンスやミュージックライブを披露した。「アクティビティーブース」では，ゲームやアクティビティー提供して，子どもから大人まで楽しめるものとした。

　また，山武市のねぎの生産量が国内トップクラスであることから，脇役のねぎを主役に変えることを目的として，ねぎに関するオリジナルの商品や創作料理のコンテストを同時に開催した。

　千葉商科大学人間社会学部の学生は，農業組合法人さんぶ野菜ネットワークと連携し，学生と住民とで山武市を活性化させることを目的とし，山武市産のねぎを使用した新商品「ねぎドレッシング」「ねぎピクルス」を企画し商品開発を行った。この商品を通じて，山武市産のねぎを食べやすく，もっと美味しく味わってもらえる手軽な商品として，地域の銘品を域外に広めることが期待

されている。さらには，これまでの商品開発の経験や協力企業，地域の方々とのつながりから，ねぎとソーセージを組み合わせた「ねぎソーセージ」を開発した。このソーセージに使用している原料（豚肉）は，千葉県香取郡東庄町で生産されている「東の匠SPF豚」である。学生たちはこの商品開発を通じて，農家，畜産家，加工業者などの取り組みや課題を理解し，若い世代が農業や畜産などに興味を持つきっかけや，人と人とのつながりによる地域活性化について理解を深めるようになった。

　このような活動を通じて，地域福祉の推進や地域活性化する仕組みづくりを行うきっかけとなるとともに，イベントや商品開発を通じて地域住民が交流を図りながら共生社会について理解を深めていくことにもつながっている。

【参考文献】

千葉商科大学. (2017). 人間社会学部×さんぶ野菜ネットワーク　千葉県山武市産有機野菜を加工品でPR　新商品「ねぎドレッシング」「ねぎピクルス」を開発‼　千葉商科大学プレスリリース（2017年11月30日）

千葉商科大学. (2018). 主催：人間社会学部，さんむ田んぼアートPROJECT 農×食×芸術を体験しながら地域を活性化‼『さんむ田んぼアートプロジェクト』　千葉商科大学プレスリリース（2018年5月22日）

千葉商科大学. (2018). 人間社会学部生が商品開発で地元企業とタッグ！　千葉県産食材を使った新商品「ねぎソーセージ」販売！　千葉商科大学プレスリリース（2018年10月25日）

千葉商科大学. (2019). 田植え体験，地元産食材BBQ，田んぼ結婚式 地元を盛り上げる地域活性化プロジェクト「さんむ田んぼアート2019 はじめる田植え」　千葉商科大学プレスリリース（2019年5月21日）

5

人生100年時代の社会人基礎力

勅使河原隆行

1　はじめに

　これまで地域活性化，被災地支援，地域の人とのかかわりについて主に大学と地域に焦点をあてて触れてきた。実際に活動を行った学生については，多様性や共生社会についてどのような学びがあったのだろうか。ここでは，経済産業省が提唱している人生100年時代の社会人基礎力を取り上げることにする。

　「社会人基礎力」は，2006年に経済産業省が提唱したものであり，その中身は「前に踏み出す力」，「考え抜く力」，「チームで働く力」の3つの能力（12の能力要素）から構成されている。さらに2017年には，「我が国産業における人材力強化に向けた研究会」において，前述の3つの能力（12の能力要素）だけではなく，今後は職場や地域社会で多様な人々と仕事をしていくために必要な基礎的な力が必要であるとして，人生100年時代ならではの視点が必要となっていることが報告された。そして新たに「人生100年時代の社会人基礎力」が提唱された。

　この人生100年時代の社会人基礎力は，これまで以上に長くなる個人の企業・組織・社会とのかかわりのなかで，ライフステージの各段階で活躍し続けるために求められる力と定義され，社会人基礎力の3つの能力／12の能力要素を内容としつつ，能力を発揮するにあたって，自己を認識してリフレクション（振り返り）しながら，目的，学び，統合のバランスを図ることが，みずからキャリアを切りひらいていくうえで必要と位置づけられた。

2　社会人基礎力

　具体的に「前に踏み出す力」，「考え抜く力」，「チームで働く力」の3つの能力（12の能力要素）の内容について確認をする。「前に踏み出す力」は，一歩前に踏み出し，失敗しても粘り強く取り組む力のことである。この要素として，主体性（物事に進んで取り組む力），働きかけ力（他人に働きかけ巻き込む力），実行力（目的を設定し確実に行動する力）から構成されており，指示待ちにならず一人称で物事をとらえ，みずから行動できることである。

　「考え抜く力」は，疑問を持ち，考え抜く力のことである。この要素として，課題発見力（現状を分析し目的や課題を明らかにする力），創造力（新しい価値を生み出す力），計画力（問題の解決に向けたプロセスを明らかにし準備する力）から構成されており，論理的に答えを出すこと以上にみずから課題提起し，解決のためのシナリオを描く自律的な思考力のことである。

　「チームで働く力」は，多様な人々とともに目標に向けて協力する力のことである。この要素として，発信力（自分の意見をわかりやすく伝える力），傾聴力（相手の意見をていねいに聞く力），柔軟性（意見の違いや立場の違いを理解する力），情況把握力（自分と周囲の人々や物事との関係性を理解する力），規律性（社会のルールや人との約束を守る力），ストレスコントロール力（ストレスの発生源に対応する力）から構成されており，グループ内の協調性だけにとどまらず，多様な人々とのつながりや協働を生み出す力のことである。

3　人生100年時代の社会人基礎力

　社会人基礎力の3つの能力／12の能力要素に加え，新たに3つの視点が加わった。この視点とは，①どう活躍するか（目的）として，自己実現や社会貢献に向けて行動すること，②どのように学ぶか（組み合わせ）として，多様な体験・経験，能力，キャリアを組み合わせ統合すること，③何を学ぶか（学

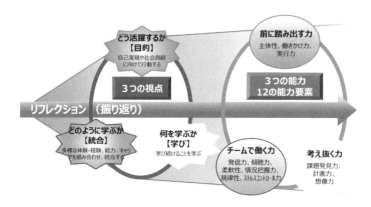

図 8-5-1 「人生 100 年時代の社会人基礎力」（経済産業省）

び）として，学び続けることを学ぶことである。このように 3 つの視点では，みずからキャリアを切りひらいていく上で必要なことと位置づけられている。上記の図 8-5-1 は，経済産業省による「人生 100 年時代の社会人基礎力」説明資料からの抜粋であるので参照してほしい。

4　地域での活動から学んだこと

　このように人生 100 年時代の社会人基礎力は，企業・組織・社会とのかかわりのなかで，ライフステージの各段階で活躍し続けるために求められる力のことである。このなかにそれぞれの要素が示されている。

　学生は，地域とのかかわりのなかでさまざまな人々と連携をしてきた。なかでも 4 節で触れた「さんむ田んぼアートプロジェクト」の活動内容について社会人基礎力にあてはめて分析を行っている。ここでは，田植えの時期の分析の紹介にのみとどめるが，学生は年間を通じての一連の活動について分析を行っている。

　「前に踏み出す力」の項目において，主体性では「一部の学生がかかわらないことがあった」，働きかけ力では「情報の連絡手段・方法・時期に問題があり，協力を得る機会を逃してしまった」，実行力では「特に下級生が失敗を恐

れてしまい，行動できないことがあった」と分析している。こられの改善策として，上級生が下級生をサポートする体制の再構築，チーム（役割）を超えたサポート体制の再構築，LINE でのやり取りではなく，口頭でのやりとりを基本とするなどを挙げている。

　「考え抜く力」の項目において，課題発見力では「スムーズに運営を行うための課題と解決策の発見が遅れた」，計画力では「作業スケジュールが曖昧であった」，創造力では「集客の方法や手段について再考する必要がある」と分析している。これらの改善策として，メンバーは与えられた作業の意味を考えて行動する，作業スケジュールを早目に作成し全体で共有する，先を見越して（シミュレーション）準備を行う，「いまあるもの×いまあるもの＝新しいもの」の視点で考えるなどを挙げている。

　「チームで働く力」の項目において，発信力では「グループ LINE での会話を中心にしてしまったため，他人任せにしてしまうことがあり，発言をしないことがあった」，傾聴力では「おたがいに話をしやすい・聞きやすい環境を整える必要がある」，柔軟性では「既存の概念にとらわれてしまうことがあり，相手の意見を尊重することができないことがあった」，情況把握力では「自分の役割に固執してしまい，他チームの作業をサポートすることができないことがあった」，規律性では「打ち合せや準備に，無連絡で欠席や遅刻をすることがあった」，ストレスコントロール力では「メンバー間で意見の相違やジレンマがあった際に，適切な対応に一定の時間を要することがあった」と分析している。これらの改善策として，情報の伝達漏れを防ぐために，組織図に従って「報告・連絡・相談」を徹底する，グループ LINE を中心にするのではなく，口頭での打ち合わせを基本とする，会議終了後すぐに議事録を作成し全体に共有する，学年性別に関係なく意見を言える環境を整える，役割（チーム）の垣根を越え臨機応変に対応するなどを挙げている。

　学生にとっては社会人基礎力の項目が示されていることで，それが行動指針ともなった。学生は，学生同士でのつながりはもちろんであるが，地域の人々などさまざまな人と人とのつながりを持つことを通じて多様性や共生社会につ

**図 8-5-2　社会人基礎力育成グランプリ
で優秀賞を取った学生たち（左より筆者，
安藤優作，橘 昂宏，鈴木厚介）**

いて学んでいる。活動を通じてさまざまな問題点が明らかになり，よい方向に行くように一人ひとりがスパイラルアップをめざしている。なおこの取り組みは 2018 年度の「人生 100 年時代の社会人基礎力育成グランプリ」（主催：一般社団法人社会人基礎力協議会）関東大会において優秀賞を受賞している（図 8-5-2）。

【参考文献・ウェブサイト】

経済産業省産業人材政策室．(2018)．人生 100 年時代の社会人基礎力説明資料．経済産業省

経済産業省．(2018)．社会人基礎力．https://www.meti.go.jp/policy/kisoryoku/（最終アクセス：2019 年 11 月 22 日）経済産業省

第**9**章

心と体の健康支援

角森輝美・西内俊朗●編

　子育て支援は，生活者一人ひとりの課題をその人だけに背負わせるのではなく，地域全体で一緒に担い，地域に暮らす誰もが普通に生活できる社会を形成していくことが不可欠である。

　高齢者健康支援では，高齢者は支えられるだけではなく，逆に地域を支える存在として期待され，高齢者自身にも役割があることが生きがいにつながる。また，誰にも自分の役割を果たせる場があることが，共生社会のひとコマにつながる。

　自殺未遂患者の心のケアでは，自殺に追い込まれる危機は誰にでも起こりうることを国民全体で踏まえることが重要である。また，地域の中にはさまざまな背景の人々が生活しているので，おたがいに寄り添いながら一人ひとりの多様性を尊重していける新たな地域文化の創造が求められている。

　がん患者への心のケアでは，国は 5 年おきにがん対策推進計画を見直して進めており，2025 年（令和 7 年）までに地域包括ケアシステムを実現することをめざしている。そのためには，地域住民のさまざまな人々が相互につながり，その地域固有の支援やまち創りに取り組むことが重要である。

（西内俊朗）

1

地域における子育て支援と高齢者健康支援

1　子育て支援

　子育て支援については制度的には児童福祉や，母子保健，少子化対策が複合した政策がすすめられている。家族のとらえ方，単位としての家族の変化，地域社会の変化により，1980年代以降になると，健康保持増進のみならず，子育て家庭を取り巻く環境の変化により，児童虐待の課題も含め，児童福祉を含めた子育て支援の視点が重要とされるようになった（第4章参照）。あわせて，医療技術の進歩などを背景として「医療的ケア児」の増加がある。これを受けて児童福祉法・障害者の日常生活及び社会生活を総合的に支援するための法律が2019（平成31）年3月改正により，はじめて法律のなかで「医療的ケア児」に関する保健・医療・福祉などの連携についての体制整備について地方公共団体に努力義務が課せられた。また，妊娠届出時からの支援としては子育て支援を必要とする妊婦を特定妊婦として，重点継続支援が行われるようになった。

　ここでは，地域での事例をとおして，「共生社会を築く子育て支援」についていくつかの課題を提示する。

【事例1】　精神障害を持つ母親への子育て支援のあり方の事例

　夫の実家敷地内に家を建て夫と2人で居住。本人の実家は車で，10分ほどのところの近隣市に位置する。

　赤ちゃん訪問の連絡をするも「生後3か月まで実家にいる」とのことで，居

254

住地に戻った3か月目に訪問を
実施した。

　市町村保健師が約束の午前
10時に訪問した。この時すべ
ての全部の部屋の窓はシャッ
ターが下ろされた状態であった。
訪問した保健師は違和感を覚え，
精神疾患担当の保健所保健師に
連絡を行う。（図9-1-1）

　保健師によると本人は「精神
疾患で治療中であることは，居

図9-1-1　保健師家庭訪問時のようす

住地の保健師には知られたくない」ということであったので，情報提供はしな
かったという回答であった。本事例は，この6年後，第2子出産後2か月に
実家で自死に至った。

　支援のあり方については，いろいろ意見があると考える。この事例を地域の
ありようから考えると，第1子出産時に女性が発した「居住地の保健師に知ら
れたくない」という言葉に対して，保健師間での協議が活かされなかった結果
となった。

　近隣の人や，同じ子育て期の母親たちとの関係，物理的にそばにいる専門家
に自分の病気を語れなかった苦しみを考えると，精神障害を抱えて地域で生活
する生きづらさを示した事例と考える。「共生社会をつくる」と一言ではなく，
地域住民の病気の理解・考え方，地域の歴史，特性を考えると，少しずつしか
変えることができない環境である。しかし当事者にとって毎日のことであり，
生きづらい日々に対して，当事者と支援者のスピードのずれがあることは否め
ない。個別への支援とともに，その背景にある地域の課題を見つけ解決してい
く地域への支援が必要である。

【事例 2】 脳性麻痺から身体障害を持つ 20 歳の男子の母親が，父親の退職後に感情を表出し，介護困難になった事例

本人は身体障害者手帳 1 級で車椅子生活である。父親の退職後，現在の地に家をたて，両親，妹，母方祖母を含む家族 5 人の生活が開始された。

出生後より，父親の仕事は昼夜問わずの忙しさであり，母親が一手に子どもの支援を行っていた。

父親も自宅にいるようになって，息子の介護もできる時間ができ，母親とともに介護を行っていた。

しかし，2 人で介護を行ううちに，「あなたはこの子が小さいとき，なにもしてくれなかった」と，母親はいままで抱えていた思いを父親にぶつける日々が続き，家族関係がぎくしゃくしてきた。

母親と障害を持った子の成長の関係に父親が置いてきぼりになった状態が 30 年近く続き，母親，子の思いが初めて父親に語られることとなった事例である。

この事例から考えられる背景は，父親の「障害受容」への支援である。

「地域共生社会の推進」においては地域社会全体への支援と家族，特に父親への支援も欠かせない。

子育て支援における地域共生社会をつくるとは，一人ひとりの課題の背景を地域全体に広げて，課題の要因となる背景をも支援し，普通に生活できる地域をつくることであると考えられる。

2 高齢者健康支援

わが国の総人口に 65 歳以上が占める割合（高齢化率）は，1950 年代には 5% 以下であったが，2018 年に 35% を超え，2040 年には 40% 近くになると推計されている。さらに，認知症高齢者の増加も，高齢者問題のなかで重要な課題となりつつある。

わが国では 65 歳以上を高齢者と定義しており，1950 年代までは高齢者には

福祉を中心とした対策がとられて
いた。1963 年（昭和 38 年）には
健康を視野に入れた老人福祉法が
制定され，1982 年（昭和 57 年）の
老人保健法では壮年期から老後の
健康の保持増進と医療の確保を図
るために，国民健康の向上及び老
人福祉の増進を図ることとされた。

　さらに，2000 年（平成 12 年）に
は介護保険法が施行された。その
後，介護保険法の改正では，介護
予防，自らの自助，地域の互助な

図 9-1-2　老人クラブ活動の展開

どの施策がとられ，一億総活躍社会，働き方改革などの施策の展開では，高齢
者は支えられるだけではなく，地域を支える存在として期待されている。2016
年（平成 28 年）6 月に閣議決定された「ニッポン一億総活躍プラン」はあらゆ
る場で，誰もが活躍できる全員参加型の社会をめざすとしている。高齢者にお
いても役割があるということが高齢者の生きがいとなる。また，このプランに
は認知症の増加の課題も挙げられている。

　それぞれ人に役割があることを実感でき，「見える化」された地域づくりと，
認知症予防の取り組みが行われている福岡県糟屋郡久山町の事例を紹介する。

　福岡県久山町は人口 9,000 人余り，福岡市の東部に隣接する高齢化率 27.5%
の町である。ここでは九州大学と共同で 60 年近くにおよぶ「久山町研究」が
行われている。

3　老人クラブの小学生の下校見守り活動

　老人クラブは小学生下校見守り活動で，毎日の見守りを実施するだけでなく，
事業を実施するにあたり，地域の PTA や学校とともに企画する段階から高齢

者が参加している。小学生の子どもだけでなく若い世代とも交流することが，地域行事の活性化など地域づくりへの展開となっている（図9-1-2）。

高齢者支援では支えられるだけの社会でなく，自分たちも支えていくという目標に向かって過ごす生活は，明るい笑顔をもたらす。高齢化率の高さは，マイナスでなくプラスであるという発想の転換が大切になる。

4　「認知症予防カフェ」事業

国は 2015 年（平成 27 年）に，認知症施策推進総合戦略（通称：新オレンジプラン）で認知症地域支援推進員の役割として「認知症カフェ」を明記した。

久山町では，これを「脳の活性化循環型プロジェクト」と命名し，「認知症予防カフェ」として展開している。

「認知症予防カフェ」の特徴の 1 つは，プロジェクトの開始にあたり，住民が日本文化を伝える NPO 法人を立ち上げて町と共同開催とした点である。現在は町からこの事業をこの NPO 法人が受託して実施している。

認知症予防カフェの特徴は以下の 5 つである。

(1) 他の事業との活性化を図る循環型である。

(2) 利用者は登録制ではなく自由参加である。

(3) 本人家族がその場へ参加するだけが参加でなく，自分が作った野菜，果物，花などを差し入れるという形での参加もできる。他の人への参加をうながす声掛けや，参加のための交通公共機関の利用について他の人に教えるだけでも参加と見なされる。

(4) 「予防」という名前であるため，認知症の方だけでなく，認知症でない方も参加できる。

(5) 福祉 NPO 法人ではなく日本文化を伝える NPO 法人との共同開催である。

以上の特色から，参加者からは，他のカフェと雰囲気が違う，スタッフから必要以上のお世話を受けなくて，自由にでき，自主性が尊重されここちよい雰

囲気だと好評である。

　「共生社会」は，支える人と支えられる人との区別なく生きていける社会と考える。「老人クラブ活動」や「認知症予防カフェ」は，誰でもが，自分ができる役割を果たせる場であり，「共生社会のひとコマ」である。このひとコマがつながり集まって，あたりまえに「共生社会」ができていくと推測する。

【参考文献・ウェブサイト】

総務省統計局. (2013). 統計トピックス No.72　I 高齢者の人口　https://www.stat.go.jp/data/topics/topi721.html

上野昌江・和泉京子. (2018). 公衆衛生看護学. 中央法規出版

厚生労働省. (2018). 平成 29 年「国民健康・栄養調査」の結果　https://www.mhlw.go.jp/stf/houdou/0000177189_00001.html

一般社団法人厚生労働統計協会. (2019). 国民衛生の動向 (2019/2020). 一般社団法人厚生労働統計協会

これからの福祉と教育のゆくえを探る委員会（編）. (2013). これからの福祉と教育の行方を探る. 113-116, 一粒書房

内閣府. (2019). 令和元年版　少子化社会対策白書　https://www8.cao.go.jp/shoushi/shoushika/whitepaper/measures/w-2019/r01webhonpen/index.html

内閣府. (2018). 平成 30 年版　少子化社会対策白書　https://www8.cao.go.jp/shoushi/shoushika/whitepaper/measures/w-2018/30pdfhonpen/30honpen.html

2

自殺未遂患者の心のケア

西内俊朗

1 自殺対策基本法とは

　わが国では，2006年（平成18年）に自殺対策基本法が制定されて以降，国を挙げて自殺対策が総合的に推進されている。結果として，自殺者数は年次推移において減少傾向がみられ，わが国の自殺対策は着実に成果をあげているといえる。

　こうしたなか，施行から10年目の節目にあたる2016年（平成28年）に自殺対策基本法が改正されて，自殺対策が「生きることの包括的な支援」として実

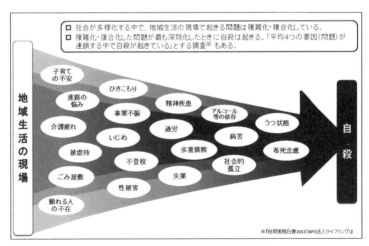

図9-2-1 自殺の危機要因イメージ図（厚生労働省2019年（平成29年））

施されるべきことなどが基本理念に明記された。これには、図 9-2-1 のイメージ図にあるとおり自殺に追い込まれるという危機は「誰にでも起こり得る危機」として、一部の人や地域だけの問題ではなく国民誰もが当事者となり得る重大な問題であって、その危機に陥った場合には誰かに援助を求めることが適当であるということが、社会全体の共通認識となるように国民の理解の促進を図ることが重要視された背景がある。

　また自殺対策に関して、地域間格差を解消する手立ての一環として、すべての都道府県及び市町村が「都道府県自殺対策計画」または「市町村自殺対策計画」を策定しなければならないこととなった。

2　埼玉県の取り組み

　全国の自殺者数は 1998 年（平成 10 年）以降 14 年連続して 3 万人を超える状況が続いていたが、2012 年（平成 24 年）に、ようやく 3 万人を下回ることになった。いっぽう、埼玉県の自殺者数は 2009 年（平成 21 年）の 1,796 人をピークに 2016 年（平成 28 年）には 1,254 人と 7 年連続して減少する状況となった。しかしながら、依然として現在も年間 1,000 人を超える方々が、みずから命を絶つ深刻な事態が続いている。

　埼玉県は、2007 年（平成 19 年）に「埼玉県自殺対策連絡協議会」を設置して、自殺対策の検討に着手した。翌年には同協議会が取りまとめた提言などを踏まえて「埼玉県自殺対策推進ガイドライン 2014 年（平成 26 年）2 月一部改正」を策定し、防ぎ得る自殺をなくすための基本的な方向性や対策を定めて自殺対策を講じている。

　また、2016 年（平成 28 年）の自殺対策基本法の一部改正にともない、県は「誰も自殺に追い込まれることのない社会の実現を目指す」ことを基本理念とした「埼玉県自殺対策計画」を策定している。

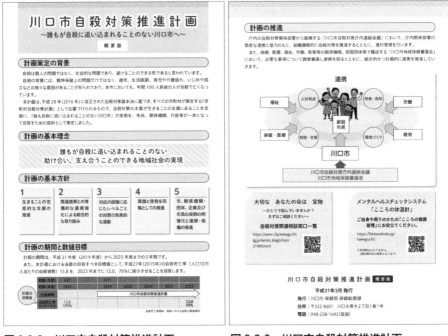

図 9-2-2　川口市自殺対策推進計画
計画決定の背景，基本理念，期間と数値目標

図 9-2-3　川口市自殺対策推進計画
計画の推進

3　川口市の取り組み

　川口市では，2012 年（平成 24 年）12 月に保健部保健総務課が主管課となり，「川口市自殺対策庁内連絡会議」が設置された。連絡会議の目的は，自殺予防および自殺対策並びに自殺予防対策への市民の関心を高める施策などに横断的に取り組み，施策を総合的に推進することに主眼をおくものである。

　この会議では実務者部会をおいて，市民と直接的に触れ合う機会が多い関係各課の担当者（24 部署）が情報交換を行う機会を設けた。また，会議のオブザーバーとして，毎回，埼玉県立精神保健福祉センターや地元の警察署の生活安全課の方にも加わってもらっている。なお，改正された自殺対策基本法に基づき，川口市においては図 9-2-2，図 9-2-3 に示すように「川口市自殺対策推

進計画」（概要版）が 2019 年（平成 31 年）3 月に策定された。

4　川口市立医療センター救命救急センターの取り組み

　当医療センターは，病床数 539 床 29 診療科の急性期病院であり，地域医療支援病院，救命救急センター（3 次救急指定病院），災害拠点病院（基幹災害医療センター），地域がん診療連携拠点病院などの指定を受け，地域の基幹病院としての責務を担っている。

　2018 年度（平成 30 年）の救命救急センターの実績では，毎月約 10 〜 15 名の患者が自殺企図などで救急搬送されている。おもな疾患の内訳は，過量服薬，飛び降り，首つり，頸部・腹部など刺創などであった。また，患者の年齢層は 14 〜 88 歳であった。

　医療センターでは患者の身体状態が落ち着いた段階で，精神科医と公認心理師などが患者および家族との面談のなかで精神心理面などのアセスメントを行い，今後の治療方針を決定する。この作業のなかで，現在継続加療中の医療機関や保健所・保健センター，福祉課・障害福祉課などの関係諸機関と迅速に連携を図り，これからの患者自身の生活を視野に置きながら，最善の治療方針の選択につとめている。

　なお，当医療センターには精神科病床がないことから，精神状態が重篤なために早めに専門の入院精神療法が必要と判断された場合には，精神科病院への転院調整を行い，任意入院，医療保護入院，措置入院のいずれかの手続きを踏まえて，適切な手立てを行うようにしている。

〈自殺未遂者の心理相談事例〉

【事例 1】　経済苦を主訴とした自殺未遂への支援
・40 代男性　腹部刺創
　知人の借金返済（保証人のため）を苦として，今回の自傷に及ぶ。今まで精

神科の受診歴はなし。

　受傷後，ベットサイドにて成育歴などを確認した。男性は専門学校卒業後，何度か転職を繰り返し，現在の仕事（製パン関係）に非正規雇用者として従事していた。

　家族状況としては，父はすでに逝去しており，本人と母親の2人暮らしであった。また本人に婚姻歴はなく独身であった。実兄は別世帯の会社員で，これも独身であった。患者と実兄とはときどき連絡を交わす程度の間柄であった。

　当初は，受傷理由を尋ねても押し黙ったままいっさい何も語ろうとしなかったが，現在の生活面で困っていることを少しでも整理していけるように支援したいことを伝えたところ，徐々に重い口を開きはじめた。

　知人は十数年前に同じ職場で知り合って，付き合いをしていた女性であることが判明したが，現在は音信不通とのことであった。そして，知人による数百万の借金返済のみが男性本人に突きつけられる結果となっていた。

　今後の生活支援を進めていくうえで，母親および兄という身内だけの協力では不十分であると思われたので，本人の同意を踏まえて保健所の精神保健福祉士の協力を依頼することになる。

　退院前に数回，本人と母親を交えて，精神科医，保健所担当者，病棟看護師，公認心理師のメンバーでカンファレンスを行い，今後の生活の立て直しに向けた支援方針を決定する。

　主な決定事項としては，①退院後に必ず精神科に通院すること，②保健所担当者と定期面接を行うこと，③借金返済内容などについて市の無料相談（司法書士など）で詳細を再確認することなどが取り決められた。

【事例2】　がん疾患などの病苦を主訴とした自殺未遂への支援

・80代男性　頸部刺創

　自身の体調不良などを苦として，刃渡り約30センチの包丁を用いて頸部を切創した。同居していた息子が発見のうえ救急要請を行う。

　入院後すぐに，同居している次男（40代）に患者の状況を確認した。患者は，

泌尿器科専門のクリニックにて，自殺未遂当時，前立腺がんの抗がん剤治療中であり，また，Ａ病院の循環器科でも加療中であった。次男に今回の受傷動機で思いあたることがないか確認したが，わからないの一点ばりであった。

　家族状況を見ると，妻が数年前にがんで亡くなっており，次男（未婚・電気関係の仕事）との２人暮らしであった。長男は別世帯であるが，正月やお盆などには必ず実家との交流は維持されていた。

　受傷後２〜３日経過したころから，ベッドサイドにて今回の受傷の経緯について傾聴する。本人の話によると，妻には数年前にがんで先立たれてしまい，その後，自分自身にもがんが見つかったことから，妻と同じように苦しみながら死を迎えることになるかもしれないことに言い知れない不安や恐怖に苛まれていたようである。また同居している次男に自身の体調面や現在の不安な思いを伝えても取り合ってもらえないことで孤立感を深めていたようであった。

　精神科医との診察では，いまだに自殺企図の可能性が残存していたので，患者および次男にもリスクの高い状態である旨を説明のうえ，身体の治療が終了しても退院後に自宅静養するのではなく，精神科病院へ転院するように勧めた。しかし患者自身は精神科病院への転院には消極的であったため，最終的に次男の同意に基づく医療保護入院によってＡ精神科病院に転院調整することになった。

5　共生社会に向けて

　2016年（平成28年）の自殺対策基本法改正の際に，自殺に追い込まれる危機が「誰にでも起こり得る危機」と明示されたことを重く受け止め，同じ地域のなかで生活する住民同士が，自分だけのことではなく，地域に一緒に暮らす他者のことにも思いをはせ，いままで以上に暮らしやすい地域づくりを進めていこうという意識を持つことが，自殺防止対策にも効果的であると思われる。

　現在は地域に生活する高齢者，障害者，子育て世代など背景が異なるさまざまな人々がつどって，おたがいに寄り添い支え合いながら，孤立を生まない地

域づくりに参画できる環境を整えて，一人ひとりの多様性を尊重し得る地域文化の新たな創造が求められている時代に突入しているといっても過言ではないと思われる。

【参考文献】

川口市保健部保健総務課. (2019). 川口市自殺対策推進計画（平成 29 年). 川口市

厚生労働省. (2017). 自殺総合対策大綱（平成 29 年). 厚生労働省

厚生労働省. (2017). 市町村自殺対策計画の手引き――誰も自殺に追い込まれることない社会の実現を目指して――（平成 29 年). 厚生労働省

埼玉県保健医療部疾病対策課. (2018). 埼玉県自殺対策計画（平成 30 年). 埼玉県

3

がん患者への心のケア

西内俊朗

1　国の指針

　2006年（平成18年）6月にがん対策のいっそうの充実を図ることを目的に，がん対策基本法が成立し，同年6月にはがん対策の総合的かつ計画的な推進を図るために第1期の「がん対策推進基本計画」が策定された。第1期2007年度（平成19年度）から2011年度（平成23年度）の基本計画では，「がん診療連携拠点病院」の整備，緩和ケア提供体制の強化及び地域がん登録の充実が図られた。第2期2012年度（平成24年度）から2016年度（平成28年度）では，小児がん，がん教育及びがん患者の就労を含めた社会的な問題などについても取り組むこととされ，2015年（平成27年）12月には，がん対策において取り組みが遅れている分野について，取り組みのいっそうの強化を図るために「がん対策加速化プラン」が策定された。

　2016年（平成28年）のがん対策基本法の一部改正の結果，がん患者が尊厳を保持しながら安心して暮らすことのできる社会の構築をめざすことが掲げられ，がん患者への国民の理解が深まるよう，国民に求めることになった。そのため，企業側の事業主の責務を設けてがんになっても雇用継続できるように配慮することが明記され，小児がん患者の学業と治療の両立に必要な環境整備，がんに関する教育の推進が新設された。

　2018年（平成30年）3月9日に閣議決定された第3期がん対策推進計画では，全体目標として「がん患者を含めた国民が，がんを知り，がんの克服を目指

す」としており，分野別の施策として（1）がん予防，（2）がん医療の充実，
（3）がんとの共生，（4）これらを支える基盤の整備，の4点が掲げられた。

2　埼玉県の指針

　埼玉県では基本法に基づき，2008年（平成20年）3月に第1期の「埼玉県が
ん対策推進計画」を策定し，2014年（平成26年）4月には「埼玉県がん対策推
進条例」が施行され，がん医療や支援体制のよりいっそうの充実，がんの教育，
小児がん，働く世代へのがん対策などの新たな課題に取り組んでいる。

　いっぽう，全国一のスピードで高齢化が進展する埼玉県では，がん罹患率の
増加が見込まれることから，2018年度（平成30年度）から2023年度（平成35
年度）までの6年間における第3期の計画が策定され，「がん患者を含めた県
民が，がんを知り，がんと向き合い，がんに負けることのない社会」の実現を
図ることが目標として掲げられている。

3　埼玉県の「がんワンストップ事業」について

**図 9-3-1　埼玉県保健医療部
疾病対策課作成資料**

　がんの診断後，働いている3人に1人が退職
または解雇を余儀なくされている現状を踏まえ
て，埼玉県では就労中のがん患者の治療と仕事
の両立を支援するために，新たな取り組みとし
て2019年（令和元年）7月から図9-3-1に示すと
おり「働くがん患者のためのがんワンストップ
相談事業」が開始される。

　対象者は，県内在住または在勤する就労中の
がん患者で，休職中も可とされている。なお，
この相談では治療と仕事の両立支援を目的にし
ており，独立行政法人労働者健康安全機構埼玉

産業保健総合支援センターとの共催で，看護師，医療ソーシャルワーカー（相談員），両立支援促進員，がん経験者が相談対応者として配置されることになっている。

　　相談期間：2019 年 7 月〜 2020 年 3 月

　　相談時間：18：15 〜 20：30

　　相談回数：毎月 2 回

　　協力病院：埼玉県立がんセンター／川口市立医療センター／済生会川口総合病院／戸田中央総合病院／さいたま市立病院

4　がん相談支援センターの役割とは

　がん相談支援センターは，全国の地域がん診療連携拠点病院（国指定）およびがん診療指定病院（県指定）に設置され，がんに関する治療や療養生活全般，地域の医療機関の情報などについて，患者や家族だけではなく，地域の方々は誰でも無料で利用することができる。おもな相談内容としては，主治医との調整，医療費や福祉制度，患者や家族の心理的支援，就労の不安，緩和ケアや今後の療養などがある。またセンターには相談対応者として，国が指定した研修を修了したがん相談員（職種：看護師・社会福祉士など）が必ず配置されている。

　なお，がん相談員が，より専門性の高い研修を修了した場合には，「認定がん専門相談員」の認定を行い，それぞれのがん指定病院に配置されることとなっている。

※**がん相談支援センター**　がん情報サービス　http://ganjoho.jp

5　就労支援の取り組みについて

　がん患者の仕事と治療の両立支援は，2012 年（平成 24 年）6 月に厚生労働省が施行した第 2 期がん対策推進基本計画に端を発している。2013 年（平成 25年）には「がん患者などに対する就職支援事業」が実施され，ハローワークに

専任の就労支援ナビゲーターを配置して，最寄りのがん診療連携拠点病院のがん相談支援センターにて出張相談を行うパターンもでてきた。また，事業主側への支援として，2016年（平成28年）2月には「事業場における治療と仕事の両立支援のガイドライン」（厚生労働省基準局・健康局・職業安定局）が策定され，がん患者の仕事と治療の両立実現に向けて，厚生労働省の健康局，労働局，職業安定局の3局の協働という，前例のない組織横断型で遂行されることになる。

　現在，独立行政法人労働者健康福祉機構が実施主体となり，各地域の産業保健総合支援センターで事業所向けの支援を展開している。また，このセンターには両立支援促進員が配置され，仕事と治療の両立・復職に関する個別支援を実施している。

6　川口市立医療センター緩和ケアチームの活動について

　当センターでは国からの指定を受ける前から，医師・薬剤師・緩和ケア認定看護師・臨床心理士のメンバーで緩和ケアチームの活動を開始していた。このチーム活動が院内で周知されるに伴い，患者や家族支援をより総合的に行っていく必要性が増し，精神腫瘍医，管理栄養士，認定がん専門相談員なども加わり多職種協働によるチーム活動に発展していった。

　緩和ケアチームでは，全人的苦痛といわれるがん患者のさまざまな苦痛（身体的・社会的・精神的・スピリチュアル）に対応することが求められている。そのため主治医などと患者について情報共有を図りながら，医療用麻薬（モルヒネなど）の効果的な活用による身体的な苦痛の軽減だけではなく，社会的苦痛（生活・経済上の悩みごと，精神的な苦痛（不安・怒りなど）），スピリチュアルな苦痛（死の恐怖・生きがい・人生の意味など）のすべての相談支援に対応する。

※**精神腫瘍医**　がん患者とその家族に対して，精神心理的な苦痛の軽減やがんに関連する苦悩などに耳を傾けるなどの専門的な技能・態度を用いて診療にあたる精神科医・心療内科医のことを指す。なお日本サイコオンコロジー学会では，一定の基準を満たした精神腫瘍医を「登録精神腫瘍医」として認定のうえ公開している。

※**日本サイコオンコロジー学会**　https://jpos-society.org/〈がん患者の心理相談事例〉

事例　がん治療に理解を示そうとしない職場への就労支援

・40代女性　乳がん

200X年8月に乳がんの確定診断を受けた。患者は薬局チェーン店で事務職（常勤）として勤務していた。しかし今後，抗がん剤治療のために定期的に通院しなければならないことになっていた。店長に相談したところ「治療で休みを取るのであれば，欠員については会社側で手配できないから本人自身でそのつど，補充を調整するように」と言われてしまった。また，今後の通勤のことを踏まえて会社側に診断書を提出のうえ，都内での勤務ではなく自宅近くの勤務場所に配置転換の依頼をしていたが，本人の要望は会社側の都合によりすべて却下された。

そのため会社本部の人事担当に当センターの治療状況について報告し，現在の就労継続にはなんら支障ない状況であることを伝えた。しかし人事担当者からは，人員体制上，欠勤が定期的にあるようでは各店舗で適切な勤務体制が組めなくなってしまうので，店長の意向を踏まえた対応しか考えていないという冷酷な回答を受けた。当時は国・県において，がん患者の就労支援について新たな政策や手立てなどを模索している最中でもあり，がん患者支援に積極的な社会保険労務士にも何度か相談したが，残念ながら患者のニーズに沿った相談支援をそれ以上進展させることはできず，それまでの職場を離職することになった。

なお，こうしたケースがその後も全国的にあとを絶たなかったこともあり，現在では両立支援員が患者と会社側の調整を積極的に行い，疾病を抱えていても継続して就労と治療を両立していけるように支援活動を実施している。

7　共生社会に向けて

今日のがん治療は，新薬などのおかげでがん全体の5年生存率が伸びてきて

いる現状にある。しかし治療に伴う副作用，高額な医療費の不安，就労の不安定さ，患者や家族に対する心理的支援などについては，がん患者一人ひとりによって多様な困難要因を抱えているため，医師や看護師などだけでは十分な支援を行うことがむずかしい状況である。

現在，厚生労働省は2025年（令和7年）をメドに地域包括ケアシステムの実現に向けて，可能なかぎり住み慣れた地域で，自分らしい暮らしを人生の最後まで続けることができるように，住まい・医療・介護・予防・生活支援が一体的に提供される地域の包括的な支援・サービスの提供体制を推進している。この取り組みを円滑に進めていくためにも，地域住民のさまざまな人々が相互のつながりを再構築してその地域固有の支援の土台作りをしていくことが重要である。また，これらを推進するためには将来を見越したまち創りという共通の理念のもとに，分野を超えた関係者が参画し，市町村や公的支援機関と協働して体制を整備することが必要不可欠である。

【参考文献】

国立がん対策センターがん対策情報センター. (2015). 認定がん専門相談員認定事業について（平成27年）. 国立がん対策センター

埼玉県保健医療部疾病対策課. (2018). 埼玉県がん対策推進計画平成2018〜2023年度（30〜35年度）（平成30年）. 埼玉県

厚生労働省. (2018). 第3期がん対策推進基本計画（平成30年）. 厚生労働省

厚生労働省. (2016). 事業場における治療と職業生活の両立支援のためのガイドライン（平成28年）. 厚生労働省

埼玉県保健医療部疾病対策課. (2019). 働くがん患者のためのがんワンストップ相談事業（平成31年）. 埼玉県

第**10**章

共生社会にむけた実践活動

小山　望・編

　本章では共生社会にむけての実践活動事例について示している。どれもまだ手探り状態ながら，経済的に弱い立場にある青少年やひきこもり者，経済的困窮者などへの支援についての実践である。これらは支援が必要な社会的弱者といわれる人を地域社会でどのように包括していくかという試みともいえる。障害児・者を地域社会に包括する活動は地域社会の政治的課題である。地方自治体の議員の方にもそうした取り組みについてご寄稿をいただいた。コロナウイルスは，障害者，経済的困窮者から仕事を奪い，彼らをますます経済的に苦しい状況に追い込んでいる。これらの実践事例をお読みいただき，社会的弱者といわれる方々への支援のありかたについて，参考にしていただければ幸いである。

（小山　望）

1

文化—シンガポールでの実践

長谷川仰子

はじめに

　日本とシンガポールが外交関係樹立 40 周年を祝った 2006 年，シンガポールの文化を紹介するイベントが日本各地で催された。このとき，公式イベントの1つ「スポットライト・シンガポール in 東京」を，招聘元として制作，運営したスタッフが，現在の NPO リトル・クリエイターズの主要メンバーである。いっぽう，シンガポール側のイベント主催者（現在の RICE 社）は，同時期にシンガポールで脆弱な立場におかれた青少年のために文化イベントや基金の創設準備を並行して行っていた。RICE 社から同じような環境の青少年は日本にどのくらいいるのか，どのように生活しているのかと問いかけられたことがきっかけになって，児童養護施設に暮らさざるをえない青少年を特に対象に，NPO リトル・クリエイターズはアートのワークショップや国際交流を企画，運営する活動を開始した。

1　日本の福祉

　日本で福祉を語るとき，文化活動は二次的なこと，贅沢なことととらえられることがあるが，「NPO リトル・クリエイターズ」では脆弱な立場におかれた青少年が食事，教育に続いて，美術や音楽などアート表現を知ることも重要であると考えている。これは，環境ゆえに文化的機会を喪失しがちであるとい

うことだけではなく，青少年が自分を見つめて自分を表現する方法，人とコ
ミュニケーションを取る方法を知らずに育ってしまうことへの危惧からくるも
のである。当 NPO はワークショップやコンサートを開催しながら，青少年が
暴力や自暴自棄，ひきこもりなどに走ることなく，アートを道具として自分を
見つめ，自分を表現し，ときには発散する大切さを育むことをめざしている。

　NPO リトル・クリエイターズと RICE 社は同じような活動をそれぞれの国
で展開しているが，RICE 社が重きを置いているのは，青少年の文化的才能を
伸ばすことによってシンガポールからアートを発信するということである。

　2006 年，いまほどにシンガポールが豊かではなかった時代，RICE 社は脆弱
な立場におかれた青少年がアートの才能の芽を伸ばせないことが問題であると
感じていた。この背景として，シンガポールが固有の文化を形成し，東南アジ
アの文化ハブになることを政策として掲げていたことがある。これは文化こそ
が国のアイデンティティだという政府の考え方に基づくものであろう。

2　シンガポール

　シンガポールは 1965 年にマレーシアから独立を迫られるかたちで成立した
都市国家である。第一次産業がなく飲み水すら輸入に頼る，東京 23 区ほどの
小さな島に多くの民族が暮らしている。住民の 7, 8 割が中華系，残りはマ
レー系やインド系だ。最近は日本人も多くなった。宗教も仏教，キリスト教，
イスラム教，ヒンズー教とさまざまである。シンガポールの父と言われる
リー・クワン・ユーは「明るい北朝鮮」と揶揄されながらも強いリーダーシッ
プを執って民族，宗教による国の分断を避け，半世紀の間にシンガポールを一
大経済大国に押し上げた。人々はおたがいの民族の生活習慣や宗教を尊重して，
あるいはそれぞれの違いを上手に利用しあいながら，この多様性に富む社会を
支えている。

　シンガポールが経済大国に成長した背景には海外からの大量の投資がある。
これは税率が低く設定されているために可能になったことだが，いいかえれば

税金を福祉に充てる日本のようなシステムはシンガポールでは不可能ということでもある。シンガポールはまさに自助の国だ。だからといって，政府は福祉に関して何もしないというわけではない。国民がもつ宗教観や，他者を助けるという気運を追い風にして，政府は学校にボランティア教育を積極的に取り入れたり，助成金や補助金を提供したり，マッチング・ファンドを作ったり，企業に対しては寄附金控除システムを導入したりしている。そのときどきで方針が変更されることもあるが，寄付した額の2倍から3倍の額が所得から控除されることから，多くの企業が自社利益のためにも積極的に寄付を行っている。加えて，人口が多くないことが一因なのか，性別や生まれた環境，心身の障害にかかわらずすべての人を大切な労働力と見る傾向があることも福祉を後押ししている。

　数年前，世界経済の波に押されシンガポールの経済にも陰りが見えた時期があった。そのころ，それまで寄付を受けているだけだった慈善団体などは，寄付に頼らずに収入を確保しようと起業を考えるようになった。これがシンガポールで社会的企業を立ち上げることが盛んになった背景である。

3　事例としてのカフェ「ハッピー・パンケーキ」

　前述の RICE 社は，シンガポールで現在数か所の文化施設を運営している。そのうち，RICE 社の活動初期から運営してきたのが「リトル・アーツ・アカデミー」である。これは12歳くらいまでの子どもに美術や音楽を教えるアフター・スクールで，貧困家庭の子どもは授業料を支払わずにスクールに参加することができる。そして「リトル・アーツ・アカデミー」で育った子どもが成長したあとも通える場所として 2014 年秋にオープンしたのが「10 スクエア」である。「10 スクエア」の対象は中高生だ。NPO リトル・クリエイターズは，この施設のなかに RICE 社と共同で「ハッピー・パンケーキ（Happy Pancakes Café）」というカフェをオープンさせた。

　NPO リトル・クリエイターズでは，児童養護施設を退所した子どもが集ま

れる場所を，当初東京に作ろうと模索していたが資金的な困難からこれを実現
できず，一時は東京での展開をあきらめていた。そんなときに「10 スクエア」
の構想を聞き，シンガポールの脆弱な立場におかれた青少年の助けになろうと
考えて，「ハッピー・パンケーキ」の企画・運営に加わった。日本テイストを
取り入れたカフェを作って，参加する青少年がここでアルバイトをしてお金を
貯めることができるようにし，またカフェの売り上げの一部を両国の青少年の
文化交流のために使うという趣旨であった。これは社会的企業の一つの形で
あった。しかし，シンガポールのレストランやカフェの市場は競争が激しく，
また青少年施設でのカフェでは一般客を呼び込むことが容易ではなかったこと
から，経営が行き詰まり，2019 年春，「Café One O」と名前を変えて，東南ア
ジアの起業家を紹介・支援するカフェとして再スタートすることになった。東
南アジアからシンガポールへ進出を考えているシェフがこのカフェを足がかり
にして，商品やメニューの試験的販売ができる仕組みである。現在 NPO リト
ル・クリエイターズはカフェ運営の第一線からは退いているが，このカフェの
売り上げの一部をいまも日本とシンガポールの青少年文化交流のために使って
いる。

　一つ書き加えておきたいことがある。「ハッピー・パンケーキ」は日本の篤
志家の寄付もあって実現できているものだった。それを記念するプレートがい
まも店内に掲げられている。近隣に事務所を持つカシオの駐在員は，これを眼
にして毎週 1 度社員のランチ・ミーティングという名目で「ハッピー・パン
ケーキ」で食事をしてくださるようになった。企業の支援のように大きく取り
上げられることはないが，多くの心ある方に支援していただいていることに，
ただひたすら感謝するとともに，このような善意の積み重ねが福祉を支えてい
ることを肌で感じている。

　激しい競争社会である自助の国シンガポールで，ビジネスで成功することは
簡単ではない。また，日本ではゆっくりじっくり様子を見ながら物事を進めら
れるのに対し，シンガポールでは 1 か月 2 か月という単位で判断をしながら，
どんどんビジネスの形態を変えていこうとする。変化を怖がらず，失敗を恐れ

ずに，スピードをもって物事を推進していく社会性がシンガポールにはある。これが，彼の地で社会的企業を起こそうと立ち上がる人が増えている要因かもしれない。

4　国際的視点

　NPO リトル・クリエイターズはシンガポールと密接な関係をもって活動を続けてきたが，今後注視すべきなのは，日本で統合型リゾート（IR）整備が実際にどのように推進されていくかではないかと考えている。シンガポールには 2 つの IR があって，どちらも積極的に社会貢献を行っている。NPO リトル・クリエイターズもその社会貢献の恩恵に浴したことがある。カジノについては賛否両論があるが，シンガポールの IR 運営会社も日本への進出を検討している。彼らの日本進出が実現すれば，日本における企業の社会貢献に新たな風を吹き込むのではないだろうか。

　また脆弱な立場におかれた青少年を助けることを目的として「チャイルド・エイド・アジア」というチャリティ・コンサートが，シンガポール，日本，マレーシア，インドネシアでほぼ毎年のように開催されている。2020 年にはフィリピンでも開催される予定だ。私たちはこのコンサートを窓口として築かれたネットワークをアライアンスととらえ，海を越えた助け合いの仕組みを作りたいと現在模索中である。

　世界は経済でつながり，ボーダーレスになったといわれてひさしい。また，日本の福祉も大きく世界経済の影響を受けている。しかし，福祉を語るときは一様に内向きになり国内の事象，国内の問題ととらえる傾向がある。福祉にも国際的な視点を取り入れることができれば，あまたある問題の解決の糸口を諸外国とともに探っていくことができるのではないか。シンガポールの多様性と国際性から学ぶことは多いと考える。

2

地域で住民交流

福田聖子

1　はじめに

　戸数 400 戸，住民数 1,000 人ほどの小さな Y 県 S 町 T 区の「生涯学習」は，6 年前まで正月のどんど焼きのみを実施していた。「生涯学習」という活動もどんと焼きを実施するために住民が集まるだけの活動にすぎなかった。

　6 年前に「文化部」が高齢化のため廃部となったが，住民の文化的行事を復活してほしいという要望から，5 年前より文化祭・研修旅行・各種講座開講を「生涯学習」が担当することになった。そしてあらためて「多様性を認め合える区」をめざし，文化活動の復活とともに，私たちはまずは希薄になってしまった住民同士の関係づくりから取りかかった。

2　共生社会づくりは「知り合い・友人」になることから

　私が嫁いできた約 40 年前の T 区は，住民同士はほぼみんな「知り合い」で，どこの誰がどこに住んでいてどんな人でどんな事情を抱えているかなどよく知っていて，プライバシーなどないのでは？　と感じるほどであった。たがいに関係性も深く，そこには誰も自分は同じ地域の住民という仲間意識があった。「仲間」の一人として認められると，何かあっても必ず助け合うという暗黙の了解もあった。実際に助け合う場面を何度も目にした。社会的弱者とよばれる

人々も温かく見守られていた。自分にできることはできる範囲で提供しようとする姿がたくさん見られた。若かった私は必要以上の関心をもたれることを疎ましく感じながらも，自分も地域の仲間であるという安心感や温かさを感じて暮らしてきた。

　しかし，時代とともにＴ区も変わってしまった。人と人との関係は希薄になるばかりである。他者や他の家に関心少なく，地域で問題が起きてもかかわりを避ける。横のつながりが弱いし，みずから手助けしようとする姿も少ない。自分の持っている力をみずから進んで地域のために提供したり発揮したりしようとする姿もほとんどみられなくなってしまった。外国人や障害者や病気の人や年寄りやさまざまな特性を持つ人々も増えているが，これらの人たちへの関心はさらに薄い。

　「多様性を認め合える区」つまりＴ区が共生社会へと近づくために，「Ｔ区生涯学習」は，住民同士がたがいに「知り合い・友人」になってもらう活動から始めることにした。40年前のごく自然に共生していた昔のＴ区と同じにはなれなくても，「知り合い・友人」になることで，おたがいへの関心が生まれ，他者が困っていることに気づいたり，それに手を差し出す気持ちが生まれたりするのではないだろうか。また，そこからみずから困りごとを話せたり手助けを求めたりする関係性も生まれくるのではと考えた。「知り合い・友人」の気持ちが，「違い」を飛び越え，「違い」を受け入れ認め，尊重して支え合えるＴ区を作っていくのではないだろうかと考えた。40年前のような温かなＴ区をめざしていきたいと思った。

3　「Ｔ区生涯学習」の実践

(1)　人と人とをつなぐ

　まずは住民同士が挨拶を交わせる「知り合い」になることを目的とした。そのためさまざまなイベントや講座を提供した。またそれらのなかで参加者同士をつなぎ，交流する楽しさや温かい雰囲気を体験できるようにかかわった（図10-2-1）。

図 10-2-1　どんど焼き

図 10-2-2　クラフトバッグづくり

(2) 知り合いや友人が「知り合い・友人」を連れてくる

　しかし，毎回参加者が少なく，なかなか「知り合い・友人」の輪は広がらなかった。チラシや回覧板，組長会での呼びかけ，地区放送など，さまざまな工夫をしたが参加者は少なかった。「区の予算を一部の人たちだけで使っている」などと言われて心が折れそうになったこともあった。

　私たち自身の知り合いや友人から参加を呼びかけていくことにした。講座やイベントの内容は自信をもてるよいものであるし，人と人とがつながる温かさ

を体験してもらう支援の効果も出てきて，私たちそれぞれの知り合いや友人たちがまず，「知り合い・友人」になった。さらに，その友人がそのまた友人や知り合いに声をかけ参加するようになっていった。その繰り返しで，参加人数が増えてきた（図10-2-2）。

(3)「知り合い・友人」は，心の壁を取り除き共生社会へと導く

　住民同士が温かなつながりを感じ「知り合い・友人」になっていくにつれ，たがいの間の「違い」を気にしなくなったり，その「違い」を気づかうようになったりしてきた。いままで閉じていた心の壁が外れていった。

　たとえばこんなことを目にした。外国人一家の近所に住むAさんは，その一家を気にかけるようになり，イベントに誘ってきた。言葉や文化の壁の前に孤立傾向だったその外国人一家は，初めて仲間として日本社会に受け入れてもらえて，とても喜んでいた。その後，他の参加者もその一家に関心を持つようになり，挨拶や会話を交わすようになった。一人暮らしの老人の買い物を気にかけ声をかけるようになったBさん。足の不自由な人の交通手段を気づかったCさん。赤ん坊の世話を申し出たDさん。車いすのEさんも，参加の手助けを求めてきた。

　「知り合い・友人」になることで，人と人との心の壁が少しずつ外され，「違い」を越えた他者を気にかける人間関係が生まれてきた。多様性を認め受け入れ，自分が相手のためにできることを考えるようになってきた。「知り合い・友人」になってもらうような働きかけで，T区は少しずつ共生社会に向かい始めている。

4　まとめ

　どんど焼きの運営を担当するだけであった「T区生涯学習」であるが，現在はさまざまな文化的行事やイベントの開催をとおして，区民同士がつながり合えるようになった。自分優先で人間関係が希薄だったT区に，「知り合い・友

人」の輪がどんどん広がってきている。

　区の行事の運動会や夏祭りでも人々が挨拶し，にこやかに声をかけ合う姿を多く目にするようになった。孤立していた外国人一家も笑顔で参加するようなったし，いままであまり見かけなかった身体障害や知的障害をもつ人，発達に障害をもつ人たちの参加もよく見かけるようになってきた。T区で「知り合い・友人」の輪を作り広げてきたことで，一般の住民も社会的な弱者と呼ばれる人たちをごくあたりまえの「知り合い・友人」として認めてくれるようになってきた。

5　共生社会に向けて

　今後も，すべての区民がたがいの多様性を受け入れ認め合う全員参加型の共生社会になっていくように，人と人とをつなぎ「T区全員が知り合い・友人」となるような活動を仕組んでいくつもりだ。この5年間で少しずつ育ってきた自主サークル活動もいくつかある。そのバックアップをしながら，障害のある人も外国人も健常者もごくあたりまえに「知り合い・友人」となり，誰もが積極的に参加・貢献するT区にしていきたいと考えている。

3

児童虐待

　社会全体で子育てを支援する動きは高まり，共働・共感して子育ての楽しさや魅力を伝える取り組みが多く展開されている。しかしいっぽうで，子育てに困難をきたし，その支援を必要とする人も多い。親と子・地域社会との共生について児童虐待の事例をもとに考えてみたい。

　日々の報道でその悲惨さを知り，どうしようもない無念さを感じることの多い昨今である。「子は親を選べない」と記されたものを多く目にするが，それが子の運命だというのだろうか。うれしいめぐりあいがすべてであってほしいと思うが，決してそうではない現実がある。産声をあげたわが子を初めて見たとき，愛おしく思うことがあたりまえではなくなっているのか。育児の重圧はそれほどに重く，厳しいものなのか。児童虐待の背景は複雑化している。

　しかし，子どもに対する拒否や怠慢・放置・暴力など，児童虐待に見られる大人の行為は，直接子どもの命にかかわることであることを考えると，絶対に許されるものではない。

1　しつけという名の虐待

　子どもの日々の成長を楽しみにして過ごす家族が大半であるいっぽう，親自身の不安やストレスなどのさまざまな理由からそのイライラを子どもに向けてしまう例も多くみられる。

　「悪いこと・してはいけないこと」どころか，「親がすべきことをしている」という認識のもとで，子どもに対する身体的・心理的虐待の多くは「しつけ」

という言葉に置き換えられて，行われてしまう場合もある。

【事例1】

　精神疾患の母親と知的障害の父親，生後2か月の女児の三人で団地に居住。母親は「汚い」といって，女児の肌に直接触れることを拒み，ビニール手袋を着用して育児を行っていた。父親は町工場で働き夜勤をしながら育児を手伝っている。父母の両親は高齢で支援できる状況ではない。

　ある日，父親が哺乳瓶でミルクを与えている様子を見ていた母親は「この子にパパを取られてしまった」と怒り，女児を父親から奪い取り，布団に叩きつけてしまった。父親から「子どもが泣き止まない」と保健センターに電話が入り，訪問した保健師と一緒に小児科を受診したところ，左肩を脱臼したことがわかった。

　乳児院への入所を提案しても母親が拒否（母親の精神的病状悪化も見られた）したため，女児を近所の保育所に入所させ，ヘルパーの派遣と保健師の訪問，父親の勤務変更（日勤のみ）を行うことで，一時は平穏な生活ができていた。

　しかし，女児の成長とともに，「ご飯をこぼす」「言うことを聞かない」などと，思いどおりにならない母親の不満から，女児が家で叩かれていることが，保育所からの通告で判明する。母親は「私も小さいころは叩かれた。悪いのはあの子。親だからちゃんとしつけないといけない」と反論し，その行為は日に日にひどくなって行った。

　各種関係機関での協力だけでは，女児の安定した生活環境が保持できないことから乳児院の入所を再提案し，双方の両親の口添えを得て入所の運びとなる。

　母親は精神科の治療を受けながら面会を続け，ヘルパーの協力を得て，女児の帰宅に向けた家事練習を継続している。

　安易に暴力にはけ口を見いだしても，親のストレスは解消するものではなく，それどころか暴力は子どもの心身に大きな影響を与え，新たな問題を引き起こすことにもなりかねない。虐待にいたる原因には，親の疾患や成育歴，子の発達上の問題などが大きく関係している。虐待をしてしまう親が抱えている，支

援を必要とする要因を理解し，周囲のかかわりをどのようにつないでいくか，慎重に考えていく必要がある。

2　支援のネットワークをつくる

　表出件数は少ない傾向にあるが，重篤な状況に陥る「性的虐待」の事例を示したい。各方面の専門的な対応が必要となってくる。

【事例2】

　発達支援事業所を利用する4歳の女児が，「パパきらい」と言いながら，壁にボールをぶつけていた。叱られたのかと思い声をかけるが「………」何も答えがない。始めは怒ったような顔の表情が，泣き顔になっていった。

　お散歩から帰って来てトイレに行った際，急に泣き出した。「痛い!」と言う。排尿を失敗することもあり，おむつの使用もあったことから，陰部のただれがあっておしっこが染みたのかと思い確認すると，陰部にいたずらされたことを思わせる状況が確認できた。

　性的虐待が疑われたため，児童相談所に通告し，病院の受診となった。継父は強く否定し，行政に対し攻撃的な態度をとる。母親は夫（継父）に話を合わせていた。

　病院の診断で，虐待行為が疑われるとされ，女児を保護した。その後母親は，夫から妻への暴力があり，夫から女児への性的虐待があったことも知っていたと話した。現在も保護が継続されているいっぽう，継父からは頻繁な苦情行為が，行政に向けられている。

　今後，母親は女児と二人で生活したいと考えている。しかし，女児に対する行為について継父の否定は続いており，母親への暴力もあることから，専門関係機関の協力を得て支援を強化・継続していくことになると考える。

　性的虐待は，身体的虐待や心理的虐待に比べ，表に出ることが少ない傾向にある。その要因としては，自分の受けている虐待行為を，みずから話せる相手

が身近にいないことが大きいのではないか。年齢が小さい児童では，一番身近な母親を頼りとしたいところではあるが，多くの場合母親がことのなりゆきを外部に発することはせず，その結果，虐待が隠ぺいされたり，発覚が遅れたりしてしまうことになる。

　心情や慈愛を失った希薄な人間関係が，人と人との距離を広げ，本当に信頼して話せる相手の存在が地域社会で失われていることで，その発見が遅れ，重篤な状況になってしまっているように思えてならない。

　支援のネットワークは，ともに生き，ともに考えて，ともに踏み出す人の存在があれば広がっていく。年齢・発達段階・家庭環境・学校・職場など，さまざまに異なる環境のもとで，人として尊重される存在を守るため，一人でも多くの人と手をつなぎたい。

　専門的な知識や情報が大切なことはいうまでもない。医療機関はもちろん保健センターや行政の福祉関係課，療育や教育の関係機関，民生委員や各種相談員，法的機関など，そのケースによって必要な情報の内容はさまざまである。やみくもに情報を収集・拡散するのではなく，関係機関が保持する，支援に必要な情報をいかにつないで解決に導くかが重要なカギとなる。

3　身近な気づき

　「子どもの権利条約」（1989年）が採択され，「児童虐待防止法」（2000年）が制定された現在でも，子どもの生活環境は，経済的・人的・精神的に守られているとはいいきれない。地域の人間関係が希薄化し，自他を比較することで生じる優越感と劣等感の狭間で生じた，経済的・社会的格差が，子どもに及ぼす影響ははかりしれない。

　近ごろ，近隣からの泣き声通告が増えている。虐待通告する側も，子どもの安全を第一に考えて行動すべきであるとして，児童相談所虐待対応ダイヤル「189（いちはやく）」という全国共通ダイヤルが周知されるようになった。その活用によって，近隣住民の気づきが，子どもたちの命を救うことにつながって

いる。

　また，心理的虐待も増加の傾向にある。夫婦喧嘩などの家庭内事件に警察が介入する件数が増え，その現場を子どもが目撃していた場合には，心理的虐待として児童相談所に通告される。見えない心の傷は，生涯にわたって大きな影響を与え，忘れたころに思い出すことを繰り返すなどのストレスにつながってしまうからである。小さいころに虐待を受けて育った親が，子に虐待してしまうという例も少なくない。現在は，虐待をしてしまった父母（家族）に対しての更正プログラムも実施されている。起こってしまった事実に向き合い，自己啓発を促し，親の回復を願うプログラムである。これもまた，信頼できる相談者の存在なくしてはできないことである。

　ネグレクト（養育放棄など）も不登校の問題や養育環境の悪化とあわせ，その解決に際しては，多くの課題が浮き上がってきている。家族が，経済的に厳しいとの理由で，夜間の就労を余儀なくされ，生活リズムが昼夜逆転してしまうことがある。さらには，衣食住のレベル低下を招き，不潔感や貧困が生じる。不潔感から子どもはいじめを受け，学習の機会も奪われ，社会との接点は少なくなり，ますます孤立してしまう。こうした生活からのサインは，学校や民生委員など身近な関係者の気づきが助けにつながることが多い。

　このように，興味本位ではなく，身近で寄り添う関係づくりが，地域共生につながり，連帯感が芽生え育つことで，子どもの安全はいま以上に守られるのではないだろうか。

　虐待はあってはならない行為である。周産期，母体にある命から，大人になろうとしている18歳までを児童とするなら，その間に起こり得る虐待行為は，想像がつかないほど多様である。虐待の認識のないまま虐待が行われていたり，虐待の域を超え，命に危険のある状況が発生していたりするかもしれない。みずからSOSを出せないのが児童である。であるならば，周囲の気づきと支援のネットワークこそ，虐待から児童を守る手段といえるのではないか。

　「ともに生き，ともに考えて，ともに踏み出す人の存在」「本当に信頼して話せる相手の存在」こそ，虐待防止に必要だと考えられる。

4

インクルーシブ保育から地域での
共生社会に向けて

加藤和成

1　質の高い保育が共生社会の基礎を作り出す

　乳幼児期の保育において本来大切にされるべきことは，それぞれの子どもや家族に自分とは違った生活の仕方や考え方，また国籍や宗教，文化，風習などがあることを感じる生活をとおして，よい関係や支え合うつながりを作り出していくことであると考える。

　このために幼稚園では，多くの経験ができる生活や遊びの場を子どもの遊びや生活を保護者とともに理解し，子どもと共感していくことが必要である。ここから私たち，大人自身が子どもの生活や遊びから学び，自身を振りかえり，仲間とともに親として，また人として成長していくことのできる保育現場をつくっていくことが共生社会に向けての始まりであると考えている。

2　モノゴト（生活や遊び）を作り出す子どもたち

　子どもたちの日常では，自然物や素材をとおして，モノゴトを自分たちで考え作り出していくことのできる環境が大切にされている。子どもたちは，おもちゃや遊具，保育者や，大人に「遊ばされる，遊んでもらう」のではなく，形のないところから遊びや仲間，居場所やルールなどを作り出すことを遊びとしている。大人の価値観や決まりごと，感覚を押しつけるように教えようとするのではなく，子どもの発想で自由に表現することのできる世界が保証されてい

ると，自己肯定感をもって仲間と楽しみ，相手の話をよく聞き，よく集中し考え，試行錯誤することを楽しむようになる。そのような子どもたちは，間違えや失敗を繰り返しながらも柔軟にモノゴトを作り出していく主体的な生活のなかで，柔らかな人間関係を生み出し，さまざまな社会の問題に柔軟に対応していく力を養っていくのである。

3　保育者，親が育ちつながる保育

　葛飾こどもの園幼稚園の保育では，子どもの生活や成長する姿から大人自身が感じ考えることのできる機会を大切にしている。そのために保護者たちのサークル活動やいくつもの保育ボランティア，体験活動など，さまざまな年代の保護者が集まり仲間作りがなされる場が多く準備されている。これらは何十年も前からお母さんやお父さんがつながり育児を支え合う日常生活として，今日まで保護者たちにより引き継がれているものでもある。乳幼児を抱える両親においては，子育てに関する多くのことが初めての経験であり，親同士で多くのことに共感できる園生活であるからこそ，活動をとおして大人同士の関係が深く築かれていくのである。たとえば，親子で行う園活動では，レインコートを着て「雨の中のお散歩」を楽しんだり，大人も素手と裸足で土を掘り，走り回ったりするうちに「土って気持ちいいですね」「雨は楽しいのですね」と共感し合い，数年ともに活動していくうち，非日常を仲間と楽しもうとする姿に変わっていく。四季や自然の心地よさを子どもの世界をとおしてともに感じて喜び合う生活は，親同士，仲間同士，初めての者同士がつながり合い，そして自分の子ども以外の子どもを気にかけるような生活に変化していくのである。

4　支え合う輪が次世代につながっていく

　生き生きと生活し周囲から必要とされる親子となっていくと，自分のことや自分の子どもだけでなく他者に対しても目を向け，気にかけることができる集

団となっていく。この，まわりの大人が自分の子ども以外の子どもたちのことを「気にかける」ことはとても重要なことで，社会に広く目を向けることや自分とは違う考え方に触れ，受け入れていくことにもつながっていく。このインクルーシブな考え方の基礎となる地域社会が作られていくためには，乳幼児期の子どもを育てる大人たちが，子どもの生活や遊びを理解しながら仲間で心動かす生活を積み上げていくことを大切にしなければならない。さまざまな活動をとおして支え，支えられた経験により，身近な存在となり気軽に話のできる関係にもつながっていく。このような関係が広がる園生活では，自分が支えられ助けられた経験を次の世代に返していくことが自然と繰り返され，時間をかけて園の文化となっていくのである。このように家族でつながり支えられていく輪があちらこちらに広がっていくことがベースとなり，子どもたちの生活でも，相手の気持ちを感じたり，気にかけたりすることが自然となされる子ども社会となっていくと感じている。

5　「特別なこと」ではなく「自然なこと」として

　幼稚園では多くの場面で，さまざまな方々に参加してもらう日常生活を大切にしている。特に自由保育時間や園外で行われる活動などでは，多くの方々の見守りと助けが必要となり，さまざまな子どもたちが「その子の楽しみ方」を見つけるまでには，長い期間をかけた「見守り」や「寄り添い」を欠かすことはできない。長年ボランティア参加している経験者は，何か手伝わなければという「お手伝い感覚」ではなく，たとえば園外保育などでは，自分自身が季節を感じながら虫や花を楽しみ，つる草などでリースを作り，ともに歌って，泣いている子どもと笑い合ったりする姿がある。保護者であるお父さんたちなどが家族ではない赤ちゃんを抱っこしたり，おどけて笑いの場を作ったり，荷物を預かり運んだりする。小学生の児童たちでも泣いている小さな子どもに手を差し出して歩き始める。

　このような姿が自然と生まれ引き継がれていく「子どもの社会」，障害のあ

る人だからではなく，いま，仲間と心地よく過ごすために助けや援助が必要で
あれば，だれに対しても自然と手を差し伸べる姿があり，それが押しつけや義
務的なものであった姿から，時間をかけてごくあたりまえの日常生活へと変化
していくのである。

6　共生をめざした地域づくりと今後について

　これらのつながり合う仲間の輪は，卒園後も各地で新たな仲間とつながりを
生み出し，卒園した仲間と在園する保護者が幼稚園外の活動でも，家族で楽し
む山登りや自転車同好会，雪遊びキャンプなど自分たちで作り出している。ま
た，卒園児やその親たち，仲間たちが参加できるハイキングなどでは，学生か
ら70歳代までの各年代の方々が楽しむボランティアとして活動しているが，
最近よく見られる姿は，自分自身の存在意義を感じることのできない学生たち
も「子どもたちから必要とされる存在」であることに気づいて，逆に，子ども
に支えられ勇気づけられる姿も見られるのである。

　また，本園に隣接する教会（独立新生葛飾教会）には，毎週行われる礼拝や
その他の活動に50歳代の方をはじめとして20名以上のさまざまな個性やハ
ンディを持つ方々が参加している。幼稚園と教会の関係においては，幼稚園の
活動で終わるのではなく生涯をとおして両親ともつながり，生活のある部分で
おたがいに必要とされる場所として現在も大切にされている。

　今後の展望としては，乳幼児にかかわる教育機関が大学機関とともに研究や
実践を積み上げ，インクルーシブな社会を感じ考えていくことができる場とな
り，全国各地に広がっていくことを願っている。これらのためには，役所や小
学校，地域で自主活動する団体などと学び合い協力していくことが課題とされ
ているが，これからの社会において閉塞的な考え方や環境に対して問題意識を
持ち変化を願い，その現状を変えていくことのできる人が育つ教育現場や地域
社会が必要とされているのではないかと実感している。

5

放課後等デイサービスの取り組み

西村悦子

　2012年（平成24年）4月に児童福祉法に位置づけられた新たな支援である放課後等デイサービスは，提供が開始されてからまだ間もない。しかし，ここで行われている支援の内容は多種多様であり，さらにまた，日々新たな支援形態が生み出されている状況にある。ここでは，放課後等デイサービスが共生社会実現に向けた日々の取り組みをどのように行っているか，東京都足立区にある事業所「でいじいおれんじ」の様子を通して紹介していく。

1　放課後等デイサービスの役割

子どもの最善の利益の保証

　放課後等デイサービスは，児童福祉法第6条の2の2第4項の規定に基づき，支援の必要性が認められた就学児（6～18歳）に対し，学校終了後や休校日に生活能力向上のための必要な訓練，社会との交流の促進，その他必要な支援を行う事業所である。

　支援を必要とする障がいのある子どもに対して，学校や家庭とは異なる時間，空間，人，体験等を通じて，個々の子どもの状況に応じた発達支援を行うことにより，子どもの最善の利益の保証と健全な育成を図るものである。

共生社会の実現に向けた後方支援

　放課後等デイサービスの提供にあたっては，子どもの地域社会への参加・包容を進めるため，他の子どもも含めた集団の中での育ちをできるだけ保障する

視点が求められている。

　放課後等デイサービス事業所は，放課後児童クラブや児童館等の一般的な子育て支援施策を，専門的な知識・経験に基づきバックアップする「後方支援」としての位置づけがある。

保護者支援

　放課後等デイサービスは，保護者が障がいのある子どもを育てることを社会的に支援する側面がある。具体的には

　①子育ての悩みなどに対する相談を行うこと

　②家庭内での療育などについてペアレント・トレーニング等を活用しながら子どもの育ちを支える力をつけられるように支援すること

　③保護者の時間を保障するために，ケアを一時的に代行する支援を行うことがある。

2　放課後等デイサービス「でいじいおれんじ」について

　放課後等デイサービス「でいじいおれんじ」は，「子どもたちに安全で安心な居場所を提供する」をビジョンに掲げ，2019年4月に東京都足立区に開設された。子どもの様子が解る（観える）事業所として，預けてくださる保護者様の目線に立ち，子どもたちにはご家庭のような安心して過ごせる時間，ストレスを感じさせない居心地の良い空間をつくることを一番に考えて運営されている。

3　支援スタッフと対象となる児童

　保育士経験者2名，放課後等デイサービス他事業所経験者2名，障がい児子育て経験者1名，介護デイサービス経験者，学習塾講師，書道教室講師などさまざまな職歴のあるスタッフ10名が，この事業所の運営にあたっている。

　利用者は小学1年生　男児2名。小学2年生　男児10名　女児3名，小学4年生　男児3名，小学5年生　男児3名　女児2名の計23名である。

　一日の利用人数は10名。利用者は発達遅延による知的障害，脳性まひ，ルゼンシュタイン・テイビ症候群，21トリソミー，自閉症などの診断名を持っている。これに加えて，診断を受けていない数名の児童も施設を利用している。

4　基本活動

　平日の学校終業後と長期休暇日，祝祭日とでは一つひとつのプログラムにかける時間はかわってくるが，どの場合でも，子ども一人ひとりの個別支援計画に沿って支援を行っている。

〈平日〉
・学校お迎え
・健康確認（検温，顔色や身体の傷などの目視）
・はじまりの会（日直をきめ，今日の日付と天気，お友だちの名前，スタッフの名前をよびながら一人ひとりとタッチ。そのあと体操。曲はパプリカ・できるかな・エビカニビクス・妖怪体操・ラーメン体操などから子どもたちのリクエストに応じている）
・おやつ（果物や捕食になるもの　さつまいも・ひやむぎ・おにぎりなど）
・集団活動／個別活動（大縄くぐり，マットとび，ボウリングなど体を動かすことを主体にしている。個別は工作やお絵かき，カードゲーム，粘土など）
・帰りの会（今日の楽しかったことの発表をスタッフも含めて全員ひと言ずつ発言する）
・送迎

〈休日〉
・自宅にお迎え
・健康確認
・はじまりの会
・集団活動／個別活動
・お昼（お弁当）
・休息タイム（紙芝居や絵本の読み聞かせ，お口の体操など）
・集団活動／個別活動
・おやつ
・集団活動／個別活動
・帰りの会

（1） 自立支援と日常生活の充実のための活動

　子どもが意欲的に関われるような遊びをつうじて，成功体験の積み増しを促し，自己肯定感を育めるようにする。子どもがもっている興味，声掛けの方法やパニック時の対応などは，送迎時に保護者や担任の先生などから聞き取りをし，興味のある絵本やおもちゃ，お気に入りのキャラクターの絵などを用意しておき，日々の活動に取り入れるようにしている。また個別支援計画作成にあたっても，児童発達支援管理責任者まかせにしないで，毎月支援スタッフ全員から，現在子どもが興味をもっているもの，今後の取り組みへのアイディアを提出してもらい，支援計画作成の参考にしている。支援スタッフには，週1回勤務する者，送迎のみを担当する者もいる。支援スタッフ全員がそろって会議をする機会をつくるのがむずかしいので，提出された文章は全員が閲覧できるよう工夫している。出勤時には，自分の勤務日以外の業務日誌や子どもたちの経過表に目を通すようにもしている。また，子どもの様子を知るために，学校行事の運動会や授業参観には，設置者・管理者・支援スタッフなどで分担して積極的に参加するよう努めている。

（2） 創作活動

　毎月のカレンダー，壁飾りの制作，季節にあった制作などをしている。

　支援スタッフによって，指導にバラつきが出ないように，制作物キッドを数点用意しておき，その中から子どもの興味にあわせて選ぶことができるように工夫している。工作の題材は，休日に家族で過ごした楽しい出来事などを再現できるようなものにすると，子どもたちも興味をもって取り組める。支援スタッフが工作や遊びの具体例を学べるように，スタッフ向け本棚を設置し，誰でもが専門書を読めるようにしてある。また，他事業所や学校などで子どもが喜びそうなものがあれば，写真を撮らせてもらい，スタッフグループラインで共有している。

(3)　地域交流の機会の提供

　児童館や学童保育でおこなわれるイベントは，あらかじめ活動予定に組み込み参加している。"農心連携"の取り組みをしている埼玉にあるファームに，親子で参加できる企画を年に2回実施し，水遊び，泥遊び，くりひろい，芋ほり，餅つきなど，普段の活動ではできない自然とふれあうことを中心にした遊びを提供している。

　他事業所と合同でのウィンターフェスタ（60～70人規模）を年に1回行い，その催しを，支援スタッフ間の情報交換の場としても活用している。

(4)　余暇の提供

　子どもが望む遊びや活動を自己選択できるよう，個別活動の時間を多く設けている。また，2枚の畳をおいて，リラックスできるスペースを確保している。

　おもちゃを手の届くところに並べておくと，子どもは手当たり次第にひっかきまわして散らかしてしまうので，おもちゃを写真に撮ってカード形式にした。そこから遊びたいおもちゃを選んでもらうようにして，「遊んだら片付け，次のおもちゃを出す」ルールを設けている。

5　支援の方針

　発達障がいのある子どもへの支援が目指すものとして，発達障害児を直接変えることではなく，発達特性を持ち，生活で困っている状態にある子どもの「困っている状態」（障がい状態）を改善することといわれている。

　本当に必要なことは，一人でできるようになることではなく，
・自分が苦手なことを知っていて，
・そのことをうまく処理するために
　✓　何を行えばよいか
　✓　誰に（どこに）聞けばよいか
を知っていて，それらができるように上手な生き方を教えていくことだ。

この障がいの子にはこういう対応が正解というものはなにもないので，一日一日一人ひとり様子をみながら，悩み考え工夫しながらの対応となる。そこでスタッフ間の情報の共有，保護者や学校の先生方との連携が重要となってくる。日々の様子がわかるように，写真中心のブログを毎日更新している。保護者の皆様からは「どんなふうに過ごしているのかわかりやすくて，毎日楽しみです。とても明るい表情で楽しそうにしている様子がみえるのでこれからも続けてください」と好評である。スタッフのスキルアップのために，他事業所と連携して，外部講師を招いての研修会を毎月行い，参加したスタッフからの研修報告も資料の閲覧という形で共有している。

　放課後等デイサービス「でいじいおれんじ」は，学校と家庭とのつなぎの場。安全で安心できる子どもたちの居場所を確保することに重点をおいて，子どもたちが楽しく落ち着いて過ごせるよう運営している。

6　事例

【絵カードが苦手な K 君】

　絵カードを見ると，不穏になる K 君。スタッフが絵カードを出すととびかかり絵カードを取り上げて，ゴミ箱に捨てに行く。ほかの児童が絵カードで遊ぼうとするだけで，奇声をあげて取り上げてしまう。「K 君は参加しなくていいよ」と声がけしてもカードをみると騒いでしまう。

　対応：K 君は絵を描くのが大好きだったので，絵カードに描かれているものを一緒に描いてみることにした。絵を描くために手本として絵カードを出してみたところ，自分から絵カードを手にとり，描きたい絵カードを選びだした。そこから毎回必ず「これはポイ」とはじく絵カードがあり，K 君の苦手なものが見えてきた。K 君の目の前で，苦手なカードを「これはポイするね」とはじめにそれらを抜き取って，「じゃあ残りのカードでゲームしようか」とさそうと，「うん，やる」と参加するようになって，絵合わせ遊びができるようになった。その後，トランプをつかって神経衰弱ができるようになった。現在

K君は，しちならべができるように挑戦中である。

　障がいがあるなしにかかわらず，誰にとってもわかりやすい環境を整えることが共生社会への取り組みの一歩であると考える。支援スタッフ間の情報共有がうまくいくよう，可視化，構造化で何ができるかを個々人が考えることで共生社会を築いていきたいと考えている。

6

復興途中の街から

高橋長泰

　2018年6月に，東日本大震災から7年ぶりに新築したわが家に戻ってくることができました。

　あの日（2011年3月11日）経験したことのない強烈な揺れを体験し，これが以前から予想された"30年以内に80%以上の確率で発生する宮城県沖を中心とした地震"かと直感し，営業で出ていた石巻市北上町相川地区からなんとか南三陸町の自宅に戻り，避難した裏山の上の山緑地。その16メートルを超える高台から自宅を含む町が津波に破壊されるさまを目撃した情景を思い出す日がときどきあります。その高台は，復興工事で10メートルほどの嵩上げ工事の結果，以前ほどの高さは感じられず，目に映る情景は震災前の記憶にある町と違い他所の町の風景のように映ります（図10-6-1，図10-6-2）。

　震災当日の様子は

14：46　地震発生　マグニチュード9.0　震度6弱

14：49　大津波警報（予想される津波の高さ6メートル）

15：14　大津波警報（予想される津波の高さ10メートル以上）

15：30　津波到達

地震発生から約45分後に津波が到達したのです。

　志津川地区には16メートルを越える大津波が発生し，その結果として甚大な被害を蒙りました。

　人的被害：死者620人　行方不明者211人（2011年末の人口17,666人の
　　　　　　4.31%）

　　　　　　町内551人　間接死20人　町外48人　不明1人

図 10-6-1　津波被害を受ける前の南三陸町

図 10-6-2　津波被害後の南三陸町　　　　　　　注：写真は東山から撮影

　建物被害：全壊 3,143 戸（2011 年 2 月末の世帯数の 58.62%）

　　　　　　半壊・大規模半壊 178 戸（同 3.32%）合計 3,321 戸（61.94%）

（2019 年 3 月末現在）

　志津川小学校体育館での 59 日間の避難所生活を経て，みなし仮設として借り上げた登米市の借家に移り住み，親戚のみそ工場に出勤生活を送るかたわら，南三陸町からの依頼で志津川地区まちづくり協議会の役員として街づくりの協議に参加することとなり，副会長と高台部会長としての任に就きました。

高台部会では，新しく造成される分譲宅地での建築基本条件や申し合わせ事項の検討，復興住宅を含む新しく作るコミュニティー組織のあり方などの仕組みの構築と調整に携わりました。

　最重要事項として協議されたのが宅地購入の条件です。そのなかで

(1)　住宅地として使用する。（一部店舗営業が可能な地域あり）

(2)　指定規格外の広い土地は造成できない。

(3)　2区画の購入はできない。

(4)　アパートや宿泊施設などの建設はできない。

などが決定し，これを順守するように取り決めされました。

　造成工事が始まる前から故郷に戻ることを断念し，他の市町に移り住む決定をした町民が予想以上に多くなり，宅地が余ってしまうことが懸念されました。しかし，担当者の何度もアンケートを実施しているので余剰な土地はあまり出ないとの主張から，分譲宅地は計画どおりに造成されました。実際には購入されずに予想よりも多くの宅地が残ってしまいました。

　分譲販売が進んだ 2018 年，役場担当課から，アパートを建築すると該当地の隣接住民に連絡が入り大騒ぎになりました。当然のように反対運動が起き，その結果，行政の説明会が開催されました。話された内容にまちづくり協議会の高台部会長だった私はやり場のない怒りを感じました。説明会にはふだんそのような場に出席することのない妻も，私が怒りのあまり過激な発言をしないようにお目付け役として同席しました。

　造成計画初期の段階から「最重要事項なので町民の皆さんにはぜひ納得してほしい条件」と担当課より何度も指摘された事項でしたが，変更は担当課内の話し合いのみで決定され，まちづくり協議会に変更した報告すらありませんでした。変更をまちづくり協議会で協議してもらうのが本来の住民参加の町づくりのあり方のはずです。当然，建設反対の声の多さに建設は取り消しと報告されました。

　町民の声を復興に反映したいとの町の意向で作られたまちづくり協議会でしたが，協議中に感じた疑念が図らずもこのような結果になったことは残念でた

まりませんでした。

　国や県の出先機関の職員との協議中，幾度となく職員から発せられたのが，「復旧工事である」との発言でした。私たちは「復興工事」ととらえていましたが，彼らの考えは単なる現状復旧工事とのとらえ方であり，根本から噛み合わない話し合いも多々ありました。町からも結果として，答申事項は一つの参考意見であり選択肢の一つであるとの考えが明確でした。

　志津川地区は嵩上げが進みましたが，河川工事や防潮堤工事の完成にはまだ時間を要します。先行して「さんさん商店街」が造成され，その後，スーパー，ホームセンター，ドラッグストアなどが建設されましたが，個人店舗や施設は建設が遅れ，市街地には更地の部分が多数を占めています。

　これは震災後，営業再開を断念した個人事業主が多数出た結果でした。「賑わいは低地で住まいは高台で」との方針で嵩上げ地には工場・事務所・店舗の建設は認めるが，住宅の併設建築は認めないとの決定がその要因だったと感じています。

　私自身も工場建設を断念し店舗営業可能な団地に，小規模加工作業施設併設の住宅を建築して住まいとしています。

　水産業を主にした事業主は早めに事業再開を可能にしましたが，少子高齢化に震災で拍車がかかり従業員不足が顕著になっていますので，この先の事業継続が懸念されます。

　さんさん商店街隣接の，道の駅建設の事業のなかで津波伝承館の建設説明が2019年の4月に開催されました。石巻市大川小学校と気仙沼市向洋高校の震災遺構施設を結ぶ中間の施設として伝承館を作るとの説明でした。観光客向けの位置づけが主とされ，震災後にあった町民の相互扶助のすばらしさを伝えたいとの趣旨から，アートを主体として来館者に体験してもらう方向づけのようでした。震災経験から何を学び，何を伝えるのかが伝わってこず，自身との考えに隔たりを感じました。

　私自身は目の前に残る防災庁舎での被災経験から，災害時下でのリスクの軽減を伝えてほしいと思っています。自治体や企業での集団避難を避け，分散避

難を取り入れ人的被害を最小限に留め，早めの避難を実行する意識改革です。

　東日本大震災の津波で幹部職員の多数を失う結果となった経験を教訓として，そのことを防災・減災の研修の事例として伝えなければならないのが当町の責務と考えています。そのために伝承館建設構想の根幹は，過去の経験から学び防災・減災を後世に伝えることと考えています。

　コミュニティーの再建に向けて，町は福祉担当課や社会福祉協議会を中心に活動を拡げていますが，成果を早急に求めすぎるように感じています。さまざまな考えのもとに試行しているのは感じとれますが，SNS での発信を多用している仕かけかたには違和感を覚えます。それに対して反応している町民は限られた年齢層と考えられます。私の独断的で狭義な考えなのかもしれませんが，自分が暮らしていた社会はゆっくりつながりを育んできた時代だったと思いますので，町の住民の SNS での反応ではなく，直接対面で話し合う機会を設けて住民の意見を聞きながら町のコミュニティーの再建を考えていってほしいと願っています。

　そのなかで自分自身の考えを自問自答しつつ，ネガティブ思考の自分がこの先どのように地域にかかわっていけるのかもう少し考えていこうと思います。

　今後の町での生活のなかに，避難所自治会運営の経験を生かして防災・減災の啓蒙への取り組みや，新しい地域づくりに参画できれば幸いです。

7

ひきこもりの支援活動

谷口仁史・数山和己

1　はじめに

　「ひきこもり」が社会問題化して久しい今日，ひきこもりの長期化などにより，ひきこもり状態にある本人（以下，当事者という）と保護者が高齢化し，支援につながらないまま孤立する，「8050問題」がクローズアップされている。内閣府の調査では40歳以上のひきこもりは61万人にのぼり，若年層と合わせると115万人になると推計されている（内閣府，2016, 2019）。保護者が現役を退き年金生活に移行することで収入が減り，介護問題が生じるなどして当事者が経済的にも行きづまるケースも少なくない。いざ当事者が社会生活を再開しようとしても，ひきこもりの長期化によって損なわれた心身の健康や社会体験の逸失，無業状態の長期化は，就労の際のハンディキャップとなり，つらい現実に直面してしまうこともある。このようなとき，支援者としてどのように相談活動を実施すればいいのだろうか？　本稿では，その一例と相談の際の留意点を紹介したい。

2　ひきこもりにある若者の実態

　まず，「子ども・若者育成支援推進法」に則って，社会生活を営むうえで困難を有する子ども・若者の支援を実施する窓口である，「佐賀県子ども・若者総合相談センター」の実態調査を紹介したい。当該窓口に相談が寄せられた

ケースの4割以上で精神疾患，発達障害など特段の配慮が必要であり，84.2%のケースで対人関係の課題が認められた。また，家庭環境に目を向けると当事者の28.7%が依存の問題を抱えており，当事者を支える家族も63.7%がさまざまな悩みを抱え疲弊していた。相談をいただいた家庭の84.7%が複数の分野にまたがる課題を抱えている状況にあった。

　加えて，40代以降のひきこもり当事者の状況を共有するために，厚生労働省が自治体との協働で推進する「ひきこもり地域支援センター」事業での実態調査を紹介したい。ひきこもりに特化した専門的な「第一次相談窓口」としての機能を有するこのセンターは，佐賀県では，「さがすみらい」という名称で，2017年5月に開設された（県障害福祉課所管）。2019年3月末日現在，わずか2年足らずで7,800件を超える相談が寄せられるなど，「ひきこもり」は多くの方々が抱えている問題であることが明らかとなった。「さがすみらい」の調査では，当事者の33%が40代以上の年代であり，過去10年以上の長期にわたるひきこもりを経験されていた方が全体の42%におよび，精神疾患や家庭内暴力，自傷行為などをともなうケースも少なくないことが明らかとなった。もちろん，まわりもただ手をこまねいていたわけではない。暫定値で62%以上もの当事者が過去に「専門機関」における相談経験を有している。もしこのときに社会生活の再開，解決まできちんと見届けられる体制があったらどのようになっていただろう。ここまで長期にわたって苦しみを抱えずにすんだ可能性が高いのではないだろうか。

3　従来型の公的支援の限界

　このような実態から，既存の公的支援体制における3つの課題が指摘できる。第1に「来ることを待つ」従来型の対策の限界。第2に，助言・指導など間接的アプローチによる本人支援の限界。第3は，縦割り的対応の限界である。第1に，当該分野における行政支援は，相談者の自発的な相談行動を前提とする「来訪型」「施設型」が一般的で，当事者が相談窓口を訪れることが支援を受け

る前提条件となる。しかしながら実際に支援が必要な当事者の多くは，さまざまな傷つき体験のなかで対人不信に陥り，みずから専門機関に足を運ぶこと自体に困難を抱えている。ひきこもりの長期化などにより，本人と親が高齢化し，支援につながらないまま孤立する「8050問題」はその象徴といえる。

　第2に助言・指導など間接的アプローチによる本人支援の限界がある。ひきこもり状態が長期化したケースの場合，家庭内暴力や精神的疾患などをともない，家族のみでは解決できない状態に陥っていることもまれではない。また，自立を困難にする背景要因として，いじめや虐待，DV，保護者の精神疾患など，環境の問題が複雑に絡むケースも散見される。カウンセリングによる助言・指導といった従来型の対応のみでは，解決がむずかしいケースも少なくない。

　第3に縦割り的対応の限界がある。分野ごとの「縦割り」の問題の認識は広がっているが，ひきこもり問題においては特にライフサイクル，ライフステージごとの縦割りにも着眼する必要がある。義務教育段階までは，比較的充実した支援施策が準備されているものの，それ以降は一気に手薄になり，学業を中退することなどによって所属を喪失すると自己責任論が強くなり，支援と結びつくこと自体もむずかしくなる現実がある。

4　ひきこもりの相談窓口

　上記したひきこもり支援センターおよび子ども若者総合相談センター以外のひきこもり相談の窓口を紹介したい。全国的に展開している取り組みの一つとして「生活困窮者自立支援制度」がある。これは2015年に施行された「生活困窮者自立支援法」に基づき実施されている支援事業で，生活の困りごとや不安を共有し支援プランを作成し，解決に向けた道のりを寄り添い「伴走」する「自立相談支援事業」，ただちに就労が困難な方に居場所の提供などを通じた適応訓練や理解ある事業所のもとで就労体験などが実施できる「就労準備支援事業」，柔軟な働き方による就労の場の提供ができる「就労訓練事業」，家計状況の「見える化」と家計管理支援，必要に応じた貸し付けのあっせんなどが行え

る「家計改善支援事業」などで，それぞれ包括的な相談体制の整備を推進している。とりわけ，ひきこもり問題に関しては，「ひきこもり地域支援センター」と「生活困窮者自立支援制度」が連動することで，より効果的な「伴走」が可能となるよう体制が強化されている。

　経済的問題に関しても直接的な対策が講じられている。生活困窮者自立支援制度において必須となっている「住居確保給付金」事業では，一定要件を満たす方に家賃相当額を支給することができ，「一時生活支援事業」では，住居喪失者に対して一定期間，衣食住などの支援を提供することが可能となっている。医療機関の利用に関しては，心身の障害を除去・軽減するための医療費の自己負担額を軽減する「自立支援医療制度」や，低所得者などに医療機関が無料または低額な料金によって診療を行う「無料低額診療事業」など他の仕組みが整備されている。また就労に向けては，一定要件を満たせば月10万円の給付金を受け取りながら職業訓練を受講できる「求職者支援制度」が実施されるなど，各分野で取り組みが進展している。

5　相談窓口誘導の留意点

　ここで課題となるのが，「どのように当事者を支援制度につなげるのか？」ということである。「ひきこもり」問題の最大の「難所」がこの点である。特に「ひきこもり」が長期化している場合，リーフレットなど案内を渡して相談に行くように勧める，この「一般的な働きかけ」ですらリスクを伴う。ただでさえ，過去の「対人関係」で生じた「傷つき」のなかで，「誰も信じられない！」と人間不信の状態で他者との接触を回避している状態である。専門家といえども「見ず知らずの人」に，しかも触れられたくない「悩みを打ち明けに」行くよう迫られることは，すざまじい「ストレス」を伴う。そもそも当事者にとって「専門家」＝「信頼できる人」とは限らない。過去に被支援経験を持つ場合，むしろ，「不信」の対象となっていることも考慮しなければならない。したがって，過去にどのような人がどのようにかかわって現在にいたるの

か，その間の働きかけには，どのような反応があったのか，「同じ轍を踏まない！」経緯分析のなかで回避事項を把握することも欠かせない。また，「誰から働きかけるのか」によっても結果が変わる可能性を考慮したい。家庭内暴力が伴うなど家族との間に対立構図が生じている場合，その対象となっている人物からの働きかけは，「坊主憎けりゃ袈裟まで憎い」といった心理も働き，働きかけが裏目に出る可能性が高い。したがって，効果的な働きかけができる人物は誰であるかについて，場合によっては，家族以外の関係者にも範囲を広げて関係性を読み解くことが重要である。

　留意点の一部をかいつまんだ説明となったが，このような実情を踏まえた合理的，かつ個別的な配慮が重ねられることが，その後の支援プロセスの「伴走」という観点からも必須の条件といえる。

6　おわりに

　共生社会には制度・分野ごとの「縦割り」や「支え手」「受け手」という関係を超えて，地域住民や地域の多様な主体が参画し，住民一人ひとりの暮らしと生きがい，地域をともに作っていくというコンセプトがあり，ひきこもり支援分野では地域のボランティアを活用しつつ「支えられる側」が「支える側」へとなる好循環が起こることが想定される。しかしながら，当該分野は上述してきたように専門家でも解決が困難な事例が散見されるため，住民の良識，善意にのみ依存した施策展開は，当事者やボランティアに危機的な状況が生じかねない。配慮なき押しつけの支援は，時に当事者間に葛藤や対立，決定的な問題を発生させてしまう。こうしたリスクを徹底的に排除したうえで，真の意味での「共生社会」を実現するために，特に対応困難な深刻化・複合化した課題を抱えるケースについては，導入段階から責任を持って専門家がチームでアセスメントを行い，一定レベルまでの状態の改善を図り，その後のプロセスを地域住民と協働して支援する，支え合う，といった段階別の役割分担を行うなど，システマティックなアプローチが行える枠組みが必要となる。

8

自治体現場の経験から

池尻成二

1 「重度」障害のある友人たちと

　脳性まひで重い障害のある Y さん。学校にも行けなかった彼が，多摩の入所施設を飛び出したのは 1992 年, 45 歳のときのこと。生まれて初めて地域で，しかも一人暮らしの場所に選んだのは，練馬。「どんなに重い障害があっても，地域のなかで」，そんな思いを掲げた当事者たちの運動の歴史と，そのリーダーでもあった A さんを頼っての選択であった。

　初めて会った Y さんは，面構えもみごとな，下町生まれの生粋（きっすい）の江戸っ子だった。正直，私は気に入ったのである。その Y さんの日常生活を支えるために，それから 10 数年の間，私も月に 1 回程度でしかなかったが，介護のボランティアに入ることになる。

　まだ「重度訪問介護」も「障害者基本法」も「差別解消法」もなかったころだ。ボランティア抜きには重度障害者の自立生活を維持することは考えられない，そんな時代であった。当時は，すでに「ノーマライゼーション」は公認の障害者福祉の理念となってはいたが，それはときに空虚で表面的なものにとどまっていた。私は，Y さんやその友人たちとのかかわりをとおして，障害者が地域で暮らすことの困難さを，そして「ノーマル」な生活とはほどとおい，障害者たちの制限され，削り取られた日常を，そしてなによりチャレンジを続ける当事者の力を肌で感じることになる。「現場」そして「当事者」は，雄弁であった。

2　中国「残留孤児」との出会い

　同じころ，中国「残留孤児」のみなさんと出会う。練馬には，いまでも多くの残留婦人・孤児とその家族が暮らしている。団地の集会室で手作りの日本語教室を始め，“ともに歩む”ことを目的に団体を立ち上げ，通訳派遣や就労相談にかかわることになる。まだ帰国者援護法ができる前のことである。“二つの祖国”を持つといえばきれいに聞こえるが，言葉の壁，文化の壁，偏見と制度の壁は一人ひとりの「帰国者」家族の心と暮らしを引き裂き，二つの国の国家関係に振り回される不安が，いつもつきまとっていた。

　その後，「帰国者」を頼って二世，三世が訪日し，その子どもたちが地域の学校に通うようになると，あらためて「教育」のありようを深く考えさせられることになる。日本国籍を持たない子どもたちの就学の権利をどう保証するのか。あたりまえのように「国語」としての日本語を学ばせようとするいっぽうで，母語を尊重し育ってきた文化を受容する努力や姿勢は，なぜこうも乏しいのか……。

　国が『地域における多文化共生推進プラン』を定め，「多文化共生」が言葉として広く語られるようになってから10年以上が経つ。しかし，地域で目をこらせば，この国で支配的なものは「多文化共生」よりも，一方的で非融和的な同化圧力だといわざるを得ない。この国の近現代史の影を深く背負った人々とのかかわりも含め，異文化・異言語に対する「共生」の努力は，始まったばかりだ。それが，地域の実感である。

3　障害があっても地域の学校で

　学校教育に目を向けることになったもう一つのきっかけは，「広汎性発達遅滞」という診断を受けたSさんであった。彼女は，私の娘と同じ保育園に通っていたが，障害の程度は重く，就学の大きな壁に直面することになる。ご

両親の相談を受け，友人たちと語らいながら学校生活を支えるボランティアの体制を作り，地域の学校へ！という課題に取り組むのだが，それは，以後，長く私が「特別支援教育」の諸課題と向き合っていく原点にもなる。

　Sさんは，粘り強い区への働きかけと地域の支えを力に，以後，義務教育の9年間を地域の通常級に通いながら過ごした。練馬区はいま，特別支援教育のための人的配置として「学校生活支援員」という非常勤職を設置し，大きな役割を果たしているが，この支援員の設置も，まさにSさんとともに勝ち取ったものである。

　しかし，単に地域の学校に通うことだけでなく，またただ人員を配置することだけでなく，そのなかでどのようにしてその人らしい育ちと，何よりも"健常"な子どもたちとのかかわり合いを実現していくか。Sさんの学校生活と向き合うために，私も他の支援者も，また親御さんも，一つひとつの現場で試行錯誤の連続であった。ほかの子とのトラブル，爆発するストレスをどう受け止めるか。机に座っていること，教室にいることが彼女にとってどんな意味があるのか。支援者をつけることは彼女を他の子から切り離すことにならないのか。運動会はどうする？　防災訓練は？　水泳は？　社会科見学は？　私が「統合教育」の本当の課題を自覚できたとすれば，それはSさんとの共同の努力のおかげである。

4　「通学介助」と合理的配慮

　学校と就学についていえば，23歳の若さで亡くなったM君のことも触れないわけにはいかない。脊髄小脳変性症を患っていた彼は，中学のころから症状がみるみる進行しはじめ，高校は地元の定時制に入ったものの通学時の介護や学校での給食等の介助者の確保に大変な苦労をしていた。そのM君の大きな決断，それは，「通学介助」を求めて区議会に陳情を出し署名活動に取り組むことであった。

　当時は，まだ支援費制度に移行したばかりだった。いま，重度訪問介護を就

労時に利用できないことが話題になっているが，当時は「通学」にも公的な福祉は利用できないという運用があたりまえにまかり通っていた時代であった。

M君の呼びかけに答えて，小中学校のころの友人たちをはじめたくさんの人が力を発揮し，最終的に，区は地域生活支援事業の一つとして「通学介助」を開始することを決断することになる。いまや本当にたくさんの子どもたちが，この通学介助を使いながら就学しているが，それは，いまの言葉で言えば「合理的配慮」の嚆矢だったかもしれない。

M君は，当事者の側から，「政治」の責任を突き出してくれた。それだけでなく，当事者が"健常"な人々も巻き込みながら大きな政治的なキャンペーンを展開するという，当事者運動の新しい扉を開こうとしていた。本人は，いたって普通の，どこにでもいそうな若者に見えたが，足早に進行する自身の病を受け止め，受け入れるだけでも大変であっただろうに，よくがんばったのである。M君にはもっと生きていてほしかった。

5　要介護高齢者のノーマライゼーション

介護保険制度がスタートした当時，まだ私は落選中で議員になる前であったが，ある医療団体のスタッフとして，制度発足の過程をつぶさに見てきた。そのなかで温めてきた問題意識の一つが，「高齢者，とりわけ要介護高齢者のノーマライゼーション」である。

じつは，障害者と高齢者とでは，ノーマライゼーションに対するこの国の価値規範は大きく異なっている。障害者自立支援法は，その目的を，「障害者および障害児が……自立した日常生活または社会生活を営むことができるよう支援する」こととしている。ここには，自立した日常生活だけでなく，社会生活の支援が法の目的として明記されている。ところが，介護保険法には，その目的につき「要介護高齢者等が尊厳を保持し，その有する能力に応じ自立した日常生活を営むことができるように支援を行う」としか書かれていない。日常生活のことは書いてあるが，しかし，社会生活の支援はまったくないのである。

高齢になり，とりわけ介護が必要となったとき，人は社会生活への関与を必要としなくなるのか？　そんなことはない。介護が必要になっても，認知症になっても，人はつねに社会的であり，社会とのかかわりのなかで生きていくものだ。要介護高齢者ほど，一方的な支援の対象としては語られても，「共生」の当事者として尊重されることの少ない存在はないかもしれない。出かけようにも"足"がない。出かける先でも，支援を得られる手立てはない……。結局，出かけるとしたら，送迎つきのデイサービスしか行くところがない。そんな生活のなかに人間らしさや誇りを見失っていく高齢の友人を，いったい何人見てきただろうか。

5　ともに生きる　ともにつくる

　まだまだある。私は，2003年に初当選して以来，練馬区の区議会議員を務めている。私の議員活動の原点は，上に書いたようなきわめて具体的で，そして奥の深いテーマとの出会いであった。それらは，私の議員活動のモチベーションとも目標ともなり，議会での質疑や発言のライトモチーフとなってきた。

　議員になり，仕事の範囲も視野に入る課題も大きく広がったが，しかし，根底に，あるいは核心としてあるのは「ともに生きる　ともにつくる」という理念である。このフレーズは，私が議員活動のなかで掲げ続けてきたものだが，「ともに生きる」だけではだめだ，「ともに生きる」のその内実を豊かにし，真実のものにしていくためには「ともにつくる」というもう一つの契機が欠かせない。そんな思いから掲げたものである。

　いま「多様性」が，社会構想のキーワードになっている。一元主義的で同調圧力の強いこの国のありように，「多様性」は新鮮で意義ある刺激を与えてくれている。しかし同時に，多様性の尊重と受容は，多様性に媒介された普遍性や共同性にまで深められて初めて，真の「共生」になるはずである。それが，「ともにつくる」に込めてきた思いでもある。

　ノーマライゼーション，インテグレーション，インクルージョン……。「共

生社会」の理念は深化してきたが，しかし，現場の変化，変貌はまだまだ入り口にとどまっている。始まりも締めくくりも，現場である。そして，現場で欠かすことのできないのは，社会と人のありようの貧しさを感じる感性と，明日を構想する豊かな想像力と，そしてそれを力に変える政治の責任である。

　現場で，暮らしのなかに政治を織り込んでいくいわば縦糸の役割を果たすのが，自治体ではなかろうか。自治体を変える。自治体が変わる。それもまた，「共生社会」にむけた鍵の一つである。

9

生活困窮者への支援

村松慧維子

1　生活困窮者とは（生活困窮者自立支援法　第2条1項関係）

　この法律において「生活困窮者」とは，就労の状況，心身の状況，地域社会との関係性その他の事情により，現に経済的に困窮し，最低限度の生活を維持することができなくなるおそれのある者をいう。

　困窮をめぐる現状と課題（生活困窮者自立支援法の公布について（通知）厚生労働省　平成25年）

　現在，稼働年齢層を含む生活保護受給者や，非正規雇用労働者や年収200万円以下の世帯など，生活困窮にいたるリスクの高い層が増加している。また，生活保護受給世帯のうち，約25%の世帯主が出身世帯においても生活保護を受給している。いわゆる「貧困の連鎖」である。こうしたなかで生活困窮者の自立を促進するために，最後のセーフティネットである生活保護制度の自立助長機能の強化に加え，生活保護にいたる前の段階にある生活困窮者を支援する，第2のセーフティネットの充実・強化を図ることが必要である。

2　生活困窮者自立支援制度による支援

　生活困窮者自立支援法に基づき，おもに以下の7つの分野で展開されている。
　就労準備支援及び，就労訓練事業においては，生活困窮者の多くが抱える自己肯定感の低下を踏まえて，その回復も支援する。

(1) 自立相談支援事業

生活に困りごとや不安に対しての相談。支援員が，どのような支援が必要かを相談者と一緒に考え，具体的な支援プランを作成し，自立に向けた支援を行う。

(2) 住居確保給付金の支給

離職などにより住居を失った，または失うおそれの高い場合に，就職に向けた活動をするなどを条件に，一定期間，家賃相当額を支給する。

(3) 就労準備支援事業

直ちに就労が困難な場合に 6 か月から 1 年の間，社会参加での基礎能力を養い，就労に向けた支援や就労機会を提供する。

(4) 家計相談支援事業

相談者自ら家計管理できるように，状況に応じた支援計画の作成，相談支援，関係機関へのつなぎ，必要に応じて貸付のあっせんなどを行う。

(5) 就労訓練事業

直ちに一般就労することがむずかしい場合に，合う作業機会を提供しながら，就労に向けた支援を中・長期的に実施する（いわゆる「中間的就労」）。

(6) 生活困窮世帯の子どもの学習支援

子どもの学習支援をはじめ，居場所，進学や高校の中退防止に関する支援などを，子どもと保護者の双方に行う。

(7) 一時生活支援事業

住居がない，またはネットカフェなどの不安定な住居形態にある場合に，一定期間，宿泊場所や衣食を提供。退所後の自立に向けて，就労支援なども行う。

3 生活困窮者支援の実践

生活困窮者自立支援制度以外の支援機関及び，インフォーマルな社会資源による支援事例（関係機関や他制度，民生委員・自治会・ボランティアなど）

・パチンコにより生活困窮者に陥った元大手企業サラリーマン，30歳男性の地域支援

大学院卒業後，大手企業技術職として入社6年目のある日。再婚した母親のところへ「10万円貸してほしい」と訪ねてきた。母親は真面目でおとなしい本人の言葉に違和感を感じながらも，10万円を渡す。ところが翌日も「10万円貸してほしい」と来訪した。母親が理由を問うと，翌日からの出張費の仮払い金20万円を，パチンコで使ってしまったという。真面目だった本人の変わりようにとまどいながら，母親は拒否の姿勢を見せた。すると義父が「せっかくいい会社に入ったのだから」と，自分の金庫から20万円を本人に渡した。義父への返済を懸念した母親が本人の部屋を訪ねたところ，不在だったため，管理人に解錠を依頼し入室した。部屋には家財道具やスーツなどはなく，布団が敷かれているのみであった。母親はすぐに自宅に戻り，おにぎりを持って再訪した。物音から，本人は在室している様子がうかがえたが，応答がない。「ドアノブにおにぎりかけとくからね」と声がけをして帰宅した。母親は地域の介護ステーションに勤務する友人Aに相談した。翌日Aが本人宅を訪問すると，おにぎりはドアノブに掛けたままであった。Aはノックしながら「こんにちは。外のドアノブに食べ物がかかっていますよ」とゆっくりと，柔らかく声をかけた。するとドア越しに「そのおにぎり，毒が入っています」と返答があった。Aは中年期に発症する「統合失調症」の可能性があること，精神科医療につなぐ必要性があるという見立てを，母親に報告した。しかし本人には病識がなく，自発的に医療につなぐことが困難な状態であった。そこでAは，中年期，更年期の統合失調症の発症者を医療につなげた経験を持つ，地域で障害者支援を行うNPO所属のBに相談することを母親に提案し，Bが合流

した。Ｂはまず母親に，本人が幻聴や不眠症状で，つらい状況であることを説明した。次に統合失調症の急性期治療が可能で，家族からの相談を受け入れ，本人と相性のよい精神科病院という観点で情報を収集した。家族相談という形の母親に付き添い，診察受け入れの相談をしてつなぐ病院を決定した。母親は本人が安心できるように穏やかに接しつつ，眠れていない点でつらいのではないかと受診を説得し，精神科医療につながる。その際は急変などによる車からの飛び出しなどに備えて，地元警察署の覆面パトカー2台による前後の伴走という協力も得た。こうして治療にいたった本人は，つらかった幻聴が弱まったことで，パチンコの音で幻聴を紛らわす必要がなくなった。仕事は辞めざるを得なかったものの，障害年金と生活保護により安定した生活を送ることができるようになった。その後，疾患も寛解し，1日3〜5時間，週3〜4日，地域の企業の倉庫での就労につながることができた。

4　まとめ

　私たちは生活に困窮している人が，支援を受けながら回復して自立して生活できる社会を未来につないでいかなくてはならない。

　そのためには地域の連携も不可欠である。なぜなら各分野の専門機関の狭間からこぼれ落ちてしまうことも，少なくないからである。

　このような課題に対し，地域の方々がたがいにかかわれるようにするための知識の普及，そして地域のネットワークづくりが必要である。

　特に，精神科関連の疾患及び障害に関する知識の普及が重要である。生活困窮者の方が病識や自覚に乏しいまま，認知や判断力も低下した状態でいると，離職などにより生活困窮を招きやすい。ある日，突然に病に倒れたり，がんばりすぎて心が折れてしまったりすることは，誰にでもあり得ることである。

　いっぽう，地域づくりとしては，ミニ就労が有効である。生活困窮者と地域の企業において，場所，内容，時間と出来高制の報酬をマッチングさせたミニ就労は，疾患のリハビリから就労までを網羅するすぐれた社会資源である。ミ

ニ就労に取り組む企業の取り組みとして，一般社団法人　東京中小企業家同友会（https://www.tokyo.doyu.jp/）での会員企業や複数のグループで，さまざまな事例が検討されている。生活困窮者の真の課題解決とは，彼らが地域に住民として戻ってこられるということである。

【参考ウェブサイト】

厚生労働省．生活困窮者自立支援制度．https://www.mhlw.go.jp/stf/seisakunitsuite/bunya/0000073432.html　厚生労働省

あとがき

　新型コロナウイルス感染症は収束の兆しがみられない。世界の感染者や死者の数は増加の一途をたどり各国の社会，経済に深刻な打撃を与えている。日本では欧米と比べて感染者や死者の数は少ないものの失業者が増えるなど雇用環境にも悪化が見られる。ウイルスは人種や職業，年齢などの属性を問わず無差別に人間を襲っているが，このコロナ禍は社会の弱者を狙い撃ちする。ウイルスそのものが差別しているのではなく社会の構造が貧困層など社会の弱者に犠牲を強いているのだ。

　日本では飲食業や旅行業から製造業にいたるひろい業種の中小企業や零細個人事業が厳しい経営環境にあえいでいる。これまでも不安定な環境にあった非正規雇用労働者たちは雇用を打ち切られ，再就職することもままならない。テレワークやテレビ会議（オンライン会議）が普及しているいっぽうで，IT機器の進歩の恩恵を受けられない働き手がいる。また，IT機器に頼れずに感染リスクも否定できない現場で日々奮闘している公的業務の従事者も少なくない。最前線で働くこれら従事者の皆さんには頭が下がる思いである。そして，コロナ禍は教育環境をも悪化させている。IT機器をふんだんに活用できる私立学校があるいっぽう予算不足人員不足などからオンライン授業を実施できない教育現場も多い。ここでも格差は拡大しているのだ。

　感染拡大がとまらない米国では黒人層での死者の増加が顕著である。医療保険でカバーされない黒人貧困層が十分な医療を受けられないのがその大きな要因とみられる。ここにも「不公平・不平等」がある。人間社会がつくってきた格差の構造がすでにあったところで，コロナ禍がその格差を拡大しているのだ。新型コロナウイルスのもたらしたパンデミックは，各国で現代社会が抱えるさまざまな問題をわれわれに見せつける結果になっている。

　容易なことではないが，本テキストの随所で触れられているように，人間存在の多様性を尊重し，格差や差別のない社会をつくることがいかに大切である

か，「共生社会」がいかに大切であるか。あらためてそのことを確認したい。

　好きなテレビ番組がある。NHK 総合テレビが毎週金曜夜に放送している
「ドキュメント 72 時間」だ。毎週，日本のどこかを「定点」として，3 日間，
72 時間，その場所を往来するさまざまな人たちの姿を追う。その定点は被災
地を通る国道，渋谷ハチ公前広場，高速バスターミナル，渡し船乗り場，沖縄
の自動車学校などなど，実にさまざまである。番組はごくごく「ふつう」の庶
民の人間模様を伝えている。そこには，いろいろな過去，現在を抱え，希望や
悩みを抱えながらも毎日を懸命に生きる人々の姿がある。なぜその番組が好き
で感動するのか。老若男女，多様な人々の日々の暮らしのなかからにじみ出る
話に，その言葉に感動するのだ。みな，懸命に生き，がんばっているんだなと。
そして私は元気をもらうのである。

　世界の国々では，理想や理念を語らない為政者たちの一国主義や保護主義が
はびこり，利害の対立や分断が進んでいる。その傾向はコロナ禍で拍車がか
かっているように見える。国境を超えるウイルスに打ち勝つためには国際協調
しかないというのに。日本から遠いところでは，民族間の紛争やテロがコロナ
禍にあっても止むことがなく，多くの難民が過酷な環境に苦しんでいる。子供
たちや女性たちが無慈悲な暴力や虐待を受けている。

　そしてこの国日本。都市部ではコミュニティが崩壊し，格差が広がっている。
政府が掲げる「地方創生」はいっこうに成果をあげず，地方ではさらに過疎が
進んでいく。残念ながら現実社会の中で差別や偏見はまだまだ存在する。医療
現場で新型コロナ感染症と戦う奮闘する従事者に対する偏見もわれわれの記憶
に新しい。

　国内外の状況を見るとつい悲観的になりがちである。

　しかし，世界や社会を安易に一般化や総括することなく，一つひとつの国や
地域，そしてそこに存在する人々を凝視したい。「ドキュメント 72 時間」も伝
えるように，高齢者も若年者も，健常者も障害を持つ人も，たくさんの人々が，
明日への希望を捨てずに社会のなかで生きている。都市部では孤独死もあとを

絶たないが，やはり人は一人では生きていけない。人と人がともに生きていく。どんなに厳しい環境にあっても人は一人の人間として尊重されたいと思う。人権や尊厳を大切にしたい。だからこそ生き方，価値観が違っても「他者」を受容することで自分も認容される。これが国境を超えた「共生社会」の出発点ではないだろうか。

「一般社団法人　日本共生社会推進協会」は，障害者も，高齢者も貧困に苦しむ母子家庭も，引きこもりを余儀なくされている人も，社会から排除されない社会，皆がともに生きられる「共生社会」の実現をめざして設立された。いまの社会は，人と人がたがいに尊重しながらともに生きる，ともに働きともに暮らすという，本来当然あるべき社会に必ずしもなっていないという問題意識に拠って，協会は設立されている。

この協会は，社会から排除されがちな人々への「同情」を振りかざす「上から目線」を嫌う。さまざまな人々が，心身の健康を前提に「ふつう」に「ふつうの幸せ」を求めて生きるための課題を整理し，課題解決できる手がかりを探すことをめざしている。それは容易なことではないだろう。しかし理念は堅持したい。おおげさに聞こえるかもしれないが，この協会が大前提にしているのは，戦争がなく平和で，自由や民主主義がこれからもずっと守られる社会である。

本書は，多様な文化の受容，少子高齢化，障害者・障害児理解といった問題から対人関係の心理，カウンセリング，組織の人間関係，インターネット時代のコミュニケーション，共生社会に向けた実践の紹介まで，実に多様な内容を含む構成になっている。体系的に構成し得たとはいいがたいが，本書には「共生社会」実現のためのさまざまな「要素」が盛り込まれていると自負している。「共生社会」の大切さを理解してもらう一助になれば幸いである。

内城喜貴

執筆者一覧 （五十音順）

執筆者		所属・職業	担当
阿部 美幸	（あべ みゆき）	婚活カウンセラー	第7章4
池尻 成二	（いけじり せいじ）	練馬区議会議員	第10章8
猪瀬 智美	（いのせ さとみ）	在宅就労者	第3章9
今村 武	（いまむら たけし）	東京理科大学	第1章2
内城 喜貴	（うちじょう よしたか）	（監修者）	第6章2，第7章1，第7章2
小山 望	（おやま のぞみ）	（監修者）	第3章3，第3章7，第4章1，第4章2，第4章3，第4章4，第5章3，第5章4，第5章5
角森 輝美	（かくもり てるみ）	福岡看護大学	第10章4
加藤 和成	（かとう かずなり）	葛飾こどもの園幼稚園	第9章1
鎌田 光宣	（かまた みつのぶ）	千葉商科大学	第7章3
河合 高鋭	（かわい たかとし）	鶴見大学短期大学部	第3章4
川村 幸夫	（かわむら ゆきお）	東京理科大学	第1章1
岸浪 康子	（きしなみ やすこ）	未来えんじん	第3章8
北爪 あゆみ	（きたづめ あゆみ）	宇都宮短期大学	第2章2
杉浦 浩美	（すぎうら ひろみ）	埼玉学園大学	第1章5，第6章5
数山 和己	（すやま かずき）	NPO法人スチューデント・サポート・フェイス	第10章7
髙橋 長泰	（たかはし ながやす）	高長醸造	第10章6
武井 明美	（たけい あけみ）	地方公務員ケースワーカー	第10章3
谷口 仁史	（たにぐち ひとし）	NPO法人スチューデント・サポート・フェイス	第10章7
勅使河原 隆行	（てしがわら たかゆき）	（監修者）	第8章1，第8章2，第8章3，第8章4，第8章5
富田 悠生	（とみた ゆうき）	明星大学	第5章1，第5章2，第5章6，第5章7
縄岡 好晴	（なわおか こうせい）	大妻女子大学	第3章1，第3章2，第3章5，第3章6
西内 俊朗	（にしうち としろう）	川口市立医療センター	第9章2，第9章3
西村 悦子	（にしむら えつこ）	放課後等デイサービスでいじいおれんじ	第10章5
長谷川 仰子	（はせがわ きょうこ）	NPO法人リトル・クリエイターズ	第10章1
長谷川 恭子	（はせがわ やすこ）	未来えんじん	第3章8
福田 聖子	（ふくた せいこ）	地方自治体男女共同参画社会づくり推進委員	第10章2
古澤 照幸	（ふるさわ てるゆき）	埼玉学園大学	第6章1

執筆者		所属・職業	担当
堀 智晴	（ほり ともはる）	インクルーシブ（共生）教育研究所	第1章4
村松 慧維子	（むらまつ けいこ）	非公開 NPO	第10章9
若杉 博雄	（わかすぎ ひろお）	キャリアコンサルタント	第6章3，第6章4
和田 義人	（わだ よしと）	千葉商科大学	第1章3，第2章1，第2章3

監修者紹介

小山　望 (おやま・のぞみ)

筑波大学大学院心身障害学研究科博士課程単位取得満期退学。博士（社会福祉学），公認心理師，臨床心理士。

国立総合児童センター心理職，東京理科大学教授を経て，埼玉学園大学大学院心理学研究科教授。

日本共生社会推進協会代表理事。

主著：『インクルーシブ保育における園児の社会的相互作用と保育者の役割』（福村出版，2018），『インクルーシブ保育っていいね』（編著）（福村出版，2013），『人間関係ハンドブック』（監修）（福村出版，2017）など。

勅使河原隆行 (てしがわら・たかゆき)

千葉商科大学大学院政策研究科政策専攻博士課程修了。博士（政策研究），社会福祉士。

千葉商科大学人間社会学部教授。

台湾国立中正大学社会企業研究センター副センター長。

日本共生社会推進協会理事・副会長・事務局長。

主著：『はじめての人間社会学』（千葉商科大学人間社会学部（編），中央経済社，2020），『地域福祉の原理と方法　第3版』（井村圭壯・相澤譲治（編著），学文社，2019）など。

内城喜貴 (うちじょう・よしたか)

一橋大学社会学部卒（社会心理学専攻）。

共同通信社科学部，外信部，ワシントン支局などで記者活動。科学部長，人事部長，仙台支社長（東日本大震災現地報道本部責任者），常務監事，顧問。

慶應義塾大学，早稲田大学，群馬大学で招聘講師としてメディア論講義。キャリアカウンセラー（CDA資格）・キャリアコンサルタント（国家資格）として一橋大学非常勤アドバイザー。

現在（2020年），共同通信社客員論説委員，科学技術振興機構（JST）主任調査員，日本科学技術ジャーナリスト会議副会長・理事，日本記者クラブ特別企画委員，日本共生社会推進協会理事。

これからの「共生社会」を考える
多様性を受容するインクルーシブな社会づくり

2020 年 11 月 15 日　初版第 1 刷発行

監修者　小山 望・勅使河原 隆行・内城 喜貴
編　著　一般社団法人 日本共生社会推進協会
発行者　宮下基幸
発行所　福村出版株式会社
　　　　〒 113-0034　東京都文京区湯島 2 14-11
　　　　電話　03-5812-9702　FAX　03-5812-9705
　　　　https://www.fukumura.co.jp
印　刷　株式会社文化カラー印刷
製　本　協栄製本株式会社

福村出版◆好評図書

小山 望・早坂三郎 監修／一般社団法人日本人間関係学会 編

人間関係ハンドブック

◎3,500円　ISBN978-4-571-20084-7　C3011

人間関係に関する様々な研究を紹介，人間関係学の全貌を1冊で概観。「人間関係士」資格取得の参考書としても最適。

小山 望 編著

人間関係がよくわかる心理学

◎2,200円　ISBN978-4-571-20073-1　C3011

科学的学問としての心理学に基づき，トピック，キーワードをもとにやさしく解説した人間関係の心理学書。

小山 望・太田俊己・加藤和成・河合高鋭 編著

インクルーシブ保育っていいね
●一人ひとりが大切にされる保育をめざして

◎2,200円　ISBN978-4-571-12121-0　C3037

障がいのある・なしに関係なく，すべての子どものニーズに応えるインクルーシブ保育の考え方と実践を述べる。

小山 望 著

インクルーシブ保育における園児の社会的相互作用と保育者の役割
●障がいのある子どもとない子どもの友だちづくり

◎4,000円　ISBN978-4-571-12133-3　C3037

障がい児を含むすべての子どもの保育ニーズに応えるインクルーシブ保育とは？　数十年にわたる実践研究の成果。

石井正子 著

障害のある子どものインクルージョンと保育システム

◎4,000円　ISBN978-4-571-12120-3　C3037

「障害のある子ども」のいる保育の場面で求められる専門性とは何か。「かかわり」という視点からの問題提起。

柏女霊峰 編著

子ども家庭福祉における地域包括的・継続的支援の可能性
●社会福祉のニーズと実践からの示唆

◎2,700円　ISBN978-4-571-42073-3　C3036

地域・領域ごとに分断されてきた施策・実践を統合し，切れ目のない継続的な支援を構築するための考察と提言。

原田 豊 著

支援者・家族のためのひきこもり相談支援実践ガイドブック
●8050問題、発達障害、ゲーム依存、地域包括、多様化するひきこもり支援

◎2,200円　ISBN978-4-571-42077-1　C3036

ひきこもり者に発達障害を有する例が少なくない現状を踏まえ，その理解と支援について実践事例を基に詳説。

◎価格は本体価格です。